广西壮族自治区"十四五"职业教育规划教材

礼仪与修养

（第3版）

主　编　杨筱玲　蓝益平
主　审　黄凤显
副主编　盛志榕　葛裕群　周丽芳
参　编　凌小冰　李铭铭　夏小越　邹超群
　　　　韦任嫣　黄子珊　谭媛媛　甘文婷
　　　　张　玲　宋　军

电子工业出版社
Publishing House of Electronics Industry
北京·BEIJING

内 容 简 介

本书主要介绍礼仪规范知识，引导学生树立正确礼仪观念，掌握正确的礼仪行为。全书共分为六个单元，内容涵盖了中国传统礼仪、现代校园礼仪、现代商务礼仪、现代政务礼仪、现代服务礼仪、国际交往礼仪等方方面面。本书每一单元都设有具体的学习目标，并采用思维导图的形式来说明本单元的架构及具体内容。每一课开始初设有课程导读，结束前进行课程小结。本书的内容简明扼要，可读性强，同时辅以大量的案例、小故事、名人名言、拓展知识和任务体验，形式丰富多样，具有很高的借鉴性和趣味性。

本书体例新颖、内容实用、栏目丰富，可作为高校或中等职业院校的素质教育教学用书。

未经许可，不得以任何方式复制或抄袭本书之部分或全部内容。
版权所有，侵权必究。

图书在版编目（CIP）数据

礼仪与修养 / 杨筱玲，蓝益平主编 . — 3 版 . — 北京：电子工业出版社，2023.6
ISBN 978-7-121-45711-1

Ⅰ．①礼⋯ Ⅱ．①杨⋯ ②蓝⋯ Ⅲ．①礼仪－中等专业学校－教材 Ⅳ．① K891.26

中国国家版本馆 CIP 数据核字（2023）第 102424 号

责任编辑：祁玉芹
印　　刷：中国电影出版社印刷厂
装　　订：中国电影出版社印刷厂
出版发行：电子工业出版社
　　　　　北京市海淀区万寿路 173 信箱　邮编：100036
开　　本：787×1092　1/16　印张：14.25　字数：321 千字
版　　次：2012 年 7 月第 1 版
　　　　　2023 年 6 月第 3 版
印　　次：2025 年 7 月第 3 次印刷
定　　价：36.80 元

凡所购买电子工业出版社图书有缺损问题，请向购买书店调换。若书店售缺，请与本社发行部联系，联系及邮购电话：（010）88254888，88258888。
质量投诉请发邮件至 zlts@phei.com.cn，盗版侵权举报请发邮件至 dbqq@phei.com.cn。
本书咨询联系方式：qiyuqin@phei.com.cn。

前 言

中华民族是礼仪之邦,中华优秀传统文化源远流长、博大精深,是中华文明的智慧结晶。在中国长达五千年的历史长河中,形成了一套完整的礼仪规范和道德标准,这套规范和标准对中国社会的发展产生了广泛而又深远的影响,几乎渗透于社会生活的各个方面。进入新时代,中华优秀传统文化得到创造性转化、创新性发展,但尊老敬贤、礼貌待人、仪尚适宜等传统文明礼仪依然具有积极意义。良好的礼仪风尚不但可以表现出个人的道德修养,还可以促进人际关系和谐,有益于塑造文明的社会风气,对社会主义精神文明建设具有积极的推进作用。

本书是职业院校学生学习礼仪与修养的教学用书。它以优秀的中华传统礼仪为基础,将现代礼仪与中华传统礼仪相融合,使礼仪规范深入到学生的思想意识及日常行为之中,从而培养学生成为懂礼貌、明礼仪的新一代接班人。

本书共分为六个单元,每个单元包含若干课程,内容涵盖了中国传统礼仪、现代校园礼仪、现代商务礼仪、现代政务礼仪、现代服务礼仪、国际交往礼仪等方方面面。本书主要内容介绍如下。

第一单元:内容包括中国传统礼仪,包括礼仪常识、中国传统家庭礼仪、中国传统师生礼仪、中国传统节俗节庆礼仪、中国传统礼仪实践体验。

第二单元:内容包括现代校园礼仪,包括仪容仪表规范、仪态礼仪、校园交往礼仪、校园生活礼仪、职前礼仪、校园生活礼仪实践体验。

第三单元:内容包括现代商务礼仪,包括拜访与接待礼仪、商务通讯礼仪、商务会议礼仪、馈赠与受赠礼仪、现代商务礼仪实践体验。

第四单元:内容包括现代政务礼仪,包括政务着装礼仪、办公室礼仪、政务会议礼仪、政务餐饮礼仪、现代政务礼仪实践体验。

第五单元:内容包括现代服务礼仪,包括酒店服务礼仪、公共交通服务礼仪、营销服务礼仪、导游服务礼仪、现代服务礼仪实践体验。

第六单元:内容包括国际交往礼仪,包括国际礼宾次序和国旗悬挂礼仪、东盟十国礼仪与禁忌、其他各国礼仪与禁忌、模拟外宾接待实践体验。

本书由杨筱玲、蓝益平主编,黄凤显主审,盛志榕、葛裕群、周丽芳副主编,参加编写的人员还有凌小冰、李铭铭、夏小越、邹超群、韦任嫣、黄子珊、谭媛媛、甘文婷、张玲、宋军。由于编写时间仓促,书中难免有疏漏和不妥之处,欢迎广大读者批评指正,衷心希望广大读者尤其是任课教师提出宝贵的意见和建议,以便再版时修订完善。

编 者

2022 年 12 月

目 录

第一单元 中国传统礼仪 1

第一课 中国传统礼仪起源与发展 3
一、礼仪的起源 4
二、礼仪的发展 7
三、中国传统礼仪实践体验 9

第二课 中国传统社交礼仪 10
一、社交礼仪的定义 11
二、社交礼仪的基本原则 11
三、中国传统社交礼仪 11
四、中国传统民间交往礼仪实践体验 17

第三课 中国传统师生礼仪 18
一、中国传统学习礼仪 19
二、中国传统师生交往礼仪 21
三、中国传统拜师礼实践体验 25

第四课 中国传统民俗礼仪 26
一、中国传统服饰礼仪 27
二、中国传统饮食礼仪 30
三、中国传统节俗节庆礼仪 32
四、中国传统民俗礼仪实践体验 36

第二单元 现代校园礼仪 37

第一课 学生个人礼仪 39
一、学生仪容礼仪 41

　　二、学生仪表礼仪　42

　　三、学生仪态礼仪　43

　　四、学生个人礼仪展示实践体验　46

第二课　校园交往礼仪　47

　　一、师生交往礼仪　47

　　二、同学交往礼仪　48

　　三、学生礼仪分组实践体验　50

第三课　校园生活礼仪　51

　　一、课堂礼仪　51

　　二、宿舍礼仪　53

　　三、食堂礼仪　54

　　四、升旗集会礼仪　55

　　五、校园生活礼仪实践体验　62

第四课　职前礼仪　63

　　一、实习生礼仪　64

　　二、求职面试礼仪　67

　　三、求职面试模拟实践体验　73

第三单元　现代商务礼仪　74

第一课　拜访与接待礼仪　76

　　一、拜访礼仪　76

　　二、接待礼仪　81

　　三、拜访企业实践体验　84

第二课　商务通讯礼仪　85

　　一、商务信函礼仪　86

　　二、社交软件的使用礼仪　89

　　三、新媒体交流实践体验　96

第三课　商务会议礼仪　97

　　一、商务会议礼仪特点　98

　　　　二、商务会议礼仪实务　99

　　　　三、产品推介会实践体验　106

　　第四课 馈赠与受赠礼仪　107

　　　　一、馈赠礼仪　108

　　　　二、受赠礼仪　112

　　　　三、礼品制作与赠送实践体验　113

第四单元 现代政务礼仪　114

　　第一课 政务着装礼仪　116

　　　　一、仪容仪表礼仪　117

　　　　二、仪态礼仪　121

　　　　三、18 岁成人礼着装实践体验　124

　　第二课 办公室礼仪　125

　　　　一、办公室人际关系礼仪　126

　　　　二、办公室环境礼仪　128

　　　　三、办公室一日志愿服务实践体验　130

　　第三课 政务会议礼仪　131

　　　　一、会前准备礼仪　132

　　　　二、会中、会后礼仪　136

　　　　三、政务会议文案策划实践体验　139

　　第四课 政务餐饮礼仪　140

　　　　一、中餐礼仪　141

　　　　二、西餐礼仪　145

　　　　三、中西餐服务礼仪技能操作实践体验　151

第五单元 现代服务礼仪　152

　　第一课 酒店服务礼仪　154

　　　　一、酒店形象礼仪　155

　　　　二、服务语言礼仪　157

　　　　三、酒店操作礼仪　159
　　　　四、酒店礼仪仿真实践体验　164
　　第二课　公共交通服务礼仪　165
　　　　一、司乘人员礼仪　165
　　　　二、乘坐公共交通工具的礼仪　168
　　　　三、乘坐公共交通工具实践体验　178
　　第三课　营销服务礼仪　179
　　　　一、顾客服务礼仪　179
　　　　二、营销交谈礼仪　182
　　　　三、网络营销实践体验　186
　　第四课　导游服务礼仪　187
　　　　一、导游仪态规范礼仪　189
　　　　二、导游语言规范礼仪　190
　　　　三、模拟导游实践体验　193

第六单元　国际交往礼仪　194
　　第一课　国际礼宾次序和国旗悬挂　196
　　　　一、国际礼宾次序　197
　　　　二、国旗悬挂　199
　　　　三、课后实践体验　203
　　第二课　东盟十国礼仪与禁忌　204
　　第三课　模拟外宾接待实践体验　216

参考文献　　217

第一单元　中国传统礼仪

我国是礼仪之邦。有五千多年的文明史，从西周视"礼"为"国之大柄"到现代的要求"充分发挥礼仪礼节的教化作用"；从荀子的"国无礼则不宁"到今天的精神文明建设，"礼"一直是中华文化的核心。讲"礼"重"仪"是中华民族世代相传的优秀传统，中国人也以其彬彬有礼的风貌而著称于世，源远流长的礼仪是先人留给我们的一笔丰厚遗产。如今，随着社会的进步，人们社交面的扩大，礼仪已成为社会文明的标志，人们工作、生活离不开礼仪。青年学生是21世纪的主人，应当继承和发扬中华民族的优良传统，用规范的礼仪来指导自己的一言一行，学礼用礼，以礼待人，成为中华民族优秀的一代。

《礼记·曲礼》说："鹦鹉能言，不离飞鸟。猩猩能言，不离禽兽。今人而无礼，虽能言，不亦禽兽之心乎？夫唯禽兽无礼，故父子聚麀。是故圣人作，为礼以教人，知自别于禽兽。"

所以儒家学者认为：礼是人类特有的行为，是与禽兽本质的区别。

礼仪与修养

 单元思维导图

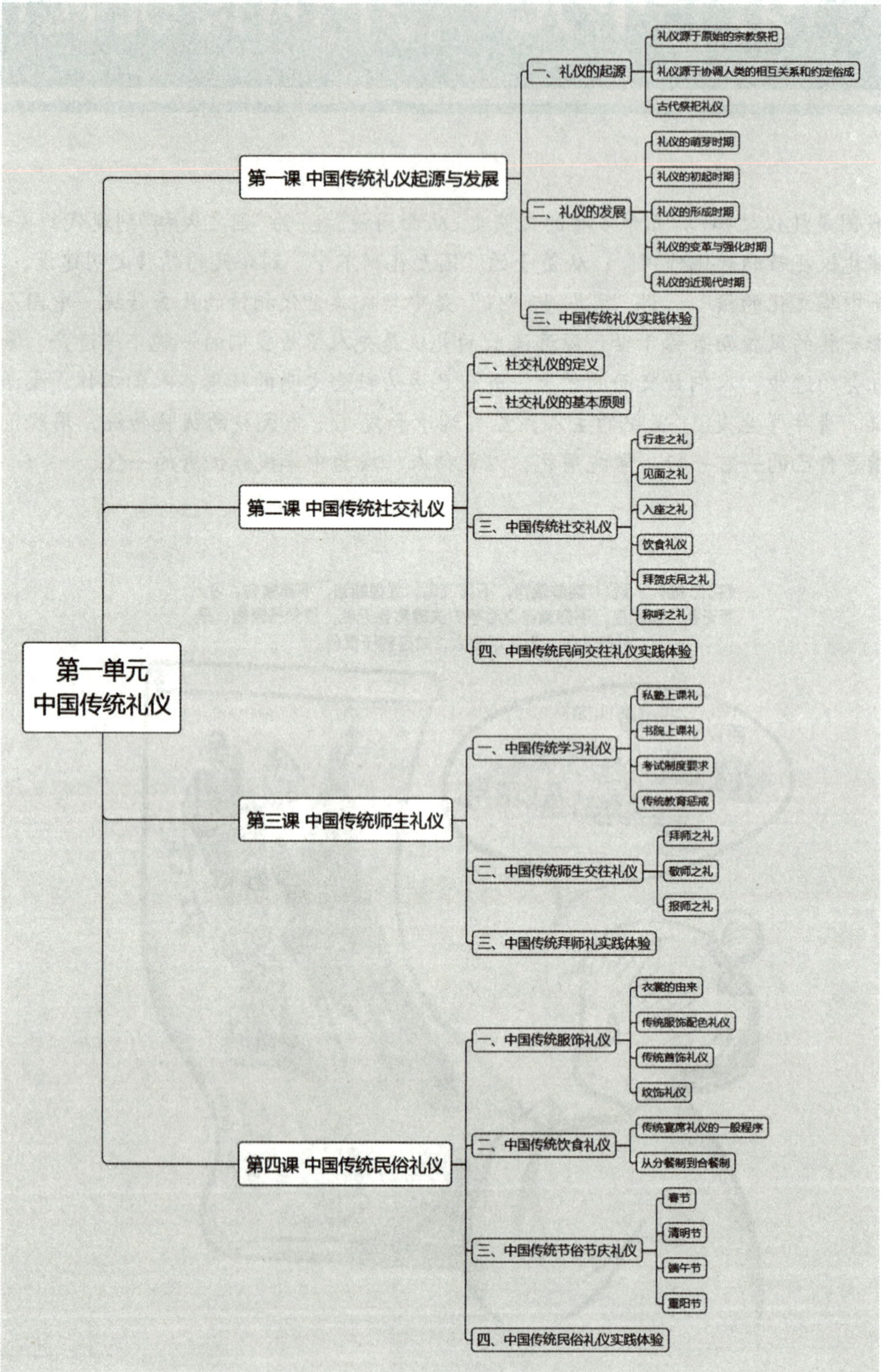

第一单元 中国传统礼仪

第一课 中国传统礼仪起源与发展
- 一、礼仪的起源
  - 礼仪源于原始的宗教祭祀
  - 礼仪源于协调人类的相互关系和约定俗成
  - 古代祭祀礼仪
- 二、礼仪的发展
  - 礼仪的萌芽时期
  - 礼仪的初起时期
  - 礼仪的形成时期
  - 礼仪的变革与强化时期
  - 礼仪的近现代时期
- 三、中国传统礼仪实践体验

第二课 中国传统社交礼仪
- 一、社交礼仪的定义
- 二、社交礼仪的基本原则
- 三、中国传统社交礼仪
  - 行走之礼
  - 见面之礼
  - 入座之礼
  - 饮食礼仪
  - 拜贺庆吊之礼
  - 称呼之礼
- 四、中国传统民间交往礼仪实践体验

第三课 中国传统师生礼仪
- 一、中国传统学习礼仪
  - 私塾上课礼
  - 书院上课礼
  - 考试制度要求
  - 传统教育延戒
- 二、中国传统师生交往礼仪
  - 拜师之礼
  - 敬师之礼
  - 报师之礼
- 三、中国传统拜师礼实践体验

第四课 中国传统民俗礼仪
- 一、中国传统服饰礼仪
  - 衣裳的由来
  - 传统服饰配色礼仪
  - 传统首饰礼仪
  - 纹饰礼仪
- 二、中国传统饮食礼仪
  - 传统宴席礼仪的一般程序
  - 从分餐制到合餐制
- 三、中国传统节俗节庆礼仪
  - 春节
  - 清明节
  - 端午节
  - 重阳节
- 四、中国传统民俗礼仪实践体验

第一课 中国传统礼仪起源与发展

课程导读："是故夫礼，必本于天，肴于地，列于鬼神，达于丧祭射御，冠昏朝聘。故圣人以礼示之，故天下国家可得而正也。"这是《礼记·礼运篇》中记载的孔子论"礼"在国家关系中的重要性。中国古代推行周礼，有五礼之说，即吉礼、嘉礼、宾礼、军礼、凶礼。吉礼即行祭祀之事，如祭天、祭地、祭宗庙，祀先师、先王、圣贤等；嘉礼为行冠婚之事，如冠礼、笈礼、婚礼、诞生礼等；宾礼即行宾客之事，如乡饮、相见礼、饮食礼仪、馈赠礼仪等；军礼为师旅操演、征伐之礼；凶礼为行丧葬之事等。本课学习中国传统礼仪五礼之首的"吉礼"，即祭祀之礼，通过学习"吉礼"的起源与发展，了解礼仪在中国传统文化中的地位和作用。

漫画小剧场：

礼仪与修养

名人名言

> 人无礼则不生，事无礼则不成，国无礼则不宁。——荀子

想一想

每年4月清明节，陕西省黄陵县举行公祭轩辕黄帝典礼；农历三月初三，河南省新郑市举行黄帝故里拜祖大典，每一次的大型公祭活动，都有国家领导人、港澳台同胞、海外侨胞、大陆各省区及当地代表等上万人参加，为什么轩辕黄帝祭祀活动会如此受重视？

一、礼仪的起源

礼仪作为人类文化的表现形式之一，如同文字、绘画等文化表现形式一样，是人类不断摆脱落后、愚昧，逐渐走向进步、智慧和文明的表现形式。礼仪的形成和发展，经历了一个从无到有、从低级到高级、从零散到完整的演进过程。

历史上，"礼"的本意是敬神和用来表示敬神而举行的各种仪式。《说文解字》中对礼的解释是"礼，履也，所以事神致福也"。后来，礼成为维护封建统治的基本制度和规范。"仪"指的是礼的仪式、仪节。仪是由礼而生，又要合乎礼的规范。

议一议：你知道现代礼仪的含义是什么吗？

小贴士

在现代，礼包括礼貌、礼节，仪包括仪表、仪态。礼仪现在已成为一个合成词，是指人类在共同生活和交往中逐渐形成并固定下来共同遵循的道德与行为规范的总和。它是在长期的社会生活中，在风俗习惯基础上形成的人们共同遵守的品行、程序、方式、风度等。对个人来说，礼仪是个人思想水平、文化修养、交际能力的外在表现；对社会来说，礼仪是精神文明建设的重要组成部分，是社会文明程度、道德风尚和生活习俗的反映形式。

名人名言

夫礼，先王以承天之道，以治人之情。故失之者死，得之者生。——孔子

漫画小剧场：

（一）礼仪源于原始的宗教祭祀

礼仪是伴随原始宗教的产生而产生的。原始的宗教形成之时，就有了原始宗教的祭祀活动形式，这是人类社会最初的礼仪。在中国，礼仪经历了由崇拜自然物到崇拜人类自身的发展历程，比如由对龙的崇敬扩展到对君王的崇敬。在古代典籍中，有许多关于龙的记载和描绘，龙是古人对自然界的恐惧和崇拜而想象出来的图腾符号，它威风凛凛、张牙舞爪的形象活跃于水、陆、空三界，超越了时空条件的限制。随着人类社会生活的发展，人们表达敬畏、崇拜的活动日益纷繁，这些活动逐步形成种种的固定模式，这就演化出了礼仪的规范。

礼仪与修养

 **你知道吗？**

在中国古代，人们崇敬伏羲氏和神农氏，是因为他们在与自然界的斗争中，教会人们种植农作物；人们崇敬大禹，是因为他带领民众为百姓治水；人们崇敬尧、舜，则是因为他们率领人们与自然界斗争并形成了人类最初的社会秩序——氏族部落。

（二）礼仪源于协调人类的相互关系和约定俗成

在为生存和发展同大自然抗争的同时，人类的内部关系，如人与人、部落与部落、国家与国家之间的关系也是人类面临的必须解决好的问题。在群体生活中，男女有别、老少有异，扶老携幼、爱护弱小既是一种自然的人伦秩序，又是一种需要保障和维护的秩序。可以说维持群体生活的自然人伦秩序是礼仪产生的最原始动力。在此基础上，礼仪扩展到人际关系的其他方面。另外，礼仪在许多情况下并不是由某个人创造的，它是人们在交往过程和社会生活中逐渐形成、共同认可的，然后被一直遵守和沿用。所以，礼仪带有约定俗成的特性。

互动讨论

观看古代清明节祭祀视频，与你家乡清明节祭祀习俗进行对比，有何异同吗？

（三）古代祭祀礼仪

古时候人们相信万物皆有灵，古代祭祀的目的是表达对神灵的敬畏、对先人的缅怀，为了祈求降福免灾，形成了一套传统和禁忌。

例如，明清两代的祭祀仪程大体相同，其祭祀共分九个仪程，即迎神、奠玉帛、进俎、初献、亚献、终献、撤馔、送神、望瘗。各仪程演奏不同的乐章。跳文、武"八佾"舞（由64人组成队列演义古代天子专用的舞蹈）。清乾隆七年额定地坛设文、武、乐舞生480人，执事生90人。可见当时乐舞队伍之庞大。

每进行一项仪程，皇帝都要分别向正位、各配位、各从位行三跪九叩礼，从迎神至送神要下跪70多次、叩头200多下，历时两小时。如此大的活动量对帝王来说是个很大的负担，所以皇帝到年迈体衰时，一般不亲自致祭，而派遣亲王或皇子代为行礼。

祭地现场的纪律要求极严。例如，要求陪祭官员，必须虔诚整肃，不许迟到早退，不许咳嗽、吐痰，不许走动、喧哗，不许闲人偷觑，不许紊乱次序，否则一律严惩。

祭祀结束后，按制度规定要向官员分赐食肉，叫"颁胙（zuò）"。祭前，由太常寺负责登记造册,并发给胙单(取肉证)至各衙门。祭毕,各衙门持胙单各自到祭所领取。

二、礼仪的发展

伴随着人类社会的产生和发展,礼仪也经历了一个由无到有、从有到繁、由低级到高级,不断变化的漫长过程,不同历史时期的礼仪有不同的特征。

(一)礼仪的萌芽时期

约旧石器时期,出现了早期礼仪的萌芽。生活在距今约3万年前的北京周口店山顶洞人就已经知道打扮自己,他们用穿孔的兽齿、石珠作为装饰品挂在脖子上。他们还在去世的族人身旁撒放赤铁矿粉,举行原始的祭奠仪式。这是迄今为止在中国发现最早的葬仪。

(二)礼仪的初起时期

原始社会时期,人类还处于蒙昧的状态,生产力水平低下,人际关系十分简单,礼仪也非常简朴。但是原始的政治礼仪、宗教礼仪、婚姻礼仪等已经在夏朝产生之前初见雏形,例如,新石器时代,家庭中按性别分配有不同的柱子,男女成年时即在各自的柱子前举行成人仪式。炎黄时期形成君臣礼仪,尧舜时期民间交际礼仪已普遍运用。这些体现了我国原始社会礼仪的发展。

(三)礼仪的形成时期

大约公元前21世纪到公元前771年的夏、商、周三代,古代礼仪初步形成。周代一个叫旦的人对此进行收集整理,编成了一套比较完整的礼仪典范,这就是后人所说的《周礼》。《周礼》《礼记》《仪礼》统称为"三礼"。"三礼"是关于各种礼制的百科全书。其中,《周礼》偏重政治制度,《礼记》偏重对礼的各个分支做出符合统治阶级需要的理论说明,《仪礼》偏重行为规范。由这"三礼"所涉及的各种礼制的总和,可以说涵盖了中国古代"礼"的主要内容。

(四)礼仪的变革与强化时期

春秋时期,孔子进一步宣扬礼仪,他在《周礼》的基础上结合鲁国的实际情况提出了更加适合当时社会的礼仪思想,并游说列国一同采用。但当时孔子的学说并不被各国统治者所接受,他郁郁不得志,不停奔走游说,最后抱恨而终。秦朝过后,孔子的学说才逐渐成了后来历代封建王朝治国的经典,儒家学派的礼仪思想也成为了普遍的行为准则。

西汉唯心主义思想家董仲舒曾总结秦王朝覆灭的教训,主张统治者应采取德治和法治,在孔子儒家礼仪思想的基础上提出了"三纲五常"的学说。"三纲"即"君为臣纲,父为子纲,夫为妻纲";"五常"即仁、义、礼、智、信。在漫长的封建时代,"三纲五常"一直被视为人们的礼仪准则。直到清朝末年,尤其是民国时期,西方文化大量传入中国,传统礼仪制度和规范逐渐受到新兴文化的冲击,科学、民主、自由、平等的观念逐步深入人心,新的价值观念和礼仪标准才得以传播和推广。

（五）礼仪的近现代时期

从 1911 年辛亥革命爆发到现在，近现代礼仪的发展和变化大致经历了两个阶段：一是半殖民地半封建社会的近代礼仪；二是新中国成立以后，新型社会关系和人际关系建立后逐步形成的现代礼仪。在半殖民地半封建社会，由于西方侵略者入侵，西方文明与中国文化的融合形成了中西交汇的礼仪大杂烩。1949 年新中国成立以后，现代礼仪进入一个崭新的历史发展时期，在学习和借鉴西方礼仪的同时，反映社会主义道德风尚和时代风貌的现代礼仪逐渐形成。

课程小结

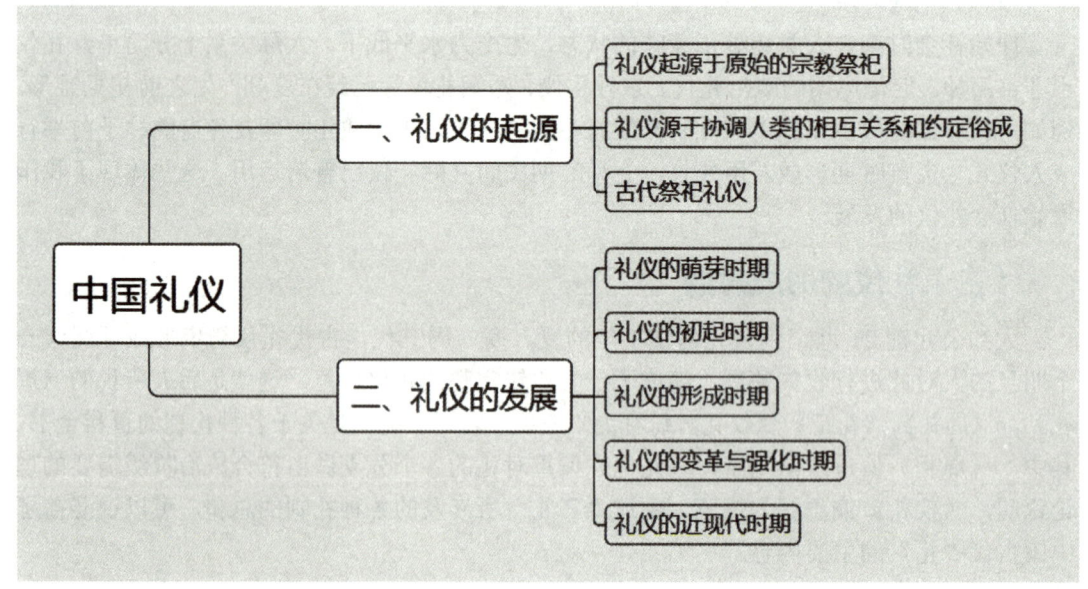

三、中国传统礼仪实践体验

实践体验名称	参加清明节纪念革命先烈的扫墓活动（或观看南京大屠杀死难者国家公祭日祭祀活动）		课时数	2
班级		姓名	完成日期	
实践体验内容描述				
实践体验学习目标				
实践体验工作步骤				
实践体验材料准备	1. 准备扫墓祭祀所需材料或道具。 2. 撰写扫墓活动方案。			
实践体验资源链接				
实践体验过程记录				
实践体验成果分享				
小组评语				
教师点评				

礼仪与修养

第二课 中国传统社交礼仪

课程导读： 古人云："礼尚往来。往而不来，非礼也；来而不往，亦非礼也。"（《礼记·曲礼上》）也就是说，人们在礼节上要注重有来有往，也借指用对方对待自己的态度和方式去对待对方。本课将从行走之礼、见面之礼、入坐之礼、饮食之礼、拜贺庆吊之礼、称呼之礼六个方面来学习中国传统的社交礼仪，让我们做一个随时随地都给他人留下良好印象的人。

漫画小剧场：

 **案例**

陆长史的交往准则

南北朝时期南朝的齐国，有一个叫陆晓慧的人，他才华横溢，博闻强识，为人更是恭谨亲切。陆晓慧曾在几个皇帝朝下当过长史，地位很高，然而他从不认为自己有多了不起，对前来拜见的官员，不论官职大小，他都以礼相待，从不摆架子。客人离开，他总会起身亲自将对方送到门外。

有个幕僚看到这种情景很是疑惑，便问他："陆长史官居高位，却不论地位高低对所有人都彬彬有礼，这样实在不符合您的身份，更何况什么也得不到，何必这样麻烦呢？"陆晓慧听后不以为然地答道："欲先取之，必先予之。我想让所有人都尊重我，那我就必须尊重所有人。"

陆晓慧一生都奉行这个准则，所以得到众人的尊重和拥戴，他的政绩也远远超过了别人。

 **想一想**

陆长史之所以能赢得众人的信任和拥戴，他遵循了哪些社交礼仪原则？

一、社交礼仪的定义

社交礼仪是指在人际交往、社会交往活动中，用于表示尊重、亲善和友好的首选行为规范和惯用形式。

社交礼仪的直接目的是，表示对他人的尊重。尊重是社交礼仪的本质。人都有被尊重的精神需求，当在社会交往活动过程中，按照社交礼仪的要求去做，就会使人获得尊重的满足，从而获得愉悦，由此达到人与人之间关系的和谐。

人们从事社交活动可以增进感情、建立关系、充实自我。

二、社交礼仪的基本原则

互惠原则。社交是生活中不可避免的一堂课，学习好的社交方式是自己在交往生活中互相帮助的直接方式。

平等原则。社交是在双方互相尊重、地位平等的基础上发展的。

信用原则。信用是人和人之间敞开心扉的基础，一个拥有良好信用的人会在社交中得到更多收获。

相容原则。与人交往中难免会遇到矛盾或不和谐的地方，这就需要互相包容。有时退一步，可能会化解一场危机。

发展原则。与人社交就是一个与人发展的过程，需要持续不断进行了解进而加深关系。

三、中国传统社交礼仪

（一）行走之礼

在行走过程中同样要注意人际关系的处理，因此有行走的礼节。古代常行"趋礼"，即地位低的人在地位高的人面前走过时，需要低头弯腰，以小步快走的方式对尊者表示礼敬，这就是"趋礼"。

行走礼仪中，还有"行不中道，立不中门"的原则，即走路不要走在路中间，应该靠边行走；站立不可站在门中间。这样既表示对尊者的礼敬，又可避让行人。

（二）见面之礼

人们日常见面既要态度热情，又要彬彬有礼。如何与不同身份的人相见，都有一定的规矩。

比如一般性的打招呼行拱手礼。拱手礼是最普通的见面礼仪，方式是双手合抱（一般是右手握拳在内，左手加于右手之上）举至胸前，立而不俯，表示一般性的客套。

拱手礼

如果到别人家做客，在进门与落座时，主客相互客气行礼谦让，这时行的是作揖之礼，称为"揖让"。作揖同样是两手抱拳，拱起再按下去，同时低头，上身略向前屈。

作揖礼

作揖礼在日常生活中为常见礼仪，除上述社交场合外，向人致谢、祝贺、道歉及托人办事等也常行作揖礼。身份高者对身份低者回礼也常行作揖礼。

过去，对至尊者还有跪拜礼，即双膝着地，头手有节奏触地叩拜，即所谓叩首。

跪拜礼

现今跪拜礼只在偏远乡村的拜年活动能够见到，一般不再施行。在当今社会人们相见时，一般习惯用西方社会传入的握手礼。

（三）入座之礼

社会礼仪秩序井然，坐席亦有主次尊卑之分，尊者上坐，卑者末坐。何种身份坐何位置都应遵循一定的规则，如果盲目坐错席位，不仅主人不快，自己事后也会为失礼之事追悔莫及。

如果自己不能把握坐何种席次，最好的办法是听从主人安排。室内座次以东向为尊，即贵客坐西席上，主人一般在东席上作陪。年长者可安排在南向的位置，即北席。

陪酒的晚辈一般在北向的位置，即南席。入座的规矩是，饮食时人体尽量靠近食案，非饮食时，身体尽量靠后，所谓"虚坐尽后"。有贵客光临，应该立刻起身致意。

（四）饮食礼仪

饮食礼仪在中国占有极其重要的位置，在先秦时期，人们以"以飨燕之礼，亲四方宾客"，后代聚餐会饮也常常是重要的礼仪场合。迎宾的宴请称为"接风""洗尘"，送客的宴席称为"饯行"。宴饮之时无论迎送都离不开酒品，"无酒不成礼仪"。宴席上饮酒也有许多礼节，客人需待主人举杯劝饮之后，方可饮用，此所谓"与人同饮，莫先起觞"。

客人如果要表达对主人的盛情款待的谢意，也可在宴饮的中间举杯向主人敬酒。在进食过程中，同样先由主人执筷劝食，客人方可动筷。此所谓"与人共食，慎莫先尝"。

古代还有一列进食规则，如"当食不叹""共食不饱、共饭不泽手""毋投骨于狗"等，主客相互敬重，才能营造和谐进餐、文明饮食的良好氛围。

（五）拜贺庆吊之礼

中国自古是一个重视人情世故，人们相互关怀、相互体恤，在拜贺庆吊中有许多仪礼俗规。拜贺礼一般行于节庆期间，是晚辈或地位低的人向尊长的礼敬，同辈之间也可相互拜贺。

如古代元旦官员朝贺,民间春节的拜年之礼。行拜贺礼时,不仅要态度恭敬,口诵贺词,俯首叩拜,同时还要有贺礼奉上。庆吊之礼,主要行于人生大事中,如诞生、成年、婚嫁、寿庆、死亡等,围绕着这些人生重要节点,形成了一系列相关礼仪。

子孙繁衍是家庭大事,诞生礼自然隆重热闹。婴儿满月时,亲戚朋友纷纷上门恭贺,并馈赠营养食品与幼儿鞋帽或衣物。

小孩长大成人时要行成年礼,成年礼在中国社会称为冠笄之礼。男子20岁行加冠礼,重新取一个名号,表示该男子具有了结婚、承担社会事务的资格。女子15岁行绾发加笄礼,表示到了出嫁的年龄。现代成年礼的年龄在18周岁,通常学校会举行集体的成年宣誓仪式,强调青年人的成年意识。

冠礼

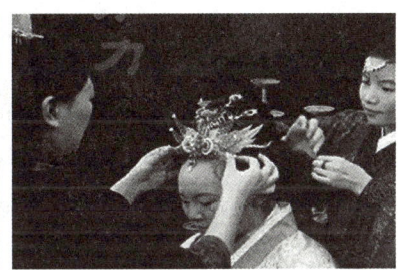
笄礼

婚嫁是人生的大事,社会十分看重。古代之时,婚礼有六道程序,所谓"周公六礼",即纳彩、问名、纳吉、纳征、请期、亲迎。宋代简化为纳彩、纳币、亲迎三礼。婚礼的高潮在迎亲,新郎要到女方家亲自迎娶新娘,新婚夫妇拜堂之后入洞房,行结发礼与合卺礼。大婚之日,亲友纷纷前来祝贺,主人要举办隆重的宴席招待宾客。

寿诞礼,一般在四十岁以后开始举行。生日当天有庆生仪式,亲友送寿礼致贺。

另一个重要的人生仪礼是丧礼。中国人重视送亡,丧礼发达。有人故去,亲戚朋友都来吊唁。为了表示哀悼,人们要奉上挽联、挽幛或礼品、礼金。亡者一般在三至七天内入殓安葬。拜贺庆吊之礼显示了人们相互扶助的社会合作精神与社会团结的气象。

(六)称呼之礼

在社会交往中,交际双方见面时如何称呼对方直接关系到双方之间的亲疏远近、了解程度、尊重与否及个人修养等。一个得体的称呼,会令彼此平和欣快,为以后的交往打下良好基础;不恰当或错误的称呼,可能会令对方心中不悦,影响彼此的关系乃至交际失败。

学习使用敬称和谦称

1. 谦称

"家"字。用于对别人尊称比自己的辈分高或年纪大的亲戚。如称父亲为家父、家尊、家严、家君;称母亲为家母、家慈;称兄长为家兄;称姐姐为家姐。

"舍"字。用于对别人称比自己的辈分低或年纪小的亲戚。如称弟弟为舍弟;称妹妹为舍妹;称侄子为舍侄;称亲戚为舍亲。

礼仪与修养

"老"字。用于谦称自己或与自己有关的事物。如谦称自己没有文化为老粗；老年人谦称自己为老朽；老年人称自己的面子为老脸；老年妇女谦称自己为老身。

"愚"字。用于自称的谦称。如向比自己年轻的人称自己为愚兄；称自己的见解为愚见。

"敝"字。用于谦称自己或跟自己有关的事物。如谦称自己为敝人；谦称自己的姓为敝姓；谦称自己的房屋、处所为敝处。

"鄙"字。用于谦称自己或跟自己有关的事物。如谦称自己为鄙人；谦称自己的见解为鄙见。

2. 敬称

称对方或对方亲属，如令尊（对方父亲），令堂（对方母亲），令兄（对方哥哥），令郎（对方儿子），令爱（对方女儿）。

称与对方有关的人和物，如尊上（对方父母），尊公、尊君、尊府（对方父亲），尊堂（对方母亲），尊亲（对方的亲戚），尊命（对方的吩咐），尊意（对方的意思）。

称平辈或晚辈，如贤家（指对方），贤郎（对方儿子），贤弟（对方弟弟）。

 **案例**

著名传记作家叶永烈着手写陈伯达传记时，必须采访陈伯达，采访时应该怎样称呼陈伯达，叶永烈颇费了一番心思。采访的前一天晚上，叶永烈辗转反侧，明天见到陈伯达时到底该叫他什么呢？叫陈伯达同志，不合适，因为陈伯达是在监狱中服刑过的犯人。叫他老陈，也不行，因为陈伯达已经是84岁高龄的老人了，而叶永烈才48岁。究竟应该怎么称呼最合适？突然，叶永烈灵机一动，对！就称呼他"陈老"，这是再恰当不过的称呼了。

 **课程小结**

中国人的礼制精神是亲亲爱人，礼仪原则是自卑尊人。在与人交往时要放低姿态，谦恭待人、尊重他人，以赢得他人的尊重。如果地位高的人屈尊结交比他地位低的人会得到很好的社会效果，"若要好，大敬小"。

敬人不仅是礼貌的姿态，也不是礼仪性的表示，而是要发自内心地尊重他人。如果没有发自内心地恭敬，礼节就成为了虚套，这就不符合的礼义标准。

礼俗中诚敬谦让、和众修身的礼仪原则在当代社会仍然值得提倡。当然，现在对于礼俗是否全盘继承的问题，需认真辨析，择善而从。

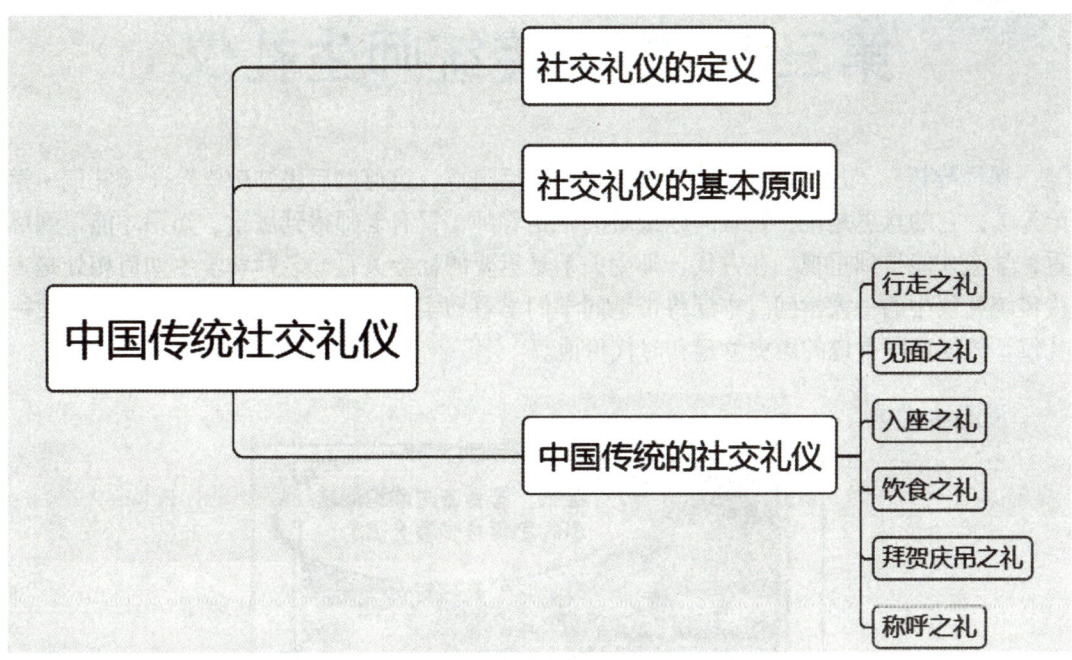

四、中国传统民间交往礼仪实践体验

分组情境演练：一组扮演古人，一组扮演现代人，进行传统社交礼仪的仪态练习，可自由定义情景。

实践体验名称	写一份中国传统交往礼仪实践体验			课时数	2
班级		姓名		完成日期	
实践体验内容描述	按照所学知识进行中国传统交往礼仪仪态练习。				
实践体验学习目标	了解中国传统交往礼仪，并进行古今对比。				
实践体验工作步骤	1. 分组讨论，撰写剧本。 2. 情景剧演出。 3. 小组互评。				
实践体验材料准备	1. 制作传统礼仪的相关道具。 2. 撰写相关的剧本。				
实践体验资源链接					
实践体验过程记录					
实践体验成果分享					
小组评语					
教师点评					

礼仪与修养

第三课 中国传统师生礼仪

课程导读： "凡学之道严师为难。师严然后道尊，道尊然后民知敬学"（《礼记·学记》），它的意思是说，教育问题最难的就是尊师，只有老师得到敬重，知识才能得到尊重，学业才能得到重视。在古代，师生关系是重要的社会关系，老师和学生如何相处是古代传统礼仪中的一大学问。本课将带领同学们学习和实践中国传统的学习礼仪、师生交往礼仪，领悟尊师重道的历史意蕴和时代价值。

漫画小剧场：

 **想一想**

你知道在我国古代师生之间是如何相互称呼的,师生见面是如何行礼的吗?

中国传统师生礼仪蕴含着尊敬、孝顺、诚信、礼让、仁爱等宝贵思想。通过践行传统师生礼仪,可以规范师生、生生之间的言行方式,形成"讲礼仪、守规矩"的校园氛围,增进师生情谊,陶冶师生情操,提升师生素养。

一、中国传统学习礼仪

(一)私塾上课礼

私塾是有着悠久历史的中国民间办学形式。私塾的老师十分注重对蒙童(指开始读书的识字的儿童)的教养和教育,强调蒙童养成良好的道德品质和生活习惯。对蒙童的着衣、叉手、作揖、行路、视听等都有严格的具体规定。在教学授课时,老师正襟危坐,学生依次把书放在先生的桌上,然后侍立一旁,恭听老师圈点口哼,讲授知识和教诲。老师把课程讲授完毕,会要求学生重新复述,待老师同意后,学生才能回到自己座位上去朗读书本。凡是老师规定朗读的书籍,学生必须完整背诵出来。

(二)书院上课礼

书院是中国古代一种独立的教学机构,最早出现于唐代,在宋代壮大发展。书院对修学与会讲礼仪有明确的规定。如《丽泽书院学规》规定"会讲之容,端而肃;群居之容,和而庄",即要求学生不得有"箕踞"(两脚张开,两膝微曲地坐着)"跛倚"(站立不正)"喧哗""拥并"(拥挤)等"不肃"的行为,以及"狎侮"(轻慢、戏弄)"戏谑"(开玩笑)等"不庄"的行为。并规定"旧所从师,岁时往来,道路相遇,无废旧礼",强调对往日的老师也应一如既往地尊敬。《庙学典礼》则记载:"座次,师席居中,左右以次设书桌,以右为上。诸生序齿,两两相对……晨参,清晨诸生毕至,师就座,直日鸣钟一声,诸生以次出门外序立。第二声,诸生以次自正门东北入北面上重行立。第三声,唱揖,诸生齐揖,班首自西折旋到师前,进三步,拱手问先生安否,复退三步,揖,折旋入本位……会食,早食到,直日鸣钟,喝揖,诸生齐揖,就食,勿得语言咳嗽,伺食俱毕、喝揖、齐揖,以次退就庭中……午食亦如此……暮归,如清晨仪……"

(三)考试制度要求

我国古代的考试制度,最早可追溯于西周时期,经过数千年的发展,逐渐形成了一个高效、公平与稳定的科举考试体系。其命题方式、考试形式以及定性评价等模式,对世界各国的考试制度产生了重大影响。明清的科举制等级森严,考棚是古代科举考试的考场,考生进入考棚时,要进行严格的搜身,以防考生的身上有"夹带"。当考生进入考棚后,

就要锁门。考生们参加考试期间,"吃喝拉撒睡"皆在"号房"内进行,直到考试结束。考生的试卷都要糊住姓名,这叫"弥封"。方法是在试卷交上来后,先由弥封官将卷面折叠,封藏应试者的姓名,编上红号;然后由誊录人员将试卷用朱笔誊写,称为"朱卷",将它送考官评阅。放榜的时候,按取中的"朱卷"红号调取"黑卷"拆封,最后唱名写榜。

(四)传统教育惩戒

中国自古以来,都赋予老师惩戒学生的权力。古代教师惩戒权的形式很多样。明代教育家黄佐提出,"无故而逃学,一次罚诵书二百遍;二次,加扑挞,罚纸十张;三次,挞罚如前,仍罚其父兄。"老师的惩戒权之大,不仅可以鞭打学生,甚至可以处罚学生家长。宋代的苏东坡也曾说过"惟教之不改,而后诛之",这里的"诛"指的就是惩戒。意思就是,教育之后,仍然不改,老师可以对他们进行处罚。

在我国古代,学业成功是学子入仕的主要途径,所以对学生学业的惩罚就显得意义重大。如果学生没有达到要求,就会使其留级,或者让其在学校继续学习,直至达到教育要求为止。犯了过错却屡教不改的学生,会被开除学籍,称为"除名"。宋代太学还制定了"五等罚"的惩戒条例,按学生过错程度的不同,将对学生实施的惩戒分为轻者、稍重者、重者、又重者、最重者五个等次,通过"关暇"数月、不许出入、调换斋舍、自宿自处、扑打后开除出学等方式对违反纪律的学生进行惩罚。明代的中央官学则特地设立了一个惩戒学生过错的场所,称为"绳愆(qiān)厅"。

戒尺是私塾里老师惩罚学生的一种常用工具,一般是击打被罚学生的手掌,要么就是让学生罚跪,这都是古代老师惩罚学生的手段。

小故事

程门立雪

宋代进士杨时去拜当时著名学者程颐为师。他去程家拜见程颐时,正遇上程老先生在闭目养神,坐着小睡。这时候,外面开始下起了大雪。为了不打扰老师,杨时便恭恭敬敬地侍立一旁,不言不动,等了大半天,程颐才慢慢睁开眼睛。当程颐见到杨时冒着雪站在自己面前时,很是吃惊。这时候,门外的雪已经堆积了一尺多厚,而杨时并没有一丝不耐烦的神情,表现出了对老师无限的恭敬之情。后来人们用"程门立雪"来表达学生对老师的尊重、对求学的真诚。

互动讨论

古代学生有四大行礼方式，分别是拱手礼、作揖礼、叩首礼和交手礼。请根据已学的知识，试着做一做，看看谁的动作更标准。

名人名言

敏而好学，不耻下问，是以谓之文也。——孔子

二、中国传统师生交往礼仪

"国之将兴，尊师而重傅。"尊师重教是中华民族代代传承的优秀传统。中国传统师生礼仪，从弟子方面说，就是要尊师重教，敬师如父，严格遵守师生交往礼仪规范。

（一）拜师之礼

在古代入学前，必须向老师行拜师礼。首先要举行拜师仪式，这既是一种对师生关系的认可，也是对老师的一种尊重。古代拜师礼仪很复杂，一般拜师礼仪分为四个程序：第一，拜祖师，拜行业保护神。表示对本行业敬重从业的虔诚，同时也是祈求祖师爷保佑，使自己学业有成。第二，行拜师礼。一般是师父、师母坐上座，学徒行三叩首之礼，然后跪献投师帖子。第三，师父训话，宣布门规并赐名等。训话一般是教育徒弟尊祖守规，勉励徒弟做人要清白，学艺要刻苦等。

拜师礼

第四，举行拜师宴，弟子会向老师赠送六礼束脩（shù xiū）。古时六礼包括芹菜，寓意为勤奋好学，业于精勤；莲子，寓意为苦心教育；红豆，寓意为红运高照；枣子，寓意为早早高中；桂圆，寓意为功德圆满；干瘦肉条，表达弟子心意，感谢师恩等等。老师若是答应收下礼物，师生关系便是正式建立了。拜师之后是开笔礼。老师会用笔，蘸取一点朱砂，点在学生的额头，这也被称作开天眼，这象征着，老师将学生的智慧打开。行过拜师礼后，学生要按先生的要求，将手放到水盆中"净手"。"净手"的洗法是正反各洗一次，然后擦干。洗手的寓意是，净手净心，去杂存精，希望能在日后的学习中专心致志、心无旁骛。

古代拜师礼仪比较复杂。正是这种程序的复杂性彰显了中国古代学生对老师的尊敬。

 礼仪与修养

知识拓展

"束脩礼"的由来

《论语·述而》记载，孔子曾说："自行束脩以上，吾未尝无诲焉。"束脩礼是古代学生与教师初次见面时的一种礼节，也就是拜师之礼。入学缴纳束脩，作为酬谢教师的礼物，是天经地义的事情，它代表着寒门学子对知识的渴望和对老师的尊重，所谓"礼轻情意重"，这份情义也是师生情感连接的纽带。这种中国古代学生入学所行的第一种礼节，使学生自入学之初便受到尊敬师长的教育，由此发展演变成一种学校的礼仪制度，体现了中华民族尊师重教的崇高风尚。

名人名言

为学莫重于尊师。——谭嗣同

（二）敬师之礼

"师严然后道尊，道尊然后民知敬学。"（出自《礼记·学记》）古代的师徒关系仅次于父子关系，即俗话所说的"生我者父母，教我者师父""投师如投胎""一日为师，终身为父"老师的师道尊严是不容侵犯的。学生从拜师之日起，要对老师满怀恭敬之情，不仅在学识上听从老师教诲，在日常生活当中学生也要小心侍奉老师。学生和老师一起外出时，若无特殊需要，学生要落后老师半步或跟在后面。老师召唤时，需小碎步快跑过来，不可大步。学生向老师请教时，需低头，不可以平视，更不可以鼻孔、下巴对着老师。

学生要尊重老师的教诲。《弟子职》云："先生施教，弟子是则。温恭自虚，所受是极。"意思是先生施教，弟子遵照学习。谦恭虚心，所学自能彻底。

学生要跟随侍奉老师。学生拜师后，要奉行事师如父的礼仪原则。如果需要侍奉师父的饮食起居，则应该时刻陪伴左右。老师游学，弟子往往也会跟随侍奉。东汉经学大师郑玄游学十多年回老家，"学徒相随已数百千人"。

学生不可与老师均礼。《礼记》中规定："从于先生，不越路与人言，遭先生于道，趋而进，正立拱手。先生与之言则对，不与之言则趋而退。"《吕氏春秋》要求对待老师要"必恭敬，和颜色，审辞令；疾趋翔，必严肃，必所以尊师也。"学生不管将来地位如何高高在上，对待老师仍要以学生态度礼敬。就连古代皇帝也要尊师，《礼记·学记》中就记载，老师面前无君臣之分。如孔光、桓荣、郑玄等汉代帝王之师，见皇帝可以不行臣礼。

（三）报师之礼

学生将来学有所成，应当不忘师恩。东汉时期，汉光武帝加封钟兴为关内侯，钟兴推辞不受，说我的学问是师父丁恭传授的，皇帝于是加封丁恭为关内侯。钟兴得志不忘师恩，为世人称道。

小故事

岳飞感念师恩

幼年丧父、家境贫寒的岳飞，自幼好学，常在私塾窗外"蹭课"。私塾老师周侗很喜欢勤学的岳飞，免费收之为徒。岳飞不负师教，在老师教导下勤学苦练，不仅文武双全，而且树立起保国安民、建功立业的远大抱负。后来他率军收复失地，屡建奇功，成为令金兵闻风丧胆的一代英豪。周侗去世后，岳飞披麻衣，驾灵车，执孝子之礼，以父礼安葬他。每月初一、十五，无论在外行军打仗，还是驻扎营中岳飞都要祭拜恩师，拿起恩师所送的三百斤重的"神臂弓"，射出三支箭。岳飞说："老师教我立身处世精忠报国的道理，还把他一生摸索的箭法和武艺都传授给我，师恩是我一生都不能忘怀的。"

礼仪与修养

知识拓展

戒尺与劳宫穴

古时候,学生在私塾读书时,若是犯了错误或者没有完成作业,教书先生就会拿戒尺击打学生的手心。这是为什么呢?

原来手心有一个叫劳宫的穴位,可以治疗心痛、心悸、中暑等症状,中医讲心主神明,所以击打它也有醒神开窍,增长智慧的作用。不得不佩服古人在责罚的同时也不忘给小孩子们保健增长智慧,让他们更好地进步,从而达到传道授业的目的!

名人名言

师道既尊,学风自善。——康有为

古代师生的一些常见称谓如下。
师长:含有视老师为尊长之义,是古时对老师的尊称之一。
夫子:原为孔子门徒对孔子的尊称,后来发展成为人们对老师的尊称。
师傅:古时老师的通称。
师父:"一日为师,终身为父",故古时将老师尊称为师父。
先生:最初含义是先出生的人,引申代指长辈、知识丰富的人。
弟子:能亲耳聆听老师讲课的学生,也称"入室弟子"
门生:无缘亲聆老师教诲,而是由入室弟子"转相传授"的学生。

三、中国传统拜师礼实践体验

实践体验名称	分小组实践体验古代拜师礼仪		课时数	1
班级		姓名	完成日期	
实践体验内容描述	按照古代拜师礼的流程操作体验。			
实践体验学习目标	了解古代拜师礼的流程,深刻体验尊师的感触。			
实践体验工作步骤	1. 拜师仪式。(1)拜祖师。(2)行拜师礼。(3)师父训话,宣布门规及赐名等。(4)弟子向老师赠送六礼束脩。 2. 开笔礼。点朱砂,开天眼。 3. 净手礼。			
实践体验材料准备	1. 六礼束脩(芹菜、莲子、红豆、枣子、桂圆、干瘦肉条等,可用道具代替)。 2. 点朱砂的笔。 3. 水盆。			
实践体验资源链接				
实践体验过程记录				
实践体验成果分享				
小组评语				
教师点评				

礼仪与修养

第四课 中国传统民俗礼仪

课程导读： 民俗是传统生活方式凝练而成的一种文化表现形式，在其形成和发展过程中，造就了中华民族的精神传统和人文性格。挖掘中国传统民俗文化，展现民众生活的历史，追寻属于中华民族的传统记忆，对弘扬优秀中国民俗文化传统，增强中华民族的凝聚力，有着十分重要的意义。

本课侧重于从礼仪层面，从民间服饰、民间美食、节日节庆等民俗入手，共同学习中国传统民俗礼仪。

漫画小剧场：

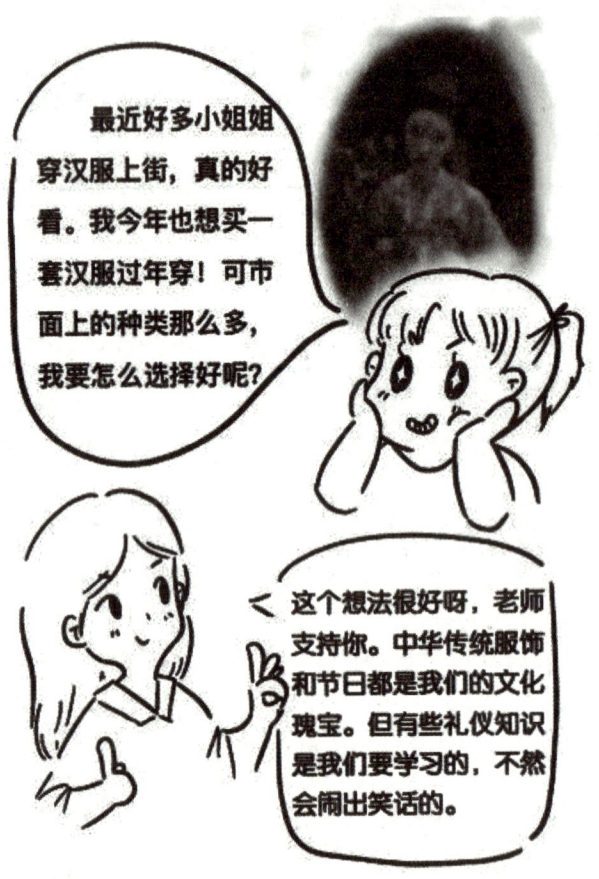

 **想一想**

每逢佳节，中国人都喜欢穿着盛装共度这难得的时光。那么在中国的传统服饰和节日之间存在着什么样的关系呢？过节是不是想怎么穿就怎么穿呢？

一、中国传统服饰礼仪

中国素有"衣冠王国"的美誉，中国传统服饰文化演变过程是中国传统物质文明与精神文明融合发展的过程，是中华民族生生不息生活画卷的精彩写照。

（一）衣裳的由来

最初的衣裳是什么样子呢？最初的衣服是用树叶或兽皮连在一起的服饰，采用上下两段的形式。故后人称上衣作"衣"，下衣作"裳"，"衣裳"二字，由此而来。中国传统服装有两种基本形式：上衣下裳制和衣裳连属制。

这种衣服形制形成于商朝，是我国最早的衣裳制度的基本形式。但与现在有所区别的是，古代的"裳"多指裙，而非裤子。而且，古代男女都着裳，直到隋唐以后，裳才成为女子的专用服装。

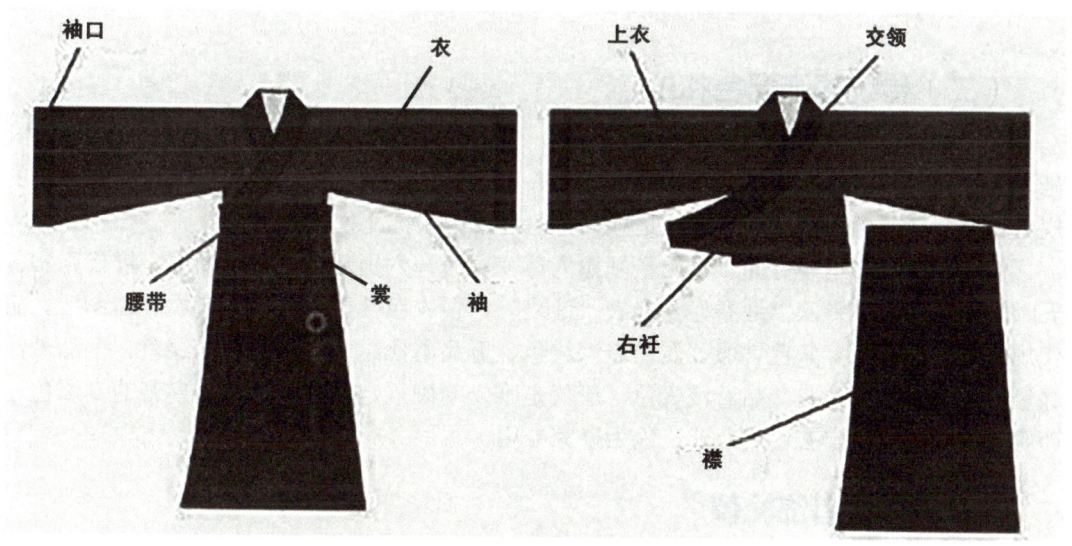

襦裙是上衣下裳制的典型代表

衣裳连属，即上衣下裳合并为一体，其代表服饰就是出现于春秋战国时期的深衣。按《礼记·玉藻》记载，此为古代诸侯、大夫等阶层的家居便服，也是庶人百姓的礼服。深衣的出现，可以说对中国服饰的影响非常深远，后世的袍、衫，就连我们现在穿的连衣裙都是深衣演化而来的。

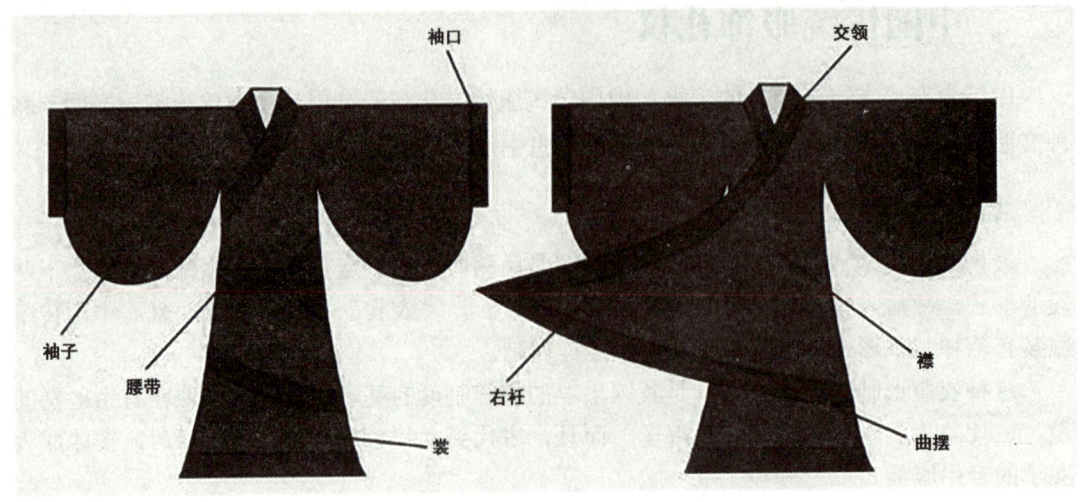

曲裾深衣

（二）传统服饰配色礼仪

服饰本来是用来御寒保暖和蔽体遮盖的，但在礼乐制度下，服饰却成了"礼"的载体，是个人身份地位的外在标志。各阶层的成员，在服装的质地、款式、颜色等方面有严格的规定和限制，不可随便逾越。这就是独具特色的中国服饰礼仪。

例如，在色彩运用方面，秦始皇视黑为尊，秦统一六国后，规定色尚黑。汉代则实行五时服色，百官穿青衣"迎春"，赤衣"迎夏"，白衣黑帻"迎秋"，皂衣"迎冬"。唐代规定：三品以上穿紫色官服、四品着深绯色、五品着浅绯色、六品着深绿色、七品着浅绿色、八品着深青色、九品着浅青色。唐代是唯一明确规定把赤黄色作为皇帝的专属色。而明代，尚黄，规定玄、黄、紫三色为皇家专用。

（三）传统首饰礼仪

（1）发饰。发饰由束发饰品发展而来，材质上有金、银、珠玉、木质等材料。在古代，女子插笄是一件非常重要的事情，必须举行"笄礼"，一般是15岁时，由母亲给女儿梳头发、挽发髻，然后插上发笄，寓意"成年了，开始人生另外一个阶段"。达官显贵们一般都用金笄、玉笄，而平民老百姓们大多使用木笄。

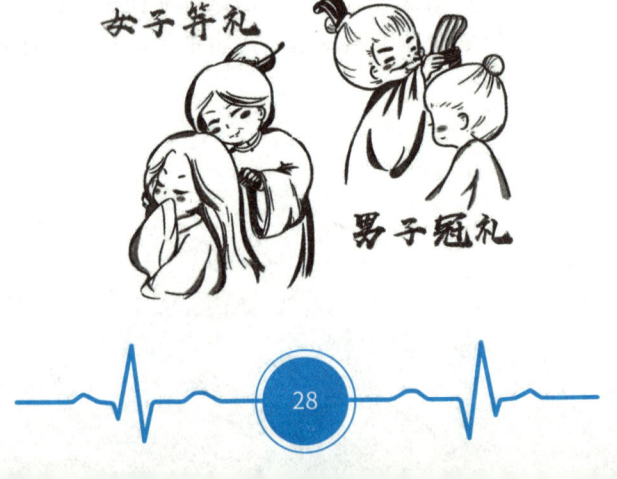

（2）颈饰。中国古代颈饰主要包括串饰、项链、长命锁、璎珞、念珠、朝珠等。比如1954年在合肥出土的东汉"宜子孙"纯金饰牌，左右饰有云朵纹饰，整体外围一圈镶有小金粒，中间牌子上以细金丝盘绕出"宜子孙"的吉语，寓意子孙万代吉祥。

（3）冠饰。古代二十岁成人行冠礼，也叫"头上加冠"。在古代，每个朝代冠的种类样式都不一样，主要有金冠、冕、凤冠和金珰。

试一试

请你为自己的成人礼挑选一套服装。

（四）纹饰礼仪

服饰可以在织好的布料上印染、刺绣或绘画出花纹图案，形成纹饰。其目的主要是给服饰增加美感（少数为区分地位、等级）。

岁寒三友 　　　　　　龙凤呈祥

如何使用这些花纹图案有独特的观念和方法。

第一，利用人们对某物特性的看法。比如"松树"四季常青；"龟"寿命长，就用"松""龟"象征长寿。"石榴"籽多"鱼"产鱼籽多，就用"石榴""鱼"象征多子多孙。

第二，利用某物名称与含吉祥意义的词语的谐音，寓意吉祥。比如"蝙蝠"的"蝠"，音同"福"，就用蝙蝠形象寓意幸福；鱼与"余"谐音，用鱼寓意年年有余；"鹿"谐音"禄"，用"鹿"寓意高中或升官。

第三，利用人们对某物的信仰。比如麒麟是传说中的仁兽，龙是神兽，凤是神鸟等。

第四，把几种物的音、意组合在一起，隐意一句吉祥语。比如用梅花、蜜蜂寓意"春风得意"；用牡丹和神仙寓意"富贵神仙"等。

礼仪与修养

小练习

猜猜下列图片的寓意

二、中国传统饮食礼仪

中国是文明古国,是历史悠久的礼仪之邦,自古讲究"民以食为天",崇尚饮食礼仪。饮食礼仪是指在饮食活动中成文的礼数,它是在饮食习俗基础上形成的。

(一)传统宴席礼仪的一般程序

(1)主人设宴,首先是邀请宾客。士大夫阶层要恭送请柬写明设宴的缘由。一般百姓则可派专人传话,口头邀请。

(2)赴宴不可空手去,需要带上礼物。去迟了主人会不高兴,去得太早又有失风度,以适时到达为宜。

(3)到了设宴的当天,主人要在门外迎接宾客;客人到,要对客人致以问候,并带到客厅里小坐,给客人献上茶水点心;为客人安排好座次,引导客人入座。

(4)"排座次",是中国宴饮礼仪中重要的一项任务。座次的讲究很严格,"尚左尊东","面朝大门为尊"。一般来说以左为首座,家庭宴请,首席为辈分最高的长者或地位最尊贵的客人,以下论资排辈,安排座次,请客主人一般坐在末位陪客。首席没有入座,大家都不能入座。凡是被推让到首席的人,在入座前要对在场的所有人都拱手致意,表示感谢众人的抬举,然后才可入座。

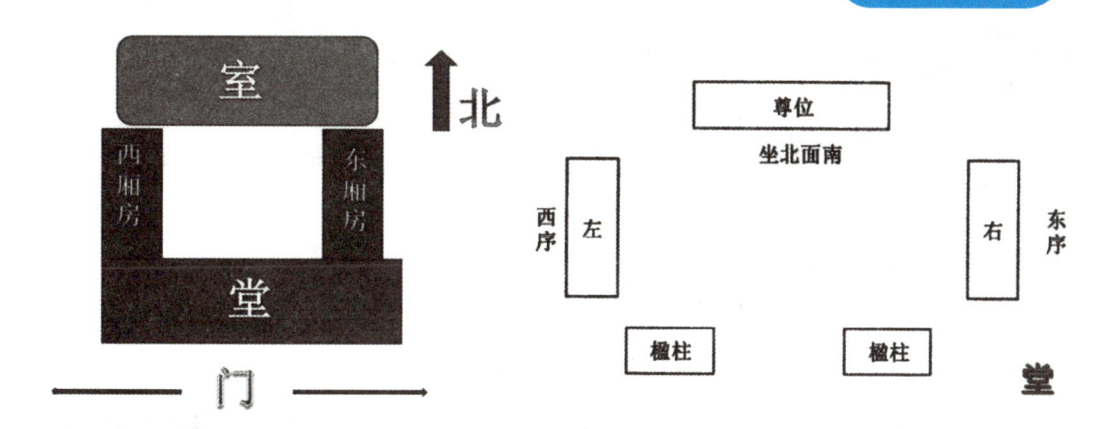

(5) 宴席上，菜肴的摆设有严格的规则。《礼记·曲礼》说："凡进食之礼，左肴右胾，食居人之左，羹居人之右。"大意是带骨头的肉要摆在左边，切好的大块肉要摆在右边；饭要摆在左边，羹汤摆在右边等。斟酒上菜也很有讲究。

(6) 宴饮过程，不要狼吞虎咽或发出不必要的声音；不要啃食骨头，不要当众剔牙，不要大口囫囵地喝汤。应该注意上菜后不要立即取食，待主人示意开席后再进餐；若菜、汤太热可以稍待凉后再吃，不要用嘴巴去吹；夹菜时，不要用筷子在盘子里翻来翻去。主人给客人夹菜时，无论喜不喜欢，都得把它吃完，那是对主人的尊敬。

（二）从分餐制到合餐制

汉代贵族宴飨宾客时通常采用分食的方式。人们席地而坐，面前摆放低矮的食案，小型轻巧的食具放置在案上，大型器具则直接置于地上，这便是分餐制。之所以实行分餐，使用小食案进食是重要原因。

到了唐代，随着以胡床为代表的高足坐具的流行，传统跪坐受到了冲击，垂足坐姿逐渐被接受。由于坐具的变化，导致进食用具的变化，矮小食案逐渐被大桌取代。在西安市长安县发现的唐韦氏家族墓壁画宴饮图，展示了唐人游玩宴饮时的场景，壁画中央摆放有一长方形大桌，桌上放置杯盘等食具，桌边三面各放有一条高足长凳，每条凳上坐三人，他们当中有人在饮酒，有人在聊天，还有人在击掌叫好。这幅宴饮场面的壁画可以表明，在中唐时期，合餐制便已出现并传播开来。至唐后期，高椅大桌的会餐已十分普遍，分餐制逐渐演变为合餐制，到宋代基本定型。

唐韦氏家族墓壁画宴饮图

辩一辩

你认为分餐制好还是合餐制好？

三、中国传统节俗节庆礼仪

（一）春节

春节的概念，最初的含义来自于农业。常见的春节节俗礼仪有下列六种。

1. 祭灶

腊月二十三，是民间祭灶的日子，也称为过小年。这一天的到来意味着旧的一年结束了，春节就要到了。民间传说，这天灶王爷要升天向玉皇大帝汇报一家人过去一年的功过，辞灶便是送灶王爷启程。

人们用柿饼、花生、瓜子、点心等贡品祭祀，意思是让灶王爷吃了后嘴变甜，希望他上天言好事。

男不拜月，女不祭灶。祭灶由男性完成。

春节传统习俗介绍

2. 扫尘

腊月二十四，掸尘扫房子。"尘"与"陈"谐音，扫尘有除旧布新的含义，用意是要把一切穷运、晦气统统扫出门。这一礼俗寄托着人们破旧立新的愿望和辞旧迎新的祈求。

3. 贴春联、贴门神

春联也叫门对、春贴、对联、对子、桃符等，以工整、对偶、简洁、精巧的文字描绘时代背景，抒发美好愿望。

在古代，人们在门窗上画鸡来驱鬼怪邪气。鸡在古代被称为"五德之禽"。唐代以后，有画秦琼、尉迟敬德二人为门神，也有画关羽、张飞为门神。目的是驱凶避邪、祈福迎祥。

4. 除夕、守岁和吃年夜饭

除夕是每年农历腊月最后一天的晚上。除是去、易、交替的意思，除夕的意思是月穷岁尽。在除夕，人们一边吃年夜饭，一边守岁。

守岁从吃年夜饭开始，将所有房子都点燃岁火，灯火通宵不灭，曰"燃灯照岁"或"点岁火"，合家欢聚，并守着"岁火"不让熄灭，有一些地方还要专门在床底点灯烛，遍燃灯烛，谓之"照虚耗"，据说如此照过之后，就会使来年家中财富充实。

5. 拜年礼

拜年，包括向长者磕头施礼、祝贺新年如意、问候生活安好等内容。遇见同辈亲友，也要施礼道贺。长辈会给晚辈压岁钱，体现出长辈对晚辈的关爱和晚辈对长辈的尊敬。

6. 放爆竹

放爆竹是中国传统民间习俗，已有两千多年的历史。相传是为了驱赶一种叫"年"的怪兽。当午夜交正子时，新年钟声敲响，整个中华大地上空，爆竹声震响天际，寄托了中国劳动人民一种迎祥纳福的美好心愿。

（二）清明节

清明节于周代开始设立，正是春耕、春种的大好时节，故有"清明前后，种瓜点豆""植树造林、莫过清明"的说法。

1. 扫墓

祭扫的日期，各地不同。有的是在清明节前十天或后十天，有的是前三天或后三天，有的在清明前后逢单日举行等。清明祭祀对象是去世的祖先或亲人，表达祭祀者的孝道和对死者的思念之情，重在表达孝思亲情。

（1）扫墓的禁忌

① 忌穿大红大紫。为尊重亡者，扫墓应庄重着装。通常来说，扫墓时要着深色衣服，最好不要穿得大红大紫，而且衣着要整齐，神情须庄重肃穆。

② 常规顺序不可反。扫墓祭祀是有先后顺序的。一般都是先把墓园或墓地打扫干净然后才是祭祀。由于祭祀是相当讲究风水和礼节的，所以先后顺序尽可能不要出现差错。先后顺序如下：修正墓地—上香—上肉—敬酒—拜祭—告别。

③ 扫墓时不可边吃东西边祭拜。古代传下来的扫墓礼仪中，扫墓前应禁食，因为在扫墓时体内排出污浊之气，是不尊重逝者的表现。另外，无论多饿，扫墓进行时，嘴里不

要咀嚼食物，否则只会凸显吊儿郎当的无知。

④ 悼念逝者应买白色菊花。我国古代把菊花当作寄托之花，有思念和怀念的含义。白色菊花是最适合的，也可以搭配一些绿草和鲜花，如百合、绿叶、康乃馨等，会更漂亮。不过黄色菊花有长寿菊之称，比较适合看望病人，而不适合拜祭已逝者。

2. 插柳

为了纪念教民稼穑的农事祖师神农氏。有的地方把柳条插在屋檐下，"柳条青，雨蒙蒙；柳条干，晴了天"。古人折柳相送，也比喻亲人离别去乡，正如离枝的柳条，希望他到新的地方，能很快生根发芽，这是一种对友人的美好祝愿，有惜别、挽留和祝愿的含义。

3. 踏青

踏青又叫春游，古时叫探春、寻春等。清明节祭祖活动往往在郊外进行，人们把祭祖扫墓和郊游踏青结合起来，既追思先人又健康身心，于是踏青成为清明节的习俗之一。

4. 放风筝

清明节放风筝是比较流行的习俗。按照古代的说法，就是在清明节这天放风筝，可以让它带走一年的晦气。有很多人会在风筝上写上自己所知道的疾病，待风筝起飞，飞高时，剪断线，任凭风筝飘走，也是寓意着除病消灾的意思。

（三）端午节

（1）赛龙舟、吃粽子。传说屈原是在端午节这天投江的，为了不让鱼虾吃掉屈原的身体，渔夫们划龙舟，百姓往江中投粽子和其他食物。之后每年农历五月初五就有了赛龙舟、吃粽子的习俗。

（2）悬艾叶、菖蒲。民谚说："清明插柳，端午插艾"。在端午节当日，人们把艾叶和菖蒲插于门楣，悬于堂中，以辟邪驱瘴。艾叶与菖蒲，都能产生挥发性的芳香油，可以驱蚊虫、提神通窍。

悬艾叶
辟邪驱魔

（3）点雄黄。端午节，把雄黄倒入少量酒中搅匀，用雄黄酒在小孩额头画王字，一借雄黄以驱毒，二借猛虎以镇邪，希望孩子不受蛇虫的伤害。

点额

四、中国传统民俗礼仪实践体验

实践体验名称	品味端午——端午节节俗节庆体验实践			课时数	2
班级		姓名		完成日期	
实践体验内容描述	以端午节为主题，通过着汉服，诵诗歌、讲故事、挂艾叶、赠香囊、点雄黄、包粽子等活动，体验中华传统文化的美与真，感受中华的服饰礼仪和饮食文化礼仪。				
实践体验学习目标	1. 了解端午节的由来，学习屈原坚持不懈的抗争精神。 2. 体验端午节的习俗，弘扬中华民族传统文化。 3. 学习包粽子的生活技能。				
实践体验工作步骤	步骤一：讲一个故事：端午节的由来。 步骤二：朗诵一首诗歌：《离骚》。 步骤三：同伴互动：挂艾叶、赠香囊。 步骤四：师生互动：点雄黄。 步骤五：生活体验：包粽子。				
实践体验材料准备	1. 着装准备：师生着传统服饰。 2. 文化准备：端午节的由来、屈原的历史、《离骚》诗歌的熟悉。 3. 材料准备：艾叶、香囊、朱砂、毛笔、包粽子。				
实践体验资源链接	1. 汉服的穿着礼仪。 2. 挂艾叶、赠香囊、点雄黄的礼仪。 3. 包粽子的步骤。				
实践体验过程记录					
实践体验成果分享					
小组评语					
教师点评					

第二单元　现代校园礼仪

校园礼仪是指学校师生员工之间相处时应遵循的礼仪，包括待人接物时的礼貌行为、得体的仪表仪态行为、课上课下的规范行为等。人的一生中有一段重要的时光要在校园中度过，与老师和同学朝夕相处，这个群体中的成员必须遵循必要的礼仪规范，才能维持校园的和谐，留下一生中最美好的记忆。

漫画小剧场：

同龄人间讲礼仪是不是太客气了？

为什么我们常见的孔子雕像大多是这个动作呢？

因为这是古代士人相见的"拱手礼"，这一动作形成"爻"字，不仅有虔诚恭谨之意，而且"爻"也是甲骨文中"教"字的写法。

孔子

对待师长要谦恭有礼，这是应该的。但是同学之间也需要处处讲礼仪吗，那样会不会显得太刻意、太客气？

同学之间当然也要十分重视礼仪修养，这是你获得良好同学关系的基础。礼仪的核心是人与人之间的尊重，而相互尊重是不分年龄的。

校园礼仪
尊重师长，友爱同学，
和睦相处，勤思进取，
礼貌相待，文明行路，
谦让节约，助人为乐，
衣着得体，遵纪守法。

礼仪与修养

【学习目标】

1. 素养目标：强化校园文明意识，提高合作、参与的能力，培养乐观、向上的性格，加深对校园文化的理解和热爱，形成对家庭、社会和国家的责任感，树立社会主义公民意识。
2. 知识目标：了解校园礼仪的内涵，弘扬中华民族优秀传统美德和社会主义道德，掌握校园人际交往的原则和方法，掌握在校园生活中学生应遵循的个人礼仪、交往礼仪，了解职前礼仪。
3. 技能目标：遵循校园礼仪规范，能分辨、应用和演示不同场景中适用的基本礼仪，如基本的谈吐、举止、服饰等个人礼仪，以及在校园等公共场所社会生活领域的交往礼仪。

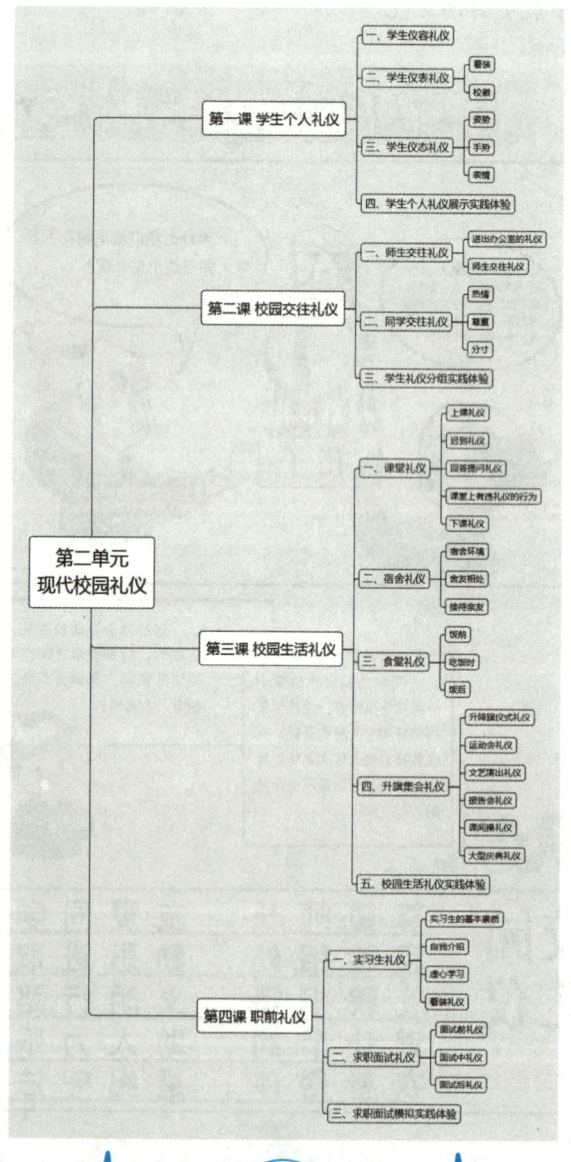

单元思维导图

第二单元 现代校园礼仪

- 第一课 学生个人礼仪
  - 一、学生仪容礼仪
  - 二、学生仪表礼仪
    - 着装
    - 校服
  - 三、学生仪态礼仪
    - 姿势
    - 手势
    - 表情
  - 四、学生个人礼仪展示实践体验

- 第二课 校园交往礼仪
  - 一、师生交往礼仪
    - 进出办公室的礼仪
    - 师生交往礼仪
  - 二、同学交往礼仪
    - 热情
    - 尊重
    - 分寸
  - 三、学生礼仪分组实践体验

- 第三课 校园生活礼仪
  - 一、课堂礼仪
    - 上课礼仪
    - 迟到礼仪
    - 回答提问礼仪
    - 课堂上有违礼仪的行为
    - 下课礼仪
  - 二、宿舍礼仪
    - 宿舍环境
    - 舍友相处
    - 接待宾友
  - 三、食堂礼仪
    - 饭前
    - 吃饭时
    - 饭后
  - 四、升旗集会礼仪
    - 升降旗仪式礼仪
    - 运动会礼仪
    - 文艺演出礼仪
    - 报告会礼仪
    - 课间礼仪
    - 大型庆典礼仪
  - 五、校园生活礼仪实践体验

- 第四课 职前礼仪
  - 一、实习礼仪
    - 实习生的基本素质
    - 自我介绍
    - 虚心学习
    - 善始礼仪
  - 二、求职面试礼仪
    - 面试前礼仪
    - 面试中礼仪
    - 面试后礼仪
  - 三、求职面试模拟实践体验

第二单元 现代校园礼仪

第一课 学生个人礼仪

课程导读：孔子曰："君子不失足于人，不失色于人，不失口于人。是故君子貌足畏也，色足惮也，言足信也。"这句话出自《礼记·表记第三十二篇》，意思是孔子说："君子的举止要不失体统，仪表要保持庄重，言语要谨慎。所以，君子的外貌足以使人敬畏，仪表足以使人感到威严，言语足以使人信服。"用今天的话来说，就是君子要注意自己的形象，一举手、一投足都要有分寸，举止要得体，仪表要庄重，言语要慎重。

漫画小剧场：

是不是长得好看就是仪容美？

爱豆古装真帅！长得好看的人穿什么都好看，我要也长得好看是不是也能成为翩翩君子？

你的格局也太小了……成为翩翩君子可不是看脸。孔子曰："君子不失足于人，不失色于人，不失口于人。"所以要成为君子应该是要时刻注意自己的言行举止，可不是只靠外形的打扮。

爱美之心人皆有之。长得好看固然是加分项，但不是决定因素。"诚于中而形于外，慧于心而秀于言"才是仪容美的最高境界。

不用羡慕别人的脸，你也可以成为翩翩君子。

礼仪与修养

案例

小珍和小丽是同班同学,一天在食堂排队打饭的时候,小珍开玩笑地打了一下小丽的头,一开始小丽没有理会,随即小珍又打了小丽几下,小丽不悦,于是正告小珍不要再打,正告无效后小丽反手打了小珍。一来二去,两个人产生了矛盾,闹得不可开交。

想一想

小珍和小丽的矛盾根源在哪里?同学之间应当如何正确相处?

知识链接

中职生学习礼仪的重要性

我国自古就有"礼仪之邦"的美誉,加强学生礼仪素质教育既是弘扬中华美德的需要,也是学生应对自主择业、竞争上岗挑战的需要。

在择业求职中,用人单位不仅重视求职者的专业知识、职业技能,还重视包括职业道德、思想水平、礼仪修养等在内的综合素质。学生进行礼仪素质训练,可以掌握符合社会要求的各种行为规范,懂得如何站、坐、行,如何进行服饰搭配,如何介绍、称呼和问候对方,如何握手或示意,如何进门和出门;举办宴会或茶会,如何安排席位和座次等。这些知识都有利于我们中职生提早适应社会。

想一想

学生在校园中应当遵循哪些礼仪规范?

一、学生仪容礼仪

仪容是指人的外貌，由发式、面容，肤色的光洁、顺滑，以及可以被他人直观看到的所有外表元素共同构成，是个人仪表的基本要素。仪容礼仪包括个人卫生礼仪、举止礼仪、美容美发礼仪、服饰礼仪，是人类为维系社会正常生活而要求人们共同遵守的最基本的道德规范，它是人们在长期共同生活和相互交往中逐渐形成，并且以风俗、习惯和传统等方式固定下来。

校园礼仪有其特定的运用对象，主要是指适用于同学之间、师生之间以及学生与学校工作人员之间的礼仪。同时，它还有特定的应用范围，主要包括学生在校园与教师、员工相处，学生与学生之间的日常交往，个人谈吐、举止、服饰、仪容、仪表方面的规范要求等。作为一名学生应当懂得掌握校园礼仪的重要性，同时应了解、掌握这些礼仪。这些礼仪要求不仅是一个学生应遵守的日常行为规范，而且是做人的基本要求，如同学之间要互相团结、友爱，学生对师长要有礼貌，衣着打扮要符合学生的身份，公共场所要注意社会公德等。

为什么不能把古代校园礼仪照搬到现代校园中来？

> **小贴士**
>
> 什么是仪容美？
>
> 首先，是指仪容的自然美。即天生丽质，俗话说"爱美之心人皆有之"，尽管以貌取人不可取，但先天美好的仪容相貌无疑会先声夺人，令人赏心悦目。
>
> 其次，是指仪容的修饰美。人的先天相貌难以改变，但可以依照规范与个人条件对仪容进行必要的修饰，做到扬长避短，塑造出美好的个人形象。
>
> 最后，是指仪容的内在美。即通过努力学习，不断提高个人的文化、艺术、道德、思想等修养，培养出自己高雅的气质与美好的心灵，使自己秀外慧中，表里如一。
>
> 真正的仪容美应当是以上三个方面相辅相成，高度统一的，忽略其中任何一个方面都会使仪容美失之偏颇。

礼仪与修养

1. 整洁卫生
学生应及时洗脸、刷牙、理发、剪指甲，保持整洁的仪容。

2. 朴素大方
女生的发型应当是马尾式或青年式，不留披肩发、烫发或留奇异发型，不染发、化妆、涂口红、戴首饰、留长指甲、穿高跟鞋等。

男生的发型应为平头或类平头，不留长发、剃光头、留胡须，不在公共场合敞怀、赤膊或光脚。

3. 举止文明
学生不在有人的情况下做抠鼻孔、掏耳朵、剔牙等不雅观动作。

名人名言

> 礼仪之始，在于正容体，齐颜色，顺辞令。——礼记

互动讨论

你对演艺圈一度流行的日韩风形象如何看待？

二、学生仪表礼仪

（一）着装

学生着装以自然朴素、整洁大方为原则，款式和线条要简洁流畅，不穿奇装异服，可着校服、夹克衫、运动衫、T恤衫、连衣裙等，具体要求如下。

（1）凡升旗仪式、重要会议、外出活动时要求穿校服。

（2）女生不穿"薄""透""露"型的衣服；男生不穿花衬衫，非运动时间不穿无袖背心和运动短裤。

（3）衣服的衣领和袖口要干净，衣服的扣子要扣好。

（4）校园内不穿拖鞋、露膝短裙、露脐短衫、低腰裤、破洞裤等。

中学生着装不仅要整洁、合体,还应朴素、大方,符合学生身份,不追求名牌。校园内,提倡穿校服。具体要求如下。

1. 女生不穿过分裸露、紧身的服装;夏季不穿无袖上衣,不穿过于短小、透明、领口过低的衣衫;不穿膝盖以上或过于短小紧身的裙子、裤子。
2. 男生不穿过于短小紧身的衣裤,不赤膊、不敞怀。
3. 学生在校园教学等公共场所不穿拖鞋。

(二)校徽

校徽是学校的标志,对于学生来说,佩戴校徽可以增进学生身份认同,提高学生传承学校优良传统和遵守校规校纪的自觉性。因此,学校一般都规定学生必须佩戴校徽。当学生戴着校徽走出校门,在公共场合进行活动时,就等于向社会明确宣布了自己的身份,学生的一举一动都将受到社会的关注和监督,这就促使学生要时刻维护学校的荣誉,养成遵纪守法的良好习惯。同时,佩戴校徽也有助于学校的安保工作,可以使学校门卫对进出学校的人员身份一目了然,有利于维护学校的秩序。因此,学生应当佩戴校徽,并主动、耐心地接受门卫和值勤人员的监督或检查,不可有粗暴的言行。

校徽应统一佩戴在外套或外衣的左上角,要求端正、规范,不得倒戴、斜戴或佩戴于别的地方。

三、学生仪态礼仪

仪态是指一个人的举止和动作所呈现出来的样子,包括行动坐卧的姿势、手姿、表情等。我国素来有"站如松、坐如钟、行如风、卧如弓"的说法,这是我国传统文化中修身养性的标准,也是一种仪态规范。尤其对于青少年来说,保持正确的姿势,才更有利于身体的正常生长发育。

(一)姿势

1. 站姿

头、背、臀和脚跟在一条直线上,两肩在同一水平上自然下垂,抬头、挺胸、两眼向前平视,腹部微内收,两脚稍稍分开约两拳距离,脚尖微向外斜,把全身重量落在两脚的脚跟和外缘上。

2. 坐姿

抬头,两眼正视前方,身体挺直,两肩呈水平状,身体与大腿垂直,两小腿与地面垂直或向前伸,双脚平放地面,使膝关节后面的肌肉、血管、神经不受压迫,稳坐时感到舒适而又不易产生疲劳的感觉。

3. 走姿

为了维护身体的左右平衡，上身要保持端正姿势，当右脚向前迈步时，左手同时向前摆动，身体重心向前移；当左脚向前迈步时，右手同时向前摆动，身体重心向前移。如此反复，两脚脚尖指向前方，不要向里勾或向外撇。

互动讨论

课堂上，有的同学坐姿不是向左侧就是向右侧，有的猫着腰，有的双脚叉开，有的跷起二郎腿，有的长时间趴在桌子上……这种不良的姿势会有什么危害吗？

（二）手势

手势表现的含义非常丰富，是一种非常有表现力的肢体语言。在人类社会的长期发展中，人们对手势赋予了特定的习惯和含义，如招手致意、挥手告别、拍手称赞、拱手致谢、举手赞同、摆手拒绝等，此外，手势中还含有非常丰富的情感意识，如用手轻抚是爱、用手直指是怒、用手臂搂抱是亲、用手捧起是敬、用手遮挡是羞等。因此，在使用某个手势时，要充分了解它的意义，以免使用不当。

此外，由于地区不同，同一手势所表达的含义也不尽相同，例如，中国人在夸赞别人时，会竖起大拇指表示"很棒"，但在欧洲一些国家，这种手势可视作招呼出租车，而在澳大利亚，则认为竖起大拇指尤其是大拇指横着伸出是一种侮辱。

在使用手势时，要注意适可而止，不要频繁地挥来挥去，让人感到眼花缭乱、头晕目眩，也不要做出一些不雅的手势动作，如当众搔痒、挖鼻孔、掏耳朵等。

（三）表情

1. 眼神

在与人对话或者倾听别人诉说时，应正视对方的眼睛，以示尊重，如果同意对方的观点，可微微颔首表示同意。

2. 面部表情

面部表情要根据所处的场景进行展现，通常情况下，面部表情要自然得体，保持微笑，但若是在庄重肃穆的氛围下（如升旗仪式时），表情就要严肃；而在欢快喜庆的场合（如联欢会），表情喜笑颜开则更能烘托环境氛围；面对别人的不幸，共情会使我们悲凄；面对别人的幸福和快乐，自然会展现出喜悦。

小知识

美国心理学家艾伯特·梅拉比安在一系列试验的基础上总结出了人的感情表达效果公式。

感情的表达（100%）＝言语（7%）＋声音（38%）＋表情（55%）

小贴士

看的时间

据心理学家实验表明，人们目光相互接触的时间通常占交谈时间的30%~60%。若超过60%，表示对对方人物的兴趣可能大于谈话；若低于30%，则表示对对方或者对谈话的话题不感兴趣；如果完全不看对方，只是倾听，则表示对谈话漠视，或者听者本身自卑、紧张，不愿让对方发觉自己的心理活动。

课程小结

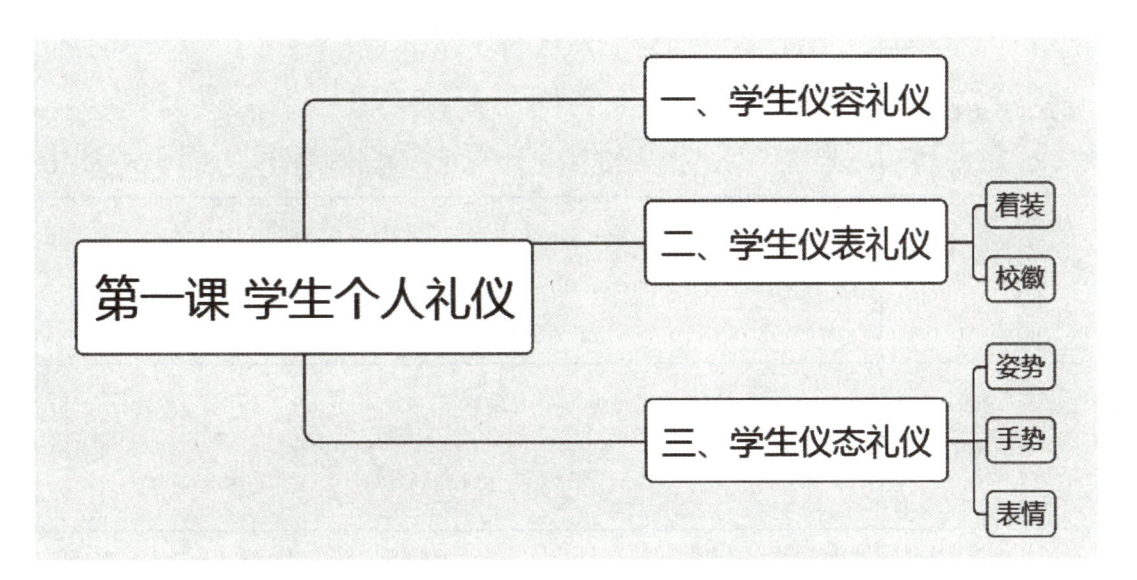

```
                              ┌── 一、学生仪容礼仪
                              │
                              │                         ┌── 着装
第一课 学生个人礼仪 ──────────┼── 二、学生仪表礼仪 ────┤
                              │                         └── 校徽
                              │
                              │                         ┌── 姿势
                              └── 三、学生仪态礼仪 ────┼── 手势
                                                        └── 表情
```

四、学生个人礼仪展示实践体验

实践体验名称	站姿和坐姿训练		课时数	2
班级		姓名	完成日期	
实践体验内容描述	学生分别体验得体的站姿和文雅、端庄的坐姿。			
实践体验学习目标	能在服务情境中按照礼仪的要求正确表达站姿和坐姿。			
实践体验工作步骤	1. 教师讲解并示范站姿,同学仔细观察、模拟练习、相互点评。 2. 教师讲解并示范坐姿,同学仔细观察、模拟练习、相互点评。			
实践体验材料准备	1. 站姿、坐姿礼仪情境的教学课件、图片、视频等。 2. 技能评价表。			
实践体验资源链接				
实践体验过程记录				
实践体验成果分享				
小组评语				
教师点评				

第二单元
现代校园礼仪

第二课 校园交往礼仪

课程导读：校园生活是绝大多数人都要经历的一段美好时光。在这期间，我们若能掌握正确的校园交往礼仪，不仅师生关系、生生关系会更加和谐，而且我们也能收获一段美好的校园生活回忆，甚至一生的良师益友。

一、师生交往礼仪

古人云："一日为师，终身为父"，这体现了我国自古以来尊师重教的优良传统。教育工作是神圣的，老师的教诲和榜样作用将影响学生一生。尊敬老师是每一位优秀的人才都应具有的美德，也是对一个学生的基本要求。

师生交往礼仪

你知道吗？

华罗庚，世界著名数学家，中国现代数学之父。在他成名之后，不止一次说过："我能取得一些成就，全靠我的老师栽培。"1949年，华罗庚从国外回来，马上赶回故乡江苏省金坛县看望发现他数学才能的第一个伯乐——王维克老师。他在金坛作数学报告演讲时，特地把王老师请上主席台就座，进会场时让老师走在前面，就座时只肯坐在老师的下首。

47

（一）进出办公室的礼仪

学生进入办公室前，不管门是否开着，都要先轻敲办公室门，老师允许后方可进入办公室。进入办公室后不要东张西望，更不能乱翻东西，事情办完就离开，不宜逗留过久，以免打乱老师的时间安排，同时还会影响其他老师的工作。学生离开办公室时应向老师告辞，并对老师解决的问题致以感谢。

（二）师生交往礼仪

校园是师生共处的空间，学生与老师的交集不只局限于课堂和办公室，更不只局限于教与学，课外日常的交集也很多，因此，掌握课内外师生交往礼仪，也是作为学生的重要常识。与老师交往时，尊重老师、懂礼貌，才能使师生关系融洽，这样既可以促进学习，又可以学到很多做人的道理。

1. 文明礼貌

无论何时何地见到老师，都应向老师问好。问好时注视着老师，面带微笑，语气、语调都要体现出真诚。如果遇到几位老师同时走过来，可统一问候"老师们好"，这样既简洁，又不会因先后顺序冷落任何一位老师。

2. 礼让关怀

当在楼梯口或狭窄的通道中遇到老师时，应侧身让老师先行。如果学生和老师一起外出，乘坐交通工具时，学生应照顾老师，请老师先上；遇到年纪大的老师，应主动搀扶，有空位时，应请老师先入座。

3. 谦恭有礼

在与老师交谈时，如果老师站着，学生就不能坐着；如果老师坐着，只有当老师请学生坐下时，学生方可坐下。学生说话时态度应诚恳、谦恭。老师来拜访时，无论是在家里或是在宿舍，都应热情接待，老师离开时应将老师送出门外，并目送老师离开。

4. 节日祝贺

佳节来临之际，学生应向老师表达节日祝贺，尤其是在教师节的时候，向老师送上一句问候或者小礼物，都可表达心意。给老师的礼物不要奢侈，心意到了就行。最好的做法是全班同学一起为老师做个纪念品，比如在卡片上贴上全班同学签名的集体照，这样既有纪念意义，又可以照顾到所有的同学。

二、同学交往礼仪

同学之间的交往，仅有友爱的良好愿望是远远不够的，还要注意情感的交流与沟通。与同学交往要遵循交友原则，才能与同学友好地相处。

（一）热情

热情待人，相互帮助是与同学相处的一个基本原则。很难想象一个为人冷淡、口是心非、不关心别人的人能够交到真正的朋友。俗话说"与人方便，与己方便。"友善是双向的。不论是在生活和学习上，同学之间都应当互相帮助，共同进步。

（二）尊重

（1）不可私自翻看同学的日记和信件。有的同学出于好奇，喜欢私自翻看别人的日记和私拆他人的信件，甚至还把内容公布于众。这样做不仅是一种不道德、不礼貌的行为，而且还是一种违法行为。

（2）给同学留有个人隐私空间。同窗好友应真诚相见，无话不谈，但这并不等于要把自己的一切都公布于众。只要不违背社会的道德和法律，不损害他人的利益和侵犯他人的权利，每个同学都可以有自己的隐私。有的同学不愿意将自己个人或家庭的情况告诉他人，不喜欢他人询问，这属于他个人的权利，应予以尊重。

（三）分寸

（1）同学之间尽量不发生借贷关系。学生属于消费者，衣食住行全由父母供养，因此，手中可以支配的金钱应用于自身的发展，不可养成随意借钱的习惯，避免发生纠纷。

（2）衣物、私人用品等物涉及个人卫生，最好不要相互借用，以免危害健康。

（3）家庭信息、个人银行账号、各种密码等最好不要公开，以防被怀有不轨之心的人利用，造成财产等安全隐患。

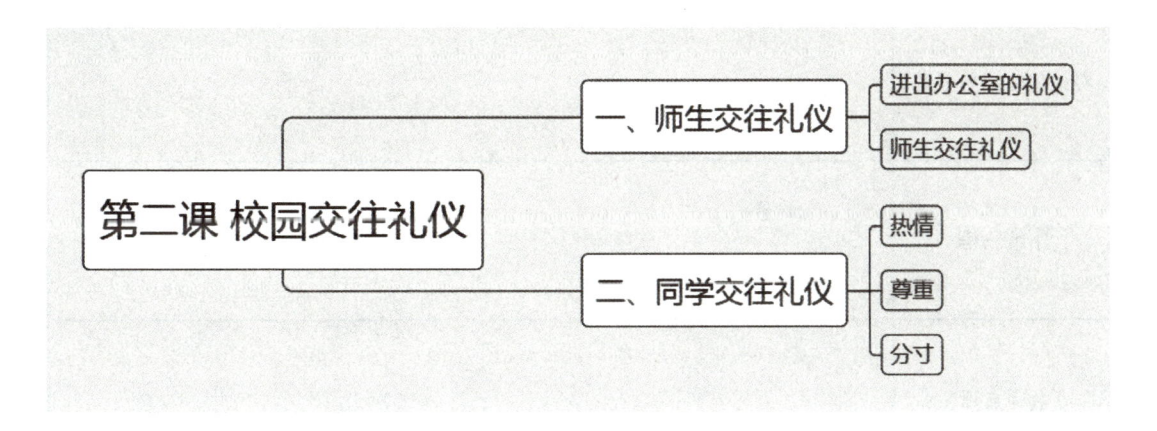

课程小结

第二课 校园交往礼仪
- 一、师生交往礼仪
  - 进出办公室的礼仪
  - 师生交往礼仪
- 二、同学交往礼仪
  - 热情
  - 尊重
  - 分寸

三、学生礼仪分组实践体验

情境演练： 分组扮演学生和老师的角色进行师生之间、同学之间社交礼仪练习，可自由定义情景。

实践体验名称	现代校园交往礼仪实践体验		课时数	2
班级		姓名	完成日期	
实践体验内容描述	按照所学知识进行现代校园交往礼仪练习。			
实践体验学习目标	了解现代校园交往礼仪，掌握与老师、同学之间的交往分寸。			
实践体验工作步骤	1. 分组讨论，撰写剧本。 2. 情景剧演出。 3. 小组互评。			
实践体验材料准备	1. 制作相关道具。 2. 撰写相关的剧本。			
实践体验资源链接				
实践体验过程记录				
实践体验成果分享				
小组评语				
教师点评				

第二单元
现代校园礼仪

第三课 校园生活礼仪

课程导读： 校园是学生生活学习的场所，所有在校内从事的一切活动皆属于校园生活。校园生活以学习为主，课外活动为辅，包括学习、交往、娱乐、社团等方面。本课将介绍校园生活中的各项礼仪规范，包括课堂礼仪、宿舍礼仪、食堂礼仪、升旗集会礼仪等。

漫画小剧场：

想一想

当你在课间时想向老师请教问题，但老师正在忙着做其他事情的时候，此时你应该怎么做？

名人名言

> 君子所贵乎道者三：动容貌，斯远暴慢矣；
> 正颜色，斯近信矣；出辞气，斯远鄙倍矣。
> ——《论语·泰伯》

一、课堂礼仪

每天按时上学，不迟到、不早退，是作为一个学生应该遵守的最基本的规定，同时也反映了一个人坦诚守信的素质修养。

（一）上课礼仪

学生应提前进入教室等候老师到来。待老师走进教室时，班长要立即喊"起立"。全班同学迅速地肃立，表示敬礼，等老师还礼后再坐下。学生起立、坐下时，动作要快，要轻，不要让桌椅发出很大的声音。

学生在课堂上衣着要整洁，不得穿拖鞋、背心进入课堂，不得敞胸露怀。

听课时要专心致志，不做小动作，不吃东西，不嚼口香糖，不听"随身听"，不扇扇子，不玩东西。即便是自习课，也不得随意离开座位，不交头接耳，不打哈欠，不睡觉。这些都是尊重老师和同学的表现。

（二）迟到礼仪

学生如遇到特殊情况，不得已在老师开始上课后才进入教室，应做到以下三点。

1. 到教室门口应先停下脚步喊"报告"，如果教室门关着，那就应先轻轻敲门，在得到老师的允许之后，才能进入教室。

2. 在走向自己的座位时，速度要快，脚步要轻，动作幅度要小。走到座位前，在放书包和拿课本时，尽量不要发出太大的声音，更不能有任何滑稽可笑的举止。

3. 在坐下之后，应立即将注意力集中起来，端坐静听老师讲课。总之，迟到的学生要把由于自己迟到而对课堂秩序造成的影响减小到最低的限度。

（三）回答提问礼仪

（1）老师提问时，学生如果要回答问题，首先应该举手，当老师点到自己名字时方可站起来答题，切不可坐在座位上就七嘴八舌地发言。老师要求齐答时要积极回答。

（2）在起立回答问题时，态度应严肃认真，切不可搔首弄姿或故意做出滑稽的行为引人发笑。说话声音要清朗，音量不要过低，以免老师和同学听不清楚。

（3）如果回答不出老师的问题，但又被点到自己的名字，应当起立向老师实事求是地表明自己不会或者没有准备好。

（4）在别人回答老师问题时，应当保持安静，不随便插话。如别人回答错了，或者不能回答时，切不可在旁边讥笑嘲讽。

（四）课堂上有违礼仪的行为

课堂是学习的主要场所，学生应该严格遵守课堂纪律，还应避免以下有违礼仪要求的做法。

（1）坐姿不端正，如跷二郎腿、敞胸露怀、斜靠在座位上等。

（2）照镜子、喝水、吃东西、扇扇子、玩手机、接电话等。

（3）未经老师允许，随意串位或进出课堂。

（五）下课礼仪

（1）下课铃响后，老师喊"下课"，班干部喊"起立"，同学们起立后要喊"谢谢老师"；

老师还礼后说"同学们再见",同学们喊"老师再见"。

（2）下课后,同学要目送老师出门,等老师出门后,再随后出门。

（3）走出教室时要有秩序,不要一窝蜂地涌向教室门口。

（4）课间十分钟,学生可以游戏、聊天、看书报等。同学间要礼让、讲文明、守秩序。

（5）课间活动是让学生疲劳的身心得以恢复,要选取运动量小、不激烈的活动,否则不仅达不到休息的目的,还会影响下节课的学习。

课堂互动

老师课堂随机提问,请学生根据已学知识回答问题。

二、宿舍礼仪

（一）宿舍环境

（1）保持宿舍的整洁卫生。

（2）遵守作息制度。

（3）休息时间不可大声走动或说话,以免影响他人休息。

（4）严禁吸烟、酗酒、赌博。

（二）舍友相处

（1）同宿舍的同学要互相关心、互相帮助,例如,主动照顾生病的同学,必要时帮助生病的同学打饭、打水或买药；刮风下雨时,一起帮助同宿舍的同学收起晾晒的衣物等。

（2）到别的宿舍找同学时,要在该宿舍同学方便的情况下,经该宿舍同学同意后再进入,不可擅自推门而入。进入宿舍后应主动向其他同学打招呼,然后坐在你要找的同学的床铺上。若邀请你的同学睡的是上铺,一定要得到下铺同学许可后,方可坐其铺位。说话时声音要轻,串门时间要短,不能坐得太久,以免影响别的同学。

（3）要相互关心,但不要干预别人的私事,以免侵犯他人隐私,造成麻烦。

（三）接待亲友

（1）接待亲友或外人来访时,在进入前应先向室内的同学打招呼。若是异性的亲友或外人来访,要提前说明情况,在同室人有所准备之后方可进入。

（2）亲友进入宿舍后,应主动为同学介绍。同室学生也应礼貌待人,不要冷淡来客。

（3）不可留人住宿,以免出现意外。

礼仪与修养

名人名言

爱人者，人恒爱之；敬人者，人恒敬之。——《孟子·离娄章句下》

知识拓展

范式守信

范式字巨卿，山阳金张（今山东省金山县）人。年轻时在太学求学，与汝南元伯是好朋友。两人一起学习，后来一起请假离开太学返乡，范式对张劭说："两年后回到太学读书，我将到你家拜见你的父母，见一见你的幼子。"于是一起约好了日期。当约好的日期快到的时候，张劭把这件事告诉了他母亲，请他母亲准备酒菜招待范式。母亲问："两年前分开时，千里之外约定的话，你就那么确定他会来拜访吗？"张劭回答："范式是一个讲信用的人，他一定不会违约的。"母亲说："如果真的是这样，那我就为你们酿酒。"到了约好的那日，范式果然来了。大家登上大厅一起饮酒，最后开心地分别了。

三、食堂礼仪

（一）饭前

（1）有秩序地进入餐厅，不要冲、跑和拥挤。
（2）排队打饭，不要插队。
（3）如果和师长在一起吃饭，要请师长先就座。

（二）吃饭时

（1）吃东西时要文雅，细嚼慢咽，尽量不要发出声音，不要把食物或汤水洒得到处都是。
（2）骨、刺、调料等无法吃的东西不要随地乱吐，可放到餐具中或其他备用容器里。
（3）"食不言，寝不语"，吃饭时尽量不要与人交谈，专心吃饭。

（三）饭后

（1）珍惜食物，光盘行动。若不得已剩下了饭菜，要倒进指定的回收桶里，不要往洗碗池或洗手池里倒，以免造成堵塞。
（2）与其他人一起吃饭时，如果自己先吃完了，可以说"大家慢慢吃，我先走一步"，然后再离开座位。

四、升旗集会礼仪

（一）升降旗仪式礼仪

升国旗、唱国歌是一种爱国主义教育。举行升降旗仪式时，学生一般以班为单位，在操场集合，面向国旗致敬。

1. 出旗仪式

旗手持旗，护旗手在旗手两侧护旗，齐步走向旗杆，全体师生立正站好。

2. 升旗仪式

升旗仪式中，学生首先要端正肃立，神情要庄重，切忌自由走动、嬉笑打闹和东张西望，当听到"升国旗、奏国歌"时，要立正、脱帽、行注目礼。

（二）运动会礼仪

1. 运动员礼仪

（1）互赠队旗

体育比赛一般分为锦标赛、邀请赛、友谊赛和表演赛等。在某些比赛特别是友谊赛和表演赛上，若两队是首次相遇，通常要在赛前举行互赠队旗的仪式，以示友好。

互赠队旗时，双方队伍在赛场中央面对主席台，向左右两侧一字排开。先向主席台和四周观众挥手或鞠躬致敬，再由东道主队的队长主动带领全队向客队迎去，队长代表全队将本队队旗双手赠给对方队长。当接过对方回赠的队旗后，双方可以相互握手表示致意。然后，双方都将对方队旗高高举起，向主席台和四周观众致意。当队长将对方队旗举起致意时，其他队员可以热烈鼓掌，表示敬意。

（2）互赠纪念品

互赠纪念品的仪式往往安排在互赠队旗之后。东道主队的队员应主动地向客队队员迎去，将事先准备好的礼物赠给对方队员。互赠纪念品后，双方队员要热情握手表示谢意，然后面向观众将纪念品举起向观众致意。赠送纪念品仪式应预先告知，以免一方因为没有准备而陷于被动。

（3）尊重、服从裁判

① 运动员在赛场上要尊重裁判、服从裁判。
② 比赛前运动员应主动热情地与裁判员握手，以示尊重和愿意服从裁判。
③ 当赛场上出现错判或误判时，运动员可以按照一定的程序提出申诉，不可恶语伤人。
④ 比赛结束后，运动员也应主动与裁判握手，以示感谢。

（4）与观众友好相处

运动员无论参加何种比赛，在赛前和赛后都应向观众表示谢意。一般场合下，比赛前，运动员在赛场中除了向主席台嘉宾和对方运动员致礼，还应向四周观众挥手鞠躬，以示敬意。比赛后，无论胜败如何，也应该向观众挥手鞠躬，感谢观众的光临和鼓励，同时也是

向观众告别。

（5）比赛申诉礼仪

一般来说，不能在比赛的过程中进行申诉，应当选择在比赛暂停阶段或比赛结束后进行。对一些有明确规定的比赛则按规定的时间进行申诉。申诉的意见可向裁判员、比赛仲裁委员会或比赛技术委员会提出。在个人比赛中，申诉可以由运动员本人或教练员提出，团体赛中可由领队、教练员或队长作为代表提出。凡是书面申诉，应由领队签名。无论采取什么方式申诉，都要保持情绪平静，不要有过激行为。

2. 观赛礼仪

（1）啦啦队礼仪

许多体育比赛中，观众自发组成啦啦队，为运动员的比赛助威、呐喊。这样做一方面可以起到鼓舞运动员士气的作用，另一方面也体现了广大观众对体育比赛的热情以及自身的文化修养。啦啦队要做到文明助威，应注意以下八点。

① 作为啦啦队，应服从组织安排，助威时要有组织、有指挥。

② 要同时为双方运动员的精彩表演喝彩，不要无原则地瞎起哄。

③ 使用的口号、标语要有所选择，内容要健康。

④ 比赛中不管发生了什么情况，都不可有泄私愤的行为，如骂人或攻击裁判。

⑤ 有些赛场允许使用锣鼓、乐器时，要注意与比赛节奏相吻合，鼓掌时也应有一定节奏。因为不合节奏的鼓乐声是一种噪声，会影响运动员水平的正常发挥。

⑥ 要严格遵守赛场纪律和有关规定，不准向运动员和裁判员投掷物品，不要向赛场扔果皮或易拉罐、汽水瓶等物品。

⑦ 一切违禁物品不准夹带入场。

⑧ 赛场如果出现混乱，或发现有违反法纪行为时，要有礼貌地劝阻当事人，或及时报告老师或工作人员。

（2）观众礼仪

① 观摩比赛应提前入座，不要在比赛开始后才入场，否则既不尊重运动员，也会影响其他观众观看比赛。

② 遇到有贵宾观看比赛时，应热情鼓掌表示欢迎，如果身边有外国朋友在场时，应主动帮助引路。

③ 在国际比赛中，开场前奏国际歌时，要肃静起立。此时不能嬉笑打闹或者做其他事情。

④ 在比赛进行中，不要随意在看台上来回走动，或者站在别人面前影响他人观看比赛。

⑤ 比赛尚未终了，不要提前退场。比赛结束时，不要争先恐后地退场，应让妇女、老人、儿童先走，避免因为拥挤而发生意外事故。

⑥ 比赛中，要不断地为双方运动员鼓励加油。当客队占优势或取胜时，不要喝倒彩或起哄，更不应说不恰当的话。

⑦ 在比赛过程中，如果遇到场上混乱，要勇于挺身而出，帮助赛场工作人员维持公共秩序，制止不文明行为。

（三）文艺演出礼仪

文艺演出是一种深受广大学生欢迎的文娱活动形式，也是学生进行交际、联谊的主要活动形式之一。

1. 演员的礼仪要求

（1）演员要恪尽职守，不可以任何借口拒不登台，更不可故意刁难组织者。演出时要服从演出安排，互相支持，积极合作，发挥最佳水平，不可哗众取宠。

（2）尊重观众。在登台或下场时，要认真向观众行礼；演出完毕，若观众要求加演，应再次登台，向观众施礼道谢；若有观众献花，应落落大方，欣然接受，并与献花人握手致谢。演出结束后，全体演员应登台列队谢幕。

2. 观众的礼仪要求

（1）观众的仪态、举止应与晚会的氛围相协调。着装应得体，夏天不能穿背心和拖鞋进入会场。严禁在场内吸烟。

（2）观看演出应提前入场，进场后对号入座。若到场较迟，其他观众已经坐好，应有礼貌地请别人给自己让道。从别人面前经过时，应面向让路者，一边道谢，一边朝前走，而不要背对着走过去，尽量不要碰到别人。从礼仪的角度出发，去剧场观看演出，迟到者应自觉地站在剧场后面，在幕间入场，或等到台上表演告一段落时，悄然入座。

（3）在剧场观看演出时，入座后应将帽子摘下，不要摇头晃脑或交头接耳，以免影响后面人的视线。观看演出时不吃带壳的和带响声的食物。进入晚会会场后，观众应自觉地关闭手机，或使其处于静音状态。

（4）保持愉快心情、神情专注观看演出，更容易感受到美的熏陶。在演出过程中，要有礼貌地适时鼓掌，当演员表演到精彩、动人之处，观众应以热烈的掌声为演员喝彩，向他们表示感谢与祝贺。鼓掌要把握时机，例如，当受欢迎的演员首次亮相时应鼓掌；观看芭蕾舞、乐队指挥进场时应鼓掌；演奏会上指挥登上指挥席时应鼓掌；一个高难度的动作完成时应鼓掌；一首动听的歌曲演唱完毕时应鼓掌；演出告一段落时应鼓掌；演出全部结束时应起立，热烈鼓掌。高兴时不宜跺脚、喊叫，也不要在不恰当的时候鼓掌，否则就会产生副作用。比如演员的台词还没有说完，交响乐的一个乐章还没有结束就贸然鼓掌，不仅影响演出，而且会让人以为是在喝倒彩。

（5）当节目演出完毕，不要没完没了地要求演员返场，也不要一起拥到台前，更不要在演员谢幕前就急急忙忙离开剧场，要秩序井然地离场。

（6）观看演出一般不宜中途退场。如果临时有急事或确实不喜欢观看，应在幕间休息或一个节目结束时离场。

（四）报告会礼仪

在学校，经常会举办各种报告会。学生参加报告会应衣着整洁、仪表大方、准时入场、进出有序，依会议安排落座。具体来说，要注意以下要求。

1. 守时守纪

（1）每个学生都要有时间观念，应提前到达会场，以保证报告会准时开始。不能拖拖拉拉，延误时间，影响报告会的气氛。

（2）入场时，不要勾肩搭背、大声谈笑、东张西望或寻人、打招呼。必要时要在最短的时间内整好队列，并以较快的速度进入会场。

（3）入场后要在指定地点入座。如果事先没有指定座位，也要听从会议组织者的安排，迅速就座。不要抢占位置好的座位，不要坐其他班级的座位，更不要坐在贵宾席或教师席。

（4）报告会结束后，应让贵宾及教师先离开会场，然后学生按次序退场，切忌一哄而散。

2. 尊重报告人

（1）报告人未入场前，与会学生应端坐恭候报告人。

（2）当报告人出现在主席台上时，全场应立即安静下来，并报以热烈的掌声，这是一种基本的礼貌。这种礼貌是对报告人的尊重和鼓励，报告人也会因此把报告做得更好。

（3）报告人作报告时，学生都要端坐静听，不要交头接耳、窃窃私语，不要看报纸、杂志，不要吃零食、打瞌睡、东张西望或左顾右盼，否则会影响报告人的情绪，也会干扰其他同学听报告。

（4）一般情况下，学生不要随意离开会场，如有特殊原因需出场，也应悄悄出场，以减少对报告人和听众的干扰。借故离场、扬长而去都是对报告人的不敬，是一种极不礼貌的行为。

（5）报告人讲到精彩部分时，学生可以鼓掌，以表示赞同和钦佩。报告结束时，为表达谢意，应报以热烈掌声。如果报告人离席先走，则应再一次鼓掌表示欢送。

（6）如果对报告中的某些观点不同意，或由于报告中的引例和数据不够准确，而有不同看法时，与会学生应采取正确而礼貌的方式予以处理，或通过向报告人递纸条的办法指出报告中的某些欠妥之处，会议结束后，向会议组织者提出意见。当场在下面议论、喊叫，或当面责问，都是极不礼貌的行为。

3. 自由发言礼仪

（1）要求发言先举手。报告会是有组织、有领导的，如要发言，须先举手，得到主持人的同意后方可发言。

（2）要认真倾听别人的发言，不要表现出无所谓或不耐烦的样子，不要随便插话，更不能强行打断别人的讲话。如果不同意发言人的观点，在他没讲完之前，既不要立即反驳，也不要和周围的同学议论，不能扰乱会场纪律，更不能公然露出鄙夷的神色或拂袖而去。

（3）发言要观点明确，以理服人。发言不管是阐述自己的看法，还是反驳别人的论点，都应注意观点明确，论据充分，以理服人。对不同的意见不要乱扣帽子、乱打棍子，切忌出言不逊、恶语伤人。

（4）别人批评自己的观点或对自己的观点提出不同看法时，应虚心听取，要让别人把话说完，不要急躁，不要说出有损他人人格的话，而应互相切磋，求同存异。

（五）课间操礼仪

做课间操不但能够培养学生的集体观念和纪律观念，还可以锻炼学生拥有良好的身体姿态和积极的精神面貌，而后者是课间操训练的基础和重点，这与学校对学生的礼仪规范是一致的。学生做课间操也要遵循相应的礼仪。

1. 快

下课铃响后，学生要迅速离开教室，有秩序地走下楼梯。在楼道里不要拥挤、推搡，以免发生踩踏事故。离开教学楼后，要跑步来到大操场，按指定地点站好，准备做课间操。

2. 静

从离开教室到操场的过程中，不得大声喧哗。来到操场后，要保持安静，等待课间操音乐开始，不要追逐打闹、扎堆聊天，不做与课间操无关的事。从课间操开始到宣布解散，要听从领操老师的指挥，不得随便讲话。

3. 齐

按时出勤，不无故缺席课间操，人数要到齐。要按要求排队，队列要整齐；要按要求着装，服装要整齐。做课间操时，不东张西望，动作要整齐。

4. 准

要听从领操老师的口令，动作准确。

（六）大型庆典礼仪

学校举行的隆重典礼一般有开学典礼、毕业典礼、校庆典礼等。

1. 开学典礼

每个新学年或每个新学期开学之际，学校都要举行开学典礼。开学典礼是学校的大典，是新学年、新学期开始的标志，全校师生员工都要参加，有必要时还可邀请当地党政领导和有关部门负责人以及家长代表参加。

参加开学典礼的学生应注意典礼礼仪。负责迎宾的同学应仪容大方、仪态端庄，身披迎宾礼带，在校门口及会场出入口迎送来宾和全校师生。

没有承担典礼服务工作的同学，应统一身着校服、佩戴校徽，参加开学典礼的同学全部按班级列队入场，在指定位置就座，入场要迅速、安静，入座后也不要交头接耳、大声喧哗，要保证会场气氛庄严肃穆。

典礼开始时要认真听从主持人指挥。应认真听取校长报告和其他人的发言，并适时报以掌声。掌声应热烈而有节制。唱国歌、校歌和呼口号时声音要响亮。

典礼结束后应等领导、来宾以及教职工离场完毕再在主持人的指挥下按顺序退场。

2. 毕业典礼

学生完成学习任务并经过考试成绩合格准予毕业。届时学校要举行毕业典礼。全体应届毕业生、学校领导和担任该届教学工作的教师以及学校的有关部门工作人员应参加毕业典礼。毕业生家长（或家长代表）也应被邀请参加，必要时还可以邀请当地有关领导以及本校校友中的知名人士参加，在校学生也可派代表参加。

典礼会场气氛应热烈隆重，毕业生应身着校服或毕业礼服，佩戴校徽，按班级在主席台下就座。

参加毕业典礼的学生应珍惜这一仪式，注意典礼礼仪。在听取发言时应专注，并适时适度鼓掌，以表示感谢或认同。在领取毕业证书时，毕业生要依次上台，双手接过毕业证书并向颁证者鞠躬致谢；接到证书后应向台下点头示意，然后稳步走下主席台。领取证书过程中，台下的同学应和着欢快的乐曲有节奏地鼓掌。在典礼结束后，毕业生不必立即离开会场，应手持毕业证书互相祝贺，向老师和家长表示感谢，还可以拍照留念。

3. 校庆典礼

学校逢五年或逢十年的校庆可举办校庆活动，其中一项是举行校庆典礼。校庆典礼一般会广邀该校历届毕业生返校参加。在校学生可在校庆典礼中担任服务人员。全体服务人员应统一着装，保持良好的精神面貌，对所有来宾都应热情有礼。担当迎宾任务的同学要身披迎宾礼带、面带微笑，恭迎来宾。担当引导任务的同学要谦恭有礼、热情周到。担当接待任务的同学应有礼貌地对来宾进行登记；对老校友，应帮他们在事先准备好的名牌上填上校友毕业届次和姓名，帮他们佩戴在胸前，以免久别重逢的校友因叫不出对方姓名而引起尴尬；对其他到访来宾，应备好笔墨并招呼他们在纪念册上签到或题词。校友、来宾到场的情况要及时向大会主持人通报。没有参加服务工作的同学，要遵守纪律、服从指挥，会下也要主动协助做好引导、接待工作。

第二单元 现代校园礼仪

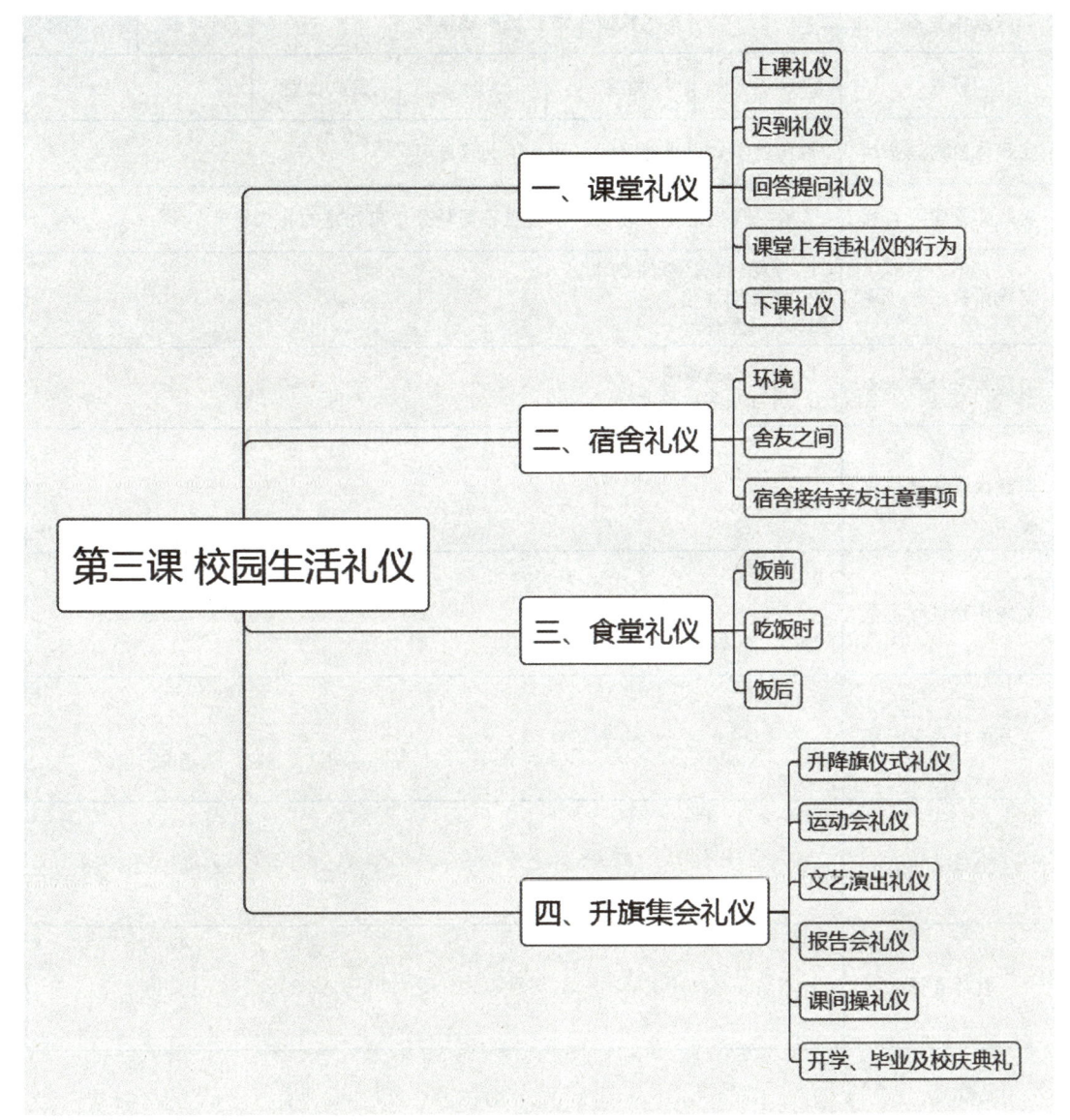

课程小结

第三课 校园生活礼仪
- 一、课堂礼仪
  - 上课礼仪
  - 迟到礼仪
  - 回答提问礼仪
  - 课堂上有违礼仪的行为
  - 下课礼仪
- 二、宿舍礼仪
  - 环境
  - 舍友之间
  - 宿舍接待亲友注意事项
- 三、食堂礼仪
  - 饭前
  - 吃饭时
  - 饭后
- 四、升旗集会礼仪
  - 升降旗仪式礼仪
  - 运动会礼仪
  - 文艺演出礼仪
  - 报告会礼仪
  - 课间操礼仪
  - 开学、毕业及校庆典礼

礼仪与修养

五、校园生活礼仪实践体验

实践体验名称	现代校园生活礼仪实践体验		课时数	2
班级		姓名	完成日期	
实践体验内容描述	按照所学知识进行现代校园生活礼仪练习			
实践体验学习目标	了解现代生活交往礼仪，掌握在不同场景中应注意的礼仪礼节			
实践体验工作步骤	1. 分组讨论，撰写剧本。 2. 情景剧演出。 3. 小组互评。			
实践体验材料准备	1. 制作相关道具。 2. 撰写相关的剧本。			
实践体验资源链接				
实践体验过程记录				
实践体验成果分享				
小组评语				
教师点评				

名人名言

衣食以厚民生，礼义以养其心。——（元）许衡

第四课 职前礼仪

课程导读： 职前礼仪是求职者实习、求职时应遵循的礼仪。这个时期是求职者身份从学生向职业人转变的重要过渡时期，合规的礼仪能够帮助求职者尽快融入新的职业身份，形成职业认同。因此，职前礼仪是毕业生和求职者开始新工作前最重要也是最需要学习的一门课程。一个人的知识和能力是成功求职的重要保障，但一个人的礼仪修养、行为习惯等则在求职中起到关键作用，因此，求职者要特别注意自己的礼仪形象。

漫画小剧场：

一、实习生礼仪

实习生是指没有经验的学习人员，泛指某一专业的高年级或刚毕业的学生在有经验的工作人员的指导下学习实际工作经验，属于非正式雇用的劳工。实习生作为一名即将步入职场的新人，一定要了解并掌握新人入职和职场工作礼仪，才能为自己的未来铺下较为平坦的职场之路。

（一）实习生的基本素质

1. 组织能力

在职场中，许多部门需要在物资供应、工作程序、贸易往来、财政机遇等诸多方面予以组织或重新组织，因此，组织能力是十分重要的。

2. 说服能力

一个有成效的工作人员应当善于向他人介绍自己所掌握的信息，表达自己的思想观念，并使人能够充分理解，且支持某一种特殊见解。说服能力也是领导力的一种表现。

3. 沟通能力

能够耐心听取他人的意见，理解他人重点想要表述的内容；能够用平和的语言对事物做出准确描述。沟通能力的好坏决定人与人之间是否能相互理解、相互包容，从而达到和谐处理各种问题和矛盾的目的。

4. 学习能力

人最重要的是终身学习能力，这比任何能力都强大。任何能力都可以学习得来，而终身学习能力却是一种习惯。实习生的良好学习能力可以帮助自己更快地融入一个新环境，这是一项不可多得能力优势。

5. 礼仪举止

礼仪举止是品德修养的外在体现，不熟悉的人往往会以外表来判断一个人，因此规范优雅的礼仪举止是快速提升自己在他人眼中印象的捷径。

（二）自我介绍

新人入职，首先需要自我介绍，让别人认识自己。自我介绍的时候态度要真诚谦和，沉稳自信，面带微笑，例如，"大家好，我叫××，从今天起我将担任××（职务名称）的工作，很高兴能和大家一起共事，希望我们在未来的日子里合作愉快，也请各位多多关照，谢谢！"

在讲话的时候，可以环顾四周，尽量将每个人都包含在视野之中，这样不但可以表达对每个人的尊重，还可以观察到每个未来同事的状态和表情，从而接收第一手信息，判断出哪些同事容易接触，哪些同事不容易接触，这样在日后的交往中就可以因人而异，免得碰钉子。

（三）虚心学习

实习生作为职场新人，需要有一个适应阶段，在这个阶段中，有些人可能会因为实际工作内容与自己的理想情况颇有出入而选择了放弃，但是，无论什么事都需要从基础做起，"千里之行，始于足下"，所有的知识和经验都是一点点积累起来的，只有从基层一路体验过来，才会对整个公司和整个行业的运行有一个真正全面的了解。

实习生要放正心态，对自己有一个客观公正的定位和评价，不要急功近利，要虚心学习各种专业知识和技能，一步步地夯实基础，做个有准备的人，这样机遇来临时才能稳稳抓住。

（四）着装礼仪

实习生在身份上已从学生转为了职场人士，因此不能再穿学生装，而是要改穿职业装。职业形象代表着行业形象或部门形象。

一些特殊行业有特别的指定服装，如执法人员的制服、企业指定的工装等，这些服装单位都会统一发放，不需要自己购买。如果单位对服装没有特别要求，可以参考一下同事的穿衣风格，然后根据自身条件进行选择搭配。作为职业服装，应当以中性为主，款式要简洁大方，色彩最好以纯色为主，要给人一种沉稳干练的印象。

小知识

职场新人的注意事项

1. 注意事项

（1）新人不要主动握手

握手是职场中最常见的打招呼的方式，但握手是有特定原则的，职位低的要等职位高的先伸手才可以握手；辈分小的要等辈分大的先伸手才可以握手；男性要等女性先伸手才可以握手。如果是职位低的女性遇到职位高的男性，则要等职位高的男性先伸手才可以握手。

（2）安排座次时分清主座次座

在开会、吃饭和坐车时，如果没有特殊要求，原则上主座上要坐的是最重要的人物。开会时，如果主席台上的人数是单数，中间的位置就是主座，两边左右对称按左高右低的顺序依次排列；如果主席台上的人数是双数，中间的两个位置中，左面的是主座，右面的是副主座，两边左右对称按左高右低的顺序依次排列。吃饭时，饭桌上的主座一般是门正对的座位，其他人按职位高低从左至右依次坐在两边。坐车时，当主人自己开车时，副驾驶座是最尊贵的位置；如果有专职的司机，则副驾后面的位置是最尊贵的位置；如果职位高的人开车，职务低的人要坐在副驾的位置，陪着领导以示尊重。

（3）介绍的顺序由低向高

当有陌生人来访时，可以由第三方来介绍当事双方相互认识，而第三方在介绍时，应先将职位低的介绍给职位高的；先将年轻的介绍给年长的；先将男士介绍给女士。如果要介绍职位低的女士与职位高的男士认识，则应先将职位低的女士介绍给职位高的男士。介绍时，要手掌掌心向上指向对方，绝不能用手指点人。

2. 禁忌

（1）说谎

说谎是职场大忌，因为再高明的谎言也会有被戳穿的一天。在单位内部说谎，可能会葬送自己的前途；若对商业伙伴和客户说谎，则会毁掉企业的形象。所以，绝大多数的企业都会把员工的诚信或道德列为选才的第一优选。

（2）八卦

八卦行为不但令人讨厌，而且容易引起是非，所以聪明的人都会远离八卦，因为他们知道，你既然会在自己面前八卦别人，难保不会在别人面前八卦自己。

（3）抱怨

抱怨是一种负能量，它会消耗人们的意志，使人士气低落、情绪不佳，因此团队中最不受人欢迎的就是爱抱怨的人。

（4）情绪失控

情绪失控是情商低的表现，一个成熟的职场人士应该是能够做好情绪管理的人。不管是什么职务，情绪失控并不会使人敬畏，而只会让人觉得无能，因为真正有能力的人是可以做到举重若轻的。同时，情绪失控还会被人贴上脾气暴躁、不可亲近的标签，不但对解决问题无益，还会令人敬而远之。

（5）抢功

即使某个项目是自己完成的，也要对单位和同事表示感谢；若是团队或别人的功劳，就更不可把功劳据为己有。

（6）吹牛

不管自己的能力多强，后台多硬，也不要在同事面前炫耀，更不要无中生有，往自己脸上贴金。因为职场中什么样的人什么样的心态都有，过度地炫耀自己不仅会招致别人的不满，还可能会被人下绊子。

（7）搬弄是非

在别人背后搬弄是非是让人讨厌的事，也是职场冲突的一大根源。不管什么事情、用意如何，都没有人愿意别人在背后议论自己，尤其是挑起矛盾的行为，会让人觉得不可靠，甚至可恨，久而久之必引起别人的不满、愤恨。

互动讨论

2022年7月，江西国控公司员工周某在微信朋友圈炫权炫富，引起社会舆论持续关注，后江西国控在其官网发布核查通报，表示周某已被停职并配合调查。在配合调查后周某回应某报记者称，自己只是公司的一名普通员工，父母也不是他在朋友圈形容的高官，朋友圈的一些言论存在夸大不实的成分。你对这件事怎么看？

二、求职面试礼仪

求职面试是每个人找工作前都要经历的。面试通常短暂而又正式，目的主要是确认求职者是否真的适合并能够胜任应聘岗位。面试官会从求职者的一举一动中推测出其品质和能力，所以求职者在面试中要时刻注意自己的形象以及非语言信息，如眼神、微笑等，以免功亏一篑。

毕业生求职面试指南

（一）面试前礼仪

面试的形式有个人面试、集体面试、一次性面试、分阶段面试、常规面试、情景面试等多种形式，不管碰到哪种形式，求职者都应充分做好准备，包括心理准备和求职材料等，做到有备而来。

1. 心理准备

在面试之前，求职者要对自己、面试官和面试的企业做一个充分的了解，分析各自的特点，以便扬长避短，有针对性地应对。

（1）了解自己

了解自己的优缺点，克服恐惧心理、自卑心理、羞怯心理、迎合心理以及焦虑状态，可以多给自己一些积极的评价和暗示，多锻炼自己在公共场合中抛头露面的能力，适当修饰仪容仪表，这些都可以提高自信心。

（2）研究主考官

你可能不知道届时面试的主考官是什么人，但是可以从人性的共性上来对主考官进行分类，然后临场应变。研究主考官主要包括研究主考官可能会考核哪些方面、主考官的性格特征等，可以收集一些相关的专业知识和技巧，以及不同的人格特点的应对方法，提前做好对策。

（3）研究企业

要应聘一个企业，就需要先对这个企业的背景、规模、行业地位、业务对象、经营理念、企业文化、产品定位、发展前途、近几年的经营业绩等一系列的问题研究透彻，否则即使应聘成功，若企业发展前途不佳，还是免不了失业。

礼仪与修养

小故事

站好最后一班岗

米琳大专毕业后前往南方某市求职，经过一番努力，她和另外两个女孩被一家公司初步录用，试用期为一个月，试用期结束考核成绩排前两名的将被正式聘用。

在这一个月内，米琳和另外两位女孩都很努力，到了第二十九天时，公司按照她们三人的业务能力，一项项给她们打分。虽然米琳也很优秀，但仍然比另外两位女孩低了2分。公司王经理托部下通知米琳："明天你是最后一天上班，后天便可以结账离开了。"

最后一天上班时，留用的两位女孩和其他人都在劝米琳说："反正公司明天会发给你一个月的试用期工资，今天你就不必上班了。"米琳笑道："昨天的工作还有点没做完，我干完那点活，再走也不迟。"到了下午三点，米琳最后的工作做完了，又有人劝她提早收工，可她笑笑，不慌不忙地把自己工作使用的桌椅擦拭得一尘不染，并且和其他人一起按时下班。她感觉自己很充实，站好了最后一班岗。其他员工看到她这么做，都非常感动。

第二天，米琳到公司的财务处结账，结完账后正要离开，上司王经理朝她走过来说："你不要走，从今天起，你到质量检验科去上班。"米琳一听，惊住了，她不相信会有这种好事。王经理微笑着说："昨天下午我暗中观察了你好久，面对工作你有坚持的理念。正好我们公司的质量检验科缺一位质检员，我相信你到那里一定会做得很好的。"

2. 资料准备

求职面试前需要准备的材料包括求职信、个人简历、成绩单、毕业证书、相关技术等级证书、职业资格证书、各级荣誉证书、其他相关资料等。这些资料是证明求职者求职意向、个人信息和综合能力的物证，资料越齐全，求职成功的可能性就大。

（二）面试中礼仪

1. 面试中的见面礼仪

实际上，在敲门或秘书叫到你名字的时候，面试就已经开始了。入场时要抬头挺胸收腹，步幅与平时一样，以适中步速走到面试位置。通常情况下，入场后主考官坐着并没有起身的话，就不必握手了。若行握手礼，也是等主考官先伸手来，求职者迎上去与之相握即可。

在握手之间或之后，要说句寒暄话，然后是必要的自我介绍。通常主考官先作自我介绍，接着求职者也要自我介绍一下。自我介绍一般要求简短，不妨说："我叫××，很高兴能够有机会到贵公司参加面试。"假如对方递送名片，应以双手接过来并认真看一看，熟悉对方职衔，有不懂的字可以请教，然后将名片拿在手中。最后告辞前，一定要记住把名片放入自己上衣兜里以示珍惜，千万不要往裤兜里塞，这样显得不礼貌。

2. 面试中的体态语言

面试过程中，身体各部分的动作都可以反映出求职者的心理活动、对求职的态度等。这些无声语言会流露出一个人的气质风度、礼貌修养和所要传达的信息，任何一个招聘者都会不自觉地抓住应试者细微的身体语言信号并对之有所反应。

（1）面带微笑

微笑可以展示一个人内在的自信、友好、亲切和健康的心理，有利于学生塑造自己的形象，赢得面试官的好感。求职者踏入面试室，与面试官四目相交之时，便应面露微笑。如果有多位考官，应环视一下，面带微笑，用眼神向所有人致意。

面试中的身体语言

（2）眼神交流

在面试时，要和面试官有适度的眼神交流。有的应试者在接触到面试官眼神时会惊慌失措、躲躲闪闪或者左顾右盼。这些都会让面试官觉得你缺乏自信，没有诚意或者觉得这个应试者做人不够踏实，自然而然就给面试官留下了不好的印象。也有的求职者死死地盯着面试官，这样在无形中会让面试官觉得不自在，也会引起面试官的不满。

（3）坐姿

坐姿一般分为深坐和浅坐。一般情况下，在面试的时候大多数人都会选择浅坐，浅坐指坐椅子的前1/3，腰背挺直，肩膀放端正、不松垮。身体稍微前倾，保持倾听姿态，代表谦虚恭敬。

（4）站姿

规范的站姿应是站如松，即头正、肩平、臂垂、躯挺、并腿。

（5）走姿

① 头正。两眼平视前方，抬头含颈梗脖，表情自然平和。

② 肩平。两肩平稳，双臂随步伐前后自然摆动，前后摆幅在30°~40°，两手自然弯曲，在摆动中离开双腿不超过一拳的距离。

③ 躯挺。上体挺直，收腹正腰，身体重心落于足的中央。

④ 步位直。两脚尖略分开，脚跟先着地，两脚内侧落地。走出的轨迹要在一条直线上，步幅适度。行走中，前脚的脚跟距后脚的脚尖相距一个脚的长度为宜。视不同的性别、不同的身高、不同的着装，形成一些差异。

⑤ 步速平稳。迈步时要平稳，行进的速度应保持均匀。步速应自然舒缓，显得成熟自信。

3. 面试中的空间距离

美国学者霍尔认为，人类的空间行为同相互的联系和感觉有关。他把人类使用空间的情况分成四个不同的区域。

（1）亲密区域（0~45cm）：只有关系密切的人才能获准进入这个区域，如父母、孩子、配偶等。

(2) 个人区域（45cm~1.2m）：一般限于私人交往，如同事、同学、朋友间相处的距离。

(3) 社交区域（1.2~3.6m）：一般用于接待来访、正式谈判以及顾客同营业员的来往。

(4) 公共区域（大于3.6m）：表示疏远关系的距离。

在面试时，社交距离是求职者和主考官之间比较合适的距离。不适当的距离会使面试官感到不舒服。如果应试人多，招聘单位一般会预先布置好面试室，把面试人员坐的位置固定好。进入面试室后，不要随意将固定的椅子挪来挪去。而且面试官也不喜欢别人坐得太近。如果应试人少，面试官也许会邀请应试者同坐在一张沙发上，这时，应试者应该界定距离，太近了，容易和面试官产生肌肤接触，离得太远，则会使面试官产生一种疏远的感觉，影响沟通效果。

4. 语音、语调与语速

面试中谈话的语音、语调、语气、语速等会对面试的效果产生微妙的影响。因此要注意以下三点。

(1) 语调要得体。

(2) 语速要适宜。

(3) 音量要适中。

（三）面试后礼仪

1. 结束面试的最佳时间

面试没有具体时间限制，谈话时间的长短要视面试内容而定，一般维持在半小时至45分钟左右。一般来说，在高潮话题结束之后或者是在主考官暗示之后就应该主动告辞。

(1) 高潮话题

面试先从主考官自我介绍开始，然后主考官会把工作性质、内容、职责介绍一番，并相应地提出问题，让求职者谈谈自己今后工作的打算和设想。当双方谈及福利待遇问题时，就是高潮话题了，谈完之后，应试者就应该主动作出告辞的姿态，不要盲目拖延时间。

(2) 面试结束时的暗示语

主考官认为该结束面试时，往往会说以下这些暗示的话语："我很感激你对我们公司这项工作的关注。""谢谢你对我们招聘工作的关心。我们做出决定后就会立即通知你。""你的情况我们已经了解。你知道，在做出最后决定之前我们还要面试几位申请人。"应试人听了诸如此类的暗示语之后，应该主动站起身来，微笑着和参与面试的人员握手致谢、告别，然后退出面试场地。

2. 告别的常规与礼仪

(1) 主动告别

告别时可以主动与考官们握手，握手的先后顺序是上级在先，长辈在先，女士在先。握手通常以3~5秒钟为宜，并配以适当的敬语，如"再见""再会""谢谢"等。出门前，可再次强调对应聘该项工作的热情，感谢对方抽时间与自己进行交谈，表示与主考官们的交谈使你获益匪浅,并希望今后能有机会再次得到对方进一步的指导,有可能的话,可约定下次见面的时间,最后,还要记住了解结果的途径和时间。

(2) 出门

很多人在面试结束时,会走出房间说声"谢谢",并轻轻关上门,但也有些人会头也不回地扬长而去。面试结束时的告别礼仪往往是企业考查录用的重要砝码。求职者应做好以下三点。

① 求职者最好与人事经理以握手的方式告别。

② 离开办公室时,应把刚才坐的椅子扶正,到刚进门时的位置,再次致谢后出门。

③ 经过前台时,要主动与前台工作人员点头致意,或说"谢谢你,再见"之类的话。

3. 求职面试后的必备礼仪

(1) 面试后表示感谢

求职面试后表示感谢,不仅是礼貌之举,也会使主考官在做出决定之时对你有更加深刻的印象。据调查,十个求职者往往有九个人不回感谢信,而重视这个环节会对求职者带来一些积极的影响,如可以证明自己有很好的人际关系沟通技巧,并且有了一次纠正在面试中留下的错误印象的机会。所以,为了加深招聘人员对自己的印象,增加求职成功的可能性,面试后两天内,最好对招聘人员表示一下谢意。

面试后的感谢方式有以下三种。

① 感谢信。面试后发出的感谢信要注意以下事项:感谢信的开头应提及自己的姓名及简单情况;再次感谢对方为自己所花的时间和精力,并对该公司表示一番敬意;重申对该公司、该职位的兴趣,并简要地陈述自己能够胜任该项工作;重点阐述自己对该公司而言的价值所在;感谢信要简洁,最好不超过一页;感谢信切忌弄错对方的姓名和职务。

② 发送电子致谢函。可以给公司或单位的主管人员发份电子邮件,表示感谢。

③ 电话致谢。相对于以上两种方式,电话是下选方式,许多单位都比较厌烦打电话垂询。电话致谢时注意打电话前,根据自己的情况,先列一个小提纲,演示一遍。首先要自报家门,语音要清晰、流畅;再次展示自己的特长,博得对方的好感;感谢电话要简短,最好不要超过5分钟;自始至终都要用礼貌用语,表现自身良好的涵养。

(2) 不过早打听面试结果

一般情况下,考评组每天面试结束后,都要进行讨论和投票,然后送人事部门汇总,最后确定录用人选,可能要等3~5天。求职者在这段时间内一定要耐心等候消息,不要过早打听面试结果。

礼仪与修养

想一想

为了拉近关系，求职者可以在面试时称呼面试官为"叔叔、阿姨"或"大哥、大姐"吗？

课程小结

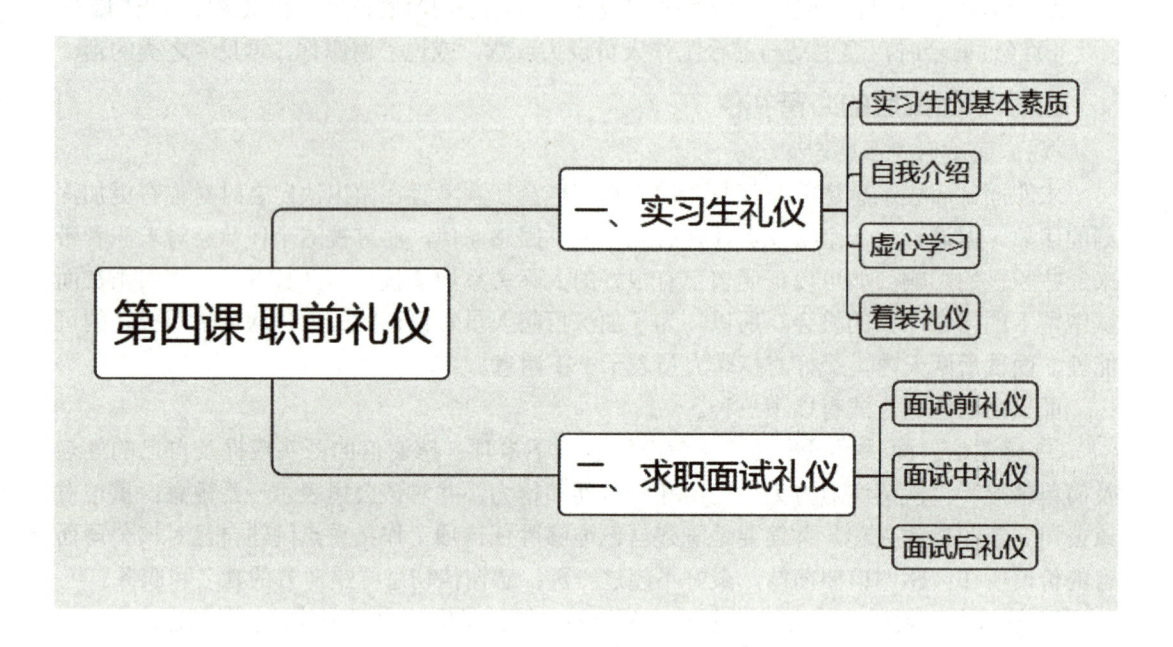

第四课 职前礼仪
- 一、实习生礼仪
  - 实习生的基本素质
  - 自我介绍
  - 虚心学习
  - 着装礼仪
- 二、求职面试礼仪
  - 面试前礼仪
  - 面试中礼仪
  - 面试后礼仪

三、求职面试模拟实践体验

实践体验名称	求职面试模拟实践体验		课时数	2
班级		姓名	完成日期	
实践体验内容描述	1. 装扮形象。 2. 模拟面试情景。			
实践体验学习目标	1. 掌握求职面试的礼仪形象。 2. 体验求职面试流程。 3. 学习求职面试礼仪。			
实践体验工作步骤	1. 男生学习领带的打法、西装的穿着规范。 2. 女生学习化妆技法、服装色彩的搭配。 3. 纠正不正确的姿态,掌握正确、高雅的仪态。			
实践体验材料准备	1. 着装准备:男生穿西装,打领带;女生化妆。 2. 材料准备:求职信、个人简历。			
实践体验资源链接				
实践体验过程记录				
实践体验成果分享				
小组评语				
教师点评				

第三单元　现代商务礼仪

　　随着市场经济的深入发展，如何让更多人了解企业，让企业品牌立于不败之地，是企业界与商家共同的愿望。而要达到此目标，恰当地运用商务礼仪必不可少。商务礼仪是商务人员在商务活动中，用以维护企业或个人形象，对交往对象表示尊重与友好的行为规范。商务礼仪的核心作用是为了体现人与人之间的相互尊重，它是商务活动中对人的仪容仪表和言谈举止的普遍要求。学习并正确运用商务礼仪，既是一个人内在修养和良好素质的外在表现，又是人际交往中适用的一种艺术，一种交际方式或交际方法。从个人的角度来看，掌握一定的商务礼仪有助于和谐融洽人际关系，有效提升个人文明修养，塑造良好职业形象；从企业的角度来说，掌握一定的商务礼仪可以塑造企业形象，提高顾客满意度和美誉度，最终达到提升企业经济效益和社会效益的目的。

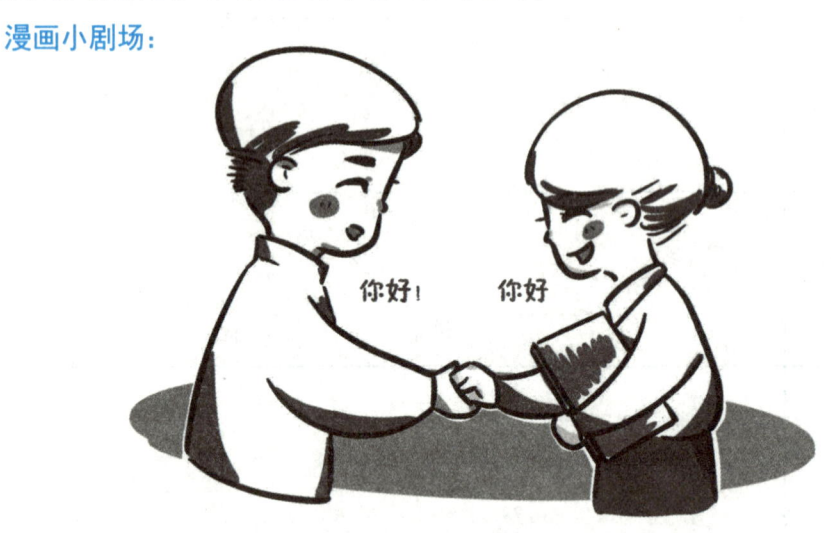

　　漫画小剧场：

【学习目标】

1. 知识目标：认识现代商务礼仪在商业活动中的重要作用，在商务交往中应遵循敬人、自律、适度、真诚的原则，培养庄重大方、谈吐文雅的气质，热情友好的态度和讲究礼貌的行为举止。
2. 技能目标：了解常用的现代商务礼仪，知晓良好的礼仪是企业的利润保障。掌握商务拜访与接待、商务通讯、商务会议的礼仪规范；掌握商务活动中馈赠与受赠的礼仪及注意事项。
3. 素养目标：能正确模拟商务活动中不同场景的礼仪行为。掌握商务活动中仪容仪表、着装、姿势仪态的注意要点，提高商务场合待人接物的技能。

单元思维导图

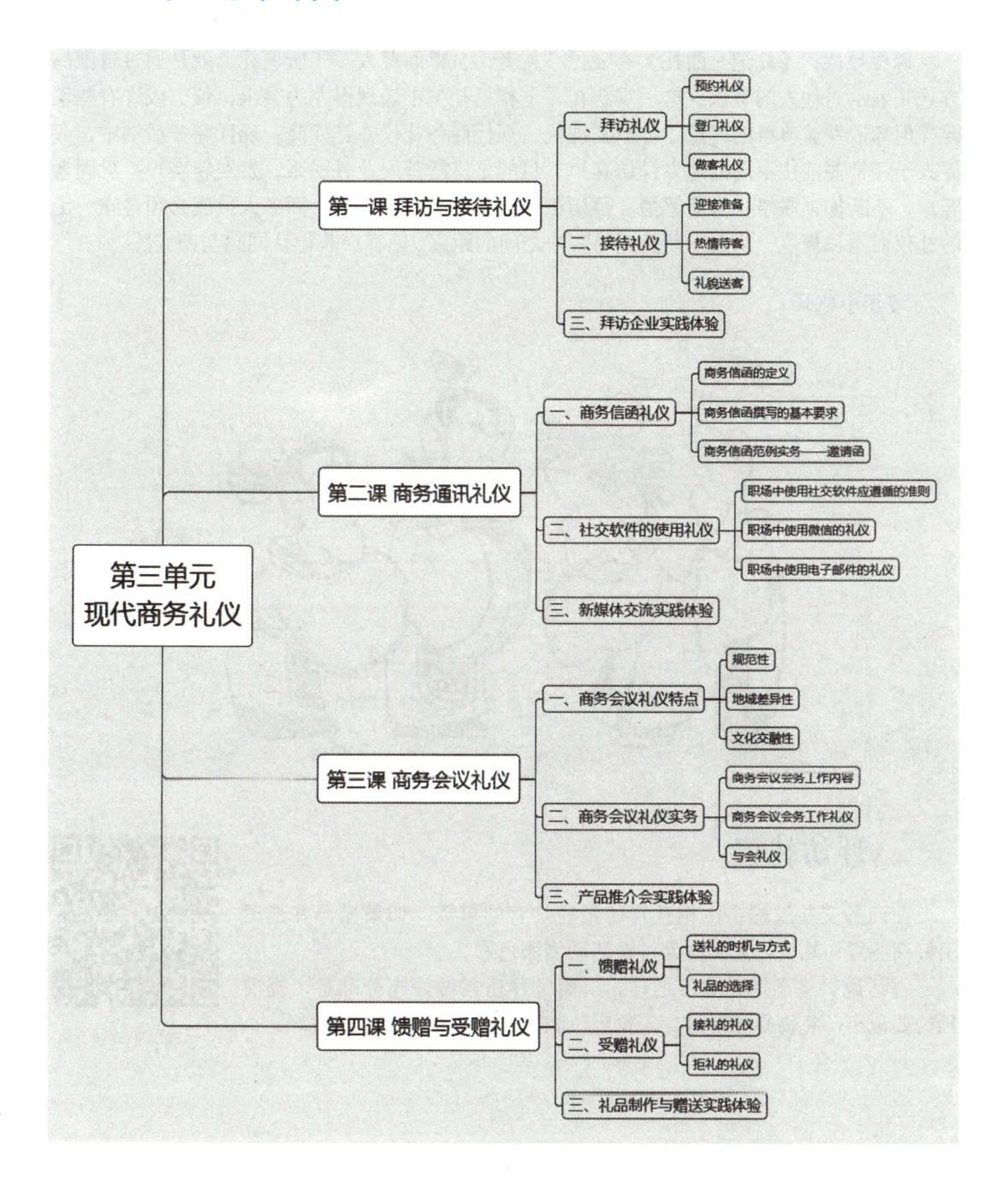

- 第三单元 现代商务礼仪
  - 第一课 拜访与接待礼仪
    - 一、拜访礼仪
      - 预约礼仪
      - 登门礼仪
      - 做客礼仪
    - 二、接待礼仪
      - 迎接准备
      - 热情待客
      - 礼貌送客
    - 三、拜访企业实践体验
  - 第二课 商务通讯礼仪
    - 一、商务信函礼仪
      - 商务信函的定义
      - 商务信函撰写的基本要求
      - 商务信函范例实务——邀请函
    - 二、社交软件的使用礼仪
      - 职场中使用社交软件应遵循的准则
      - 职场中使用微信的礼仪
      - 职场中使用电子邮件的礼仪
    - 三、新媒体交流实践体验
  - 第三课 商务会议礼仪
    - 一、商务会议礼仪特点
      - 规范性
      - 地域差异性
      - 文化交融性
    - 二、商务会议礼仪实务
      - 商务会议会务工作内容
      - 商务会议会务工作礼仪
      - 与会礼仪
    - 三、产品推介会实践体验
  - 第四课 馈赠与受赠礼仪
    - 一、馈赠礼仪
      - 送礼的时机与方式
      - 礼品的选择
    - 二、受赠礼仪
      - 接礼的礼仪
      - 拒礼的礼仪
    - 三、礼品制作与赠送实践体验

礼仪与修养

第一课 拜访与接待礼仪

课程导读：《礼记·曲礼》有云："礼者，自卑而尊人。"所谓礼，就是通过自谦的方式来表示对他人的敬意。这一观念在《士相见礼》中表现得尤为突出，仪节或许有些琐碎，但却散发着典雅的气息。传承到现代，现代商务礼仪亦是如此。现代商务活动中，商界人士经常要前往不同的地方拜访客户，目的是广泛开展业务联系，发展新客户，巩固老客户，不断加强联络，沟通感情。拜访工作要想达到预期效果，商务人员就必须遵守一定的礼仪惯例和规范，从而不断拉近与客户之间的距离，使客户获得认同感与归属感。

漫画小剧场：

拜访要有礼仪！

一、拜访礼仪

在商务交往过程中，相互拜访是经常有的事情，如果懂得并能运用好商务拜访礼仪，无疑会为拜访活动增添色彩。

古话说："不打无准备之仗。"商务拜访需做好充分准备，提前预约要记牢，礼物心意不可少，仪容仪表照一照，目的明确效果好。

商务礼仪之拜访礼仪

第三单元 现代商务礼仪

想一想

为什么人们不欢迎不速之客？

漫画小剧场：

什么是"不速之客"？

姐姐，什么叫"不速之客"？

"速"＝"诔"

"速"通"诔"，是邀请的意思。指的是没有邀请自己就来的人。

所以如果我们想要邀请朋友或上门拜访他人都需要事先和别人约好。如果不约而去，可能会打扰到别人的日常安排，是失礼的行为。

（一）预约礼仪

1. 约定时间

在与拜访对象约定时间时，应优先听取对方的意见，要有约在先。若需由自己提出会面时间，则应充分考虑对方的时间安排，以免使对方过于为难。一般情况下，会面时间应避开对方的工作繁忙时间、休息时间、用餐时间以及其他对方认为不合适的时间。

2. 约定地点

拜访的地点可以是对方的工作地点、私人住所，前提是先征询对方的意见并经过对方同意。

3. 约定人数

在约定拜访时应确定好己方的拜访人数以及每个人的身份信息，并告知对方。在选择同行拜访人员时，应当尽量避免对方不欢迎的人士参与。约定好拜访人数后，后期不宜随意改变，更不可在没有告知对方的情况下随意增加拜访人员，以免给对方已有的安排造成不必要的干扰，影响拜访的效果。

4. 按时赴约

约定了拜访时间后，应当准时赴约，不要轻易失约或迟到。如果碰巧到了约定的时间因故不能赴约，或者需要取消约会，应当事先通知对方并表示歉意，切不可无故放对方的"鸽子"。此外，登门拜访不宜提前到场，以免让对方措手不及，造成尴尬。

小贴士

拜访常用礼貌用语

因拜访惊动了别人——"打扰"。　　请求别人予以方便——"借光"。
托人办事——"拜托"。　　　　　请人指教——"请教"。
请人指点——"赐教"。　　　　　提问问题——"请问"。
赞成别人见解——"高见"。　　　归还别人物品——"奉还"。
中途先走——"失陪"。　　　　　向人恭喜——"恭喜""恭贺"。
拜访离开——"告辞"。　　　　　陪伴朋友——"奉陪""陪同"。

请别人不要送——"留步"。
表示帮人办事——"鼎力而助""尽力而为""玉成此事"。
请他人原谅——"见谅""海涵""抱歉""得罪"。
请他人帮助——"请托""提挈""提拔""照管""代劳""劳神"。
请他人不要客气——"不要见外""不必客气"。

（资料出处：刘心. 中国古代的拜访礼 [J]. 现代交际, 2000, (12): 7.）

（二）登门礼仪

1. 提前通报

要做到登门有礼，到达拜访地点后，拜访者应提前通报，通过打电话、请人转告、敲门或按门铃等方式通知对方自己即将或已经到达，切不可不打招呼便擅自进入对方的领地。在进入他人房间时，无论是否开着门，都需要敲门示意，待主人允许后方可进入。敲门时要注意节奏，用食指轻叩两三下即可，若屋内无应答可适当加大力度。

2. 准时抵达

准时到达指不要迟到，也不要早到。

3. 问候致意

就是要问候拜访对象、对方家人及在场的其他客人。

与主人会面后，应当主动问好，并握手致礼。若是初次见面，则应先进行自我介绍。若还有其他人在场，应主动向在座所有人问好、致意。

4. 存放自身物品

携带的背包，需要脱下的外套等，都要按主人指定的地方放好。

5. 就座

进入室内后，不能看到座位就马上坐下，而是应当就座于主人指定的位置，并把随身之物如外套、雨伞等放到主人指定的地方。手提包等贵重的物品可以贴身放置。

小贴士

自我介绍

在进行商务拜访时，自我介绍不但要通报自己的姓名，还要介绍自己所在的单位和职务，并可随之递上名片。常用的自我介绍用语是："您好！我叫××，在××公司××部门工作。"或者"您好！我是××公司××部门的××。"

介绍完自己的姓名和身份后，还需简短说明来意，以便对方确认是否是事先约定的拜访者。

小故事

孔子拜望老子的故事

公元前521年春，孔子得知他的学生宫敬叔奉鲁国国君之命，要前往周朝京都洛阳去朝拜天子，觉得这是个向周朝守藏史老子请教"礼制"学识的好机会，于是征得鲁昭公的同意后，与宫敬叔同行。到达京都的第二天，孔子便徒步前往守藏史府去拜望老子。正在书写《道德经》的老子听说誉满天下的孔丘前来求教，赶忙放下手中的笔，整顿衣冠出迎。孔子见大门里出来一位年逾古稀、精神矍铄

的老人，料想便是老子，急趋向前，恭恭敬敬地向老子行了弟子礼。进入大厅后，孔子再拜后才坐下来。老子问孔子为何事而来，孔子离座回答："我学识浅薄，对古代的礼制一无所知，特地向老师请教。"老子见孔子这样诚恳，便详细地阐述了自己的见解。

互动讨论

孔子拜望老子的故事对现代商务中的拜访有哪些借鉴意义？

（三）做客礼仪

1. 限定交谈的内容

也就是限定交谈的范围，一是为了控制时间，二是要注意回避一些话题。商务拜访时谈话的内容要围绕主题，开门见山，不可东拉西扯，言不及义。

2. 要限定交际的范围

拜访他人时，交际对象就是要拜访的对象，亦即交际范围。对拜访对象的其他家人或主人家的其他客人，应当主动打招呼问候。

3. 要限定交际的空间

在他人的办公室或私人居所做客期间，一般未经主人许可不能随意走动。举止要稳重大方、彬彬有礼，但也不必过于拘谨。当主人以茶相待时，要欠身双手捧接，并表示感谢；若主人递来果盘，可抓取少许，但果皮不可乱丢，可扔到就近的垃圾桶里，或放在面前的桌面上以便主人清扫。抽烟的人未经主人允许不可擅自吸烟。

4. 要限定交际的时间

在拜访时间上，要遵守双方约定的时间，不宜过久逗留，以免占用对方的时间。要向在场的所有人道别，适时告辞，回报平安。

知识链接

居中介绍

居中介绍是指介绍者作为第三方来为彼此不相识的双方进行相互介绍。作为居中介绍者，须先了解双方是否有结识的意愿，得到双方的同意后，再进行介绍为宜。

介绍者的身份通常应由下列身份者担任。

(1) 与被介绍的双方均相识。
(2) 社交聚会中的主人。
(3) 商务往来中的专职接待人员。
(4) 在场之人中地位最高者。
(5) 应被介绍人一方或双方要求者。

在介绍他人时，应遵循"尊者优先知情"的原则，即把年轻者先介绍给年长者；把职务低者先介绍给职务高者。如果双方年龄、职务相当，则把男士先介绍给女士；把家人先介绍给同事、朋友；把未婚者先介绍给已婚者；把熟悉的人先介绍给不熟悉者；把后来者先介绍给先到者。

二、接待礼仪

有拜访就有接待，接待和拜访是同一个主题中的两个不同方面。俗话说："主雅客来勤"，良好的接待礼仪可以给拜访者留下美好的印象，以利于后续合作。

（一）迎接准备

1. 掌握基本情况

在接待来客之前，接待者应提前了解来访者的基本情况，包括来访者的姓名、性别、单位、职务、人数、来访目的和要求、到达时间等，对远方来客，还需了解对方的出行方式，以及到达的车次、航班等信息。

名人名言

> 有朋自远方来，不亦乐乎？　　《论语》

2. 拟定接待方案

针对来访者的各种信息制定详细的接待方案，可以最大限度地提高接待质量。接待方案中应囊括迎送方式、会谈会见方式、日程安排、交通工具、膳食安排、娱乐游览活动、礼品准备、经费开支、陪同人员等各项基本内容，此外还要充分考虑来访者的意愿、风俗习惯、宗教信仰等，以便安排合适的接待方式。

在指定陪同人员时，需按照"对等对口，平衡惯例"的原则，即主宾双方主要负责人的职务、身份、地位要相仿，随从人员的工作性质、部门要相近，双方人员的数量要大体相等。

礼仪与修养

3. 做好接待准备

一旦确定了接待方案，就要严格进行组织落实，做好人员分工，准备接待所需的物品，如茶歇、礼品、食宿等，如有外出娱乐游览项目，需提前订好出行工具和门票，还需了解游玩安全注意事项。

互动讨论

什么场合需要做好接待准备工作？

（二）热情待客

1. 热情接待

客人到来后，要热情让座、代存衣帽、端茶倒水，使客人充分感受到尊重和热情。如指定有专职服务人员，应将其介绍给来客认识，以便客人有需求时能够及时求助。

2. 专心聆听

与来客交谈时，神情专注，认真聆听，不要在来客面前忙于自己的工作。如果主接待人临时有事暂不能招待客人，应安排他人代替，不能让客人受冷落。

在接待客人的过程中，如有来电或其他来访者，应尽量由其他人员处理或接待，避免中断正在进行的接待；如有特殊原因中途必须暂离一下或者接打电话，应向来客表示歉意后再进行。

3. 适当馈赠礼品

互赠礼品是直接拉近双方关系的桥梁，在选择礼品时，要突出纪念性和己方的特点。例如，可以赠送本公司的特色产品、当地的土特产等。同时，还要因人而异，有针对性地投其所好，避免在礼品的内容、包装、数目、形状、色彩、图案等方面出现禁忌的情况。

知识链接

握手的礼仪

接待来访客人时，为了表示欢迎之意，主人应当主动与客人握手。而当接访结束，客人告辞时，则应由客人率先伸手，表示请主人就此留步。

如果需要与多人握手，需依照先尊后卑、先近后远的顺序一一与之握手，即当握手对象的地位尊卑比较明显时，应当先与地位较高者握手，再依序与地位较低者握手；当握手对象的地位尊卑不明显或难以区分时，则先与关系较近的握手，再与关系较远的握手。

握手时要注意以下事项。

（1）不宜戴手套。女士在社交活动中戴的薄纱手套除外。

（2）不宜戴墨镜。有眼部病患或缺陷者除外。

（3）不宜以手插兜。与人握手时，另一只手应当空手在身体一侧自然垂放，不能插在衣兜里，给人一种过于随便的感觉。

（4）不宜滥用双手。除非特别亲近或久别重逢时，不宜用双手与对方相握，尤其是面对初次见面的异性客人。

（5）不宜交叉握手。接待多名客人时，应一一握手，不能同时多人交叉握手。

（6）异性之间握手时，应当由女士先伸手，男士轻轻一握即可，不可握住不放，也不宜上下摇晃。

（三）礼貌送客

1. 热情挽留

中国人是好客的人，无论客人在主人的地盘上逗留多久，有事无事，主人都不可出言撵人，否则就是无礼。而当客人提出告辞时，主人应当热情挽留，若来宾执意要走，主人需在对方起身后方可起身相送。

2. 提供方便

主人在待客之时，应主动征询来宾意见，了解有无需要代劳的事，及时代为预订、预购返程票，提供相应的交通工具，保证来宾顺利返程。

3. 恭敬相送

来宾提出告辞后，在座的所有接待成员都应起身相送，主要陪同人员还应把客人送出门口或车前，并目送客人离开，待客人的身影完全消失后方可返回。重要的客人还可以安排专门的欢送会，使送别仪式显得更加隆重，以提高来客的幸福感和自豪感，从而更加促进双方的感情。

礼仪与修养

课程小结

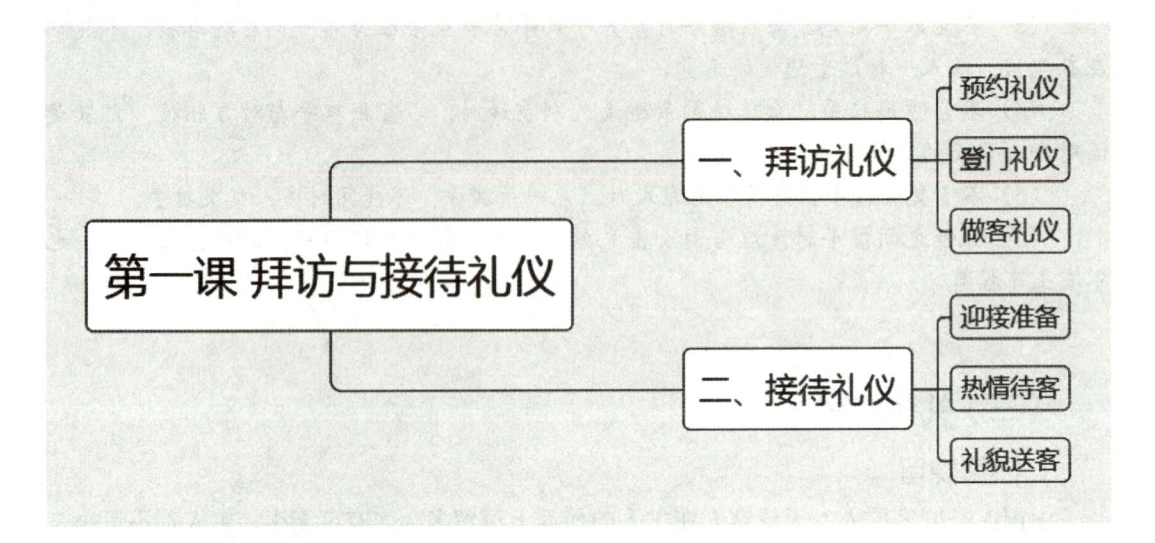

```
                                    ┌─ 预约礼仪
                    ┌─ 一、拜访礼仪 ─┼─ 登门礼仪
                    │               └─ 做客礼仪
第一课 拜访与接待礼仪─┤
                    │               ┌─ 迎接准备
                    └─ 二、接待礼仪 ─┼─ 热情待客
                                    └─ 礼貌送客
```

三、拜访企业实践体验

实践体验名称	拜访礼仪训练接待礼仪训练		课时数	2
班级		姓名	完成日期	
实践体验内容描述	按照所学知识进行商务拜访和商务接待礼仪练习。			
实践体验学习目标	了解商务活动中的社交礼仪。			
实践体验工作步骤	1. 分组讨论，撰写剧本。 2. 情景剧演出。 3. 小组互评。			
实践体验材料准备	1. 准备相关道具。 2. 撰写相关的剧本。			
实践体验资源链接				
实践体验过程记录				
实践体验成果分享				
小组评语				
教师点评				

第三单元
现代商务礼仪

第二课 商务通讯礼仪

课程导读： 随着社会的发展，商务通讯形式越来越丰富多彩。通讯是指人们利用一定的通讯设备来进行信息的传递。通讯不仅是社交必备的手段，而且是获取信息、传递信息和利用信息的利器。通讯设备通常有电话、电报、传真、电子邮件等，一些公共社交平台如 BBS、论坛等，也是人们获取和交流信息的重要途径。学习并掌握商务通讯礼仪，不仅有助于提升个人素养，塑造有礼有节的个人形象，而且还能展示良好的企业形象，使企业获取社会各方的信任和支持，在激烈的市场竞争中立于不败之地。

漫画小剧场：

有技巧的通话

【格1】 老板：这个周末我们举办一个线下促销活动，大家马上电话通知我们的客户，邀请他们积极来参加！（销冠、实习生）

【格2】 实习生：喂，您好，我们这里有个周末活动邀请您过来参加……哦哦，我是和美旅行社……这个我不太清楚哦……好的……周末没空哦……打扰了。

【格3】 销冠：因为你并没有在电话里讲清楚我们活动的吸引力。有时候我们不用急于联系客户，而是先把我们活动的吸引力和营销方案准备好。
实习生：姐，我的客户为什么都不参加？

【格4】 小贴士
1. 通话前要先理清楚通话任务，明确要传达的信息，写下需要讲清楚的关键信息。
2. 通话前最好提前了解客户的基本信息。避免出现打错电话、称呼错误等情况。
3. 预测对方可能会反问的问题和情况，通话过程中，尽量避免"不知道""不了解""不清楚""可能"等不确定的回答。
4. 通话时要先自报家门，让客户了解是谁在和他通话。

礼仪与修养

案例

一场只有 36 人的培训

华立公司是一家生产光伏设备的公司。该公司计划在月底举办新设备使用的培训会。于是，公司经理让李丽给相关的厂家和技术人员发放邀请函。接到任务后，李丽罗列了约 80 人的邀请名单，并按照名单发放邀请函。然后，李丽预订了能容纳 80 人的培训会议室，并按照 80 人的人数准备了培训资料、培训用品，一切准备就绪。

到了培训会报到的当天，却只有 36 人前来报到参加培训。公司领导十分生气，便责问李丽："究竟是怎么回事？"原来，李丽认为这是一场新设备培训，是十分难得的培训，她想当然地认为，所有的受邀厂家和技术人员都会参会。同时，由于会议的筹备工作繁多，她就省去回收《参会回执》环节的工作，没有对受邀人员的参会情况进行统计，造成应到 80 人的培训，实到 36 人，给公司资产造成巨大的损失。李丽也因为自己的工作失误，受到扣发当月奖金并全公司通报的处罚。

想一想

李丽的工作失误在哪里？商务邀请函的发放要注意哪些细节？

一、商务信函礼仪

（一）商务信函的定义

商务信函是指企业与企业之间，在各种商务场合或商务往来过程中所使用的简便书信。在商务领域，各个企业通过商务信函建立经贸关系、传递商务信息、联系商务事宜、沟通和商洽产销、询问和答复问题、处理具体交易事项等工作。

商务信函的种类包括以下四类。

1. 与销售相关的信函：介绍公司及产品函、解释函、询问函等。
2. 与客户相关的信函：邀请函、答谢函、回复投诉函、致歉信等。
3. 与账户相关的信函：追索、通知等。
4. 与个人相关的信函：介绍信、推荐信、表扬信、投诉信、拒绝信、欢迎词、请柬等。

（二）商务信函撰写的基本要求

1. 称谓要得体

称谓即称呼，是写信人对受信人的尊称，主要依据相互间的隶属关系、亲疏关系、尊卑关系、长幼关系等而定，一般都用"敬语＋称谓"的形式组成。写给非亲属关系的长辈，一般在姓氏后面加职务，如"尊敬的李总经理""亲爱的杨主任""尊敬的董事长先生"等。写给自己敬佩的长者，可在称呼前加上"尊敬的"三字，尽量避免指名道姓。在格式上，称呼要在信纸第一行起首的位置书写，单独成行，以示尊重，它有很强的礼仪作用。

知识链接

启词知多少

启词是信文的起首语，通常表示寒暄，写在称呼下，另起一行。

问候式启词："您好""别来无恙"。
思怀式启词："久不通信，甚为怀想"等。
赞颂式启词："新春大吉""开张大吉"等。
承前式启词："上周曾发一传真件，今仍具函，为××事"；
　　　　　　"贵公司×月×日赐函已悉"。
公务式启词："兹因""兹悉""兹介绍""兹定于"；
　　　　　　"顷闻""顷悉"；"欣闻""欣逢""值此"。

2. 格式要完整

商务信函一般由开头、正文、结尾、署名、日期五个部分组成。

（1）开头：开头写收信人或收信单位的称呼。称呼单独占行、顶格书写，称呼后用冒号。

（2）正文：信文的正文是书信的主要部分，叙述商业业务往来联系的实质问题。

（3）结尾：结尾往往用简单的几句话，写明希望对方答复的要求。如"特此函达，即希函复。"同时写祝颂语，表示祝愿或致敬的话，如"此致敬礼""敬祝健康"等。

（4）署名：署名即写信人签名，通常写在结尾后另起一行的偏右下方位置。以单位名义发出的商业信函，署名时可写单位名称或单位内具体部门名称，也可同时将写信人的姓名写在结尾。

（5）日期：写信日期一般写在署名的下一行或同一行偏右下方位置。商业信函的日期很重要，不能遗漏。

商务信函格式

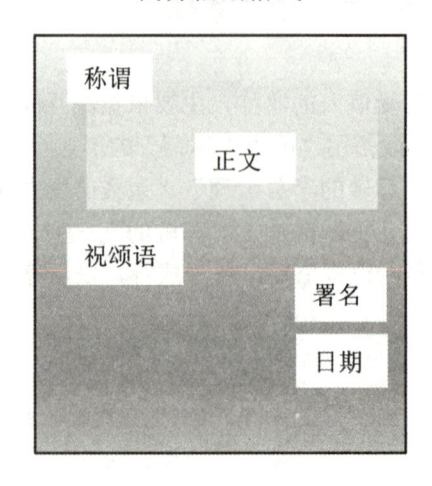

```
┌─────────────────────────────┐
│ 称谓                        │
│                             │
│              正文           │
│                             │
│                             │
│  祝颂语                     │
│                             │
│                    署名     │
│                             │
│                    日期     │
└─────────────────────────────┘
```

3. 内容要准确

书信的内容要以表情达意、准确率直为原则。一般来说，应先谈谈有关对方的事情，表示关切、重视或谢意、敬意，然后再写自己要陈述的事情或请求。一封信可以专说一件事，也可以兼说数件事，但公务书信应该一文一事。书写内容时，要求言之有物、文辞通畅、字迹工整、措词得体，正确使用敬语、谦词等。正文写好后，如发现内容有遗漏，可补充写在结尾后面；并在补述语前另行加上"又及""又启"加以提示。补述语不宜过长。

4. 结尾要有祝颂语

问候祝颂语表示写信人对受信人的祝愿、钦敬、慰勉，具有不可忽视的礼仪作用。祝颂语可常用约定俗成的句式，如"此致敬礼""祝您健康"之类，也可以表达对收信人的良好祝愿，如对尊长，可写"敬请福安""敬请太安""恭请平安"；给平辈的信，则用"顺颂时祺"。祝颂语有格式上的规范要求，一般分两行书写，上一行前空两格，下一行顶格。

（三）商务信函范例实务——邀请函

邀请函，又称邀请信或邀请书，是行政机关、企事业单位、社会团体或个人邀请有关单位或人员出席重要会议、典礼或重要活动所用的礼仪书信。

邀请函是机关、企事业单位经常使用的一种文体。它除有邀请作用外，还有提供信息、联络情感等作用。

邀请函通常由标题、称呼、正文和落款四部分组成。

1. 标题

一般有以下三种写法：一是单独由文种名称组成，如"邀请函"；二是由事由和文种名称组成，如"活动名称＋邀请函"；三是由发文机关、事由和文种名称组成。

2. 称呼

顶格写明邀请对象。称呼的写法"敬语＋姓名＋后缀"；敬语如"亲爱的""尊敬的"，后缀如"先生""女士"等，这样的邀请函是发给个人的。还有邀请函是发送给公司的，一般书写"公司全称"就可以。再有就是网络、媒体或报刊上公开发布的邀请函，没有明确的对象，可省略称呼，或以"敬启者"统称。

3. 正文

邀请书的正文包括开头、主体和结尾三个部分。

（1）开头。一般要交代会议或活动的由来、目的或意义。有的先做简单问候，再交代缘由。

（2）主体。要写明会议或活动的内容、时间、地点、方式以及希望邀请对象承担的工作等。事项要写得清楚、周详，若内容较多，可分条列出。

（3）结尾。要写上礼貌性的结语，如"恳请光临""恭候光临""敬请莅临指导"等礼貌用语。

4. 落款

署上发文单位名称或发文者姓名和发文日期。邀请单位还可加盖公章，以求慎重。

试一试

某班级将于今年10月15日早上9：00在本班教室举办"技能使我成长"为主题的家长会，邀请每位同学的家长参加家长会。请您为班级草拟家长会邀请函。

二、社交软件的使用礼仪

案例

张先生（化名）通过微信向一出售手镯的商家汇款1500元。"马上要过节了，我想给老人买个手镯，谁知转账过去就被商家拉黑了。"张先生说，卖家是他在逛文玩市场时认识的。"我们两个互加微信，他经常在微信朋友圈里发手镯照片，价格都不便宜，而且通常一天不到都能卖掉，还晒了成交图。"就在前两天，该卖家在朋友圈里晒出一些节日特价的手镯，让张先生很动心。"原本是卖3000元的手镯，节日特价才卖1500元，我挑了一个雕刻花纹的手镯。他说先交款再发货，还说这是微信商家交易规则。我就给他的微信付了款。谁知在我告诉他钱已到账后，他马上就把我拉黑了。我怎么联系都不回复我。"

此时张先生才意识到除了微信，自己对这个卖家一无所知，更没有其他联系方式，"我肯定是被人骗了，反应过来之后才报了警"。

这些犯罪分子会在微信朋友圈假冒正规的微商，以优惠、打折、海外代购等为诱饵，在买家付款之后，又以"商品被海关扣下，要加缴关税"等为由要求加付款项，一旦获取购物款就会失去联系。

想一想

生活中还存在哪些通过社交软件进行诈骗的行为？我们应该如何防范？

在互联网普遍使用的大环境下，电子邮件、微信、QQ、钉钉等网络社交软件已经成为商务工作过程中必不可少的网络沟通工具。在商务交往活动中，注意网络社交软件使用所应遵循的礼貌和礼节，才能提高工作效率，才能体现个人及企业的形象，彰显公司的水平和实力。

（一）职场中使用社交软件应遵循的准则

准则一：爱国、守法、公平、诚信原则。自觉履行公民义务，遵守国家有关互联网的法律、法规和政策。即使在网络上也要做到公平办事、诚信待人。不得在网上肆意发布侮辱、诽谤他人的言论；不得通过网络贬低他人人格、损害他人名誉。

准则二：尊重原则。在互联网时代，我们通过社交软件进行沟通，即使这种沟通不是面对面的交流，但仍要遵守相互尊重的原则，不侵犯对方隐私、不随意公开对方信息、尊重对方人格，不歧视、不诋毁谩骂对方。

准则三：宽容原则。使用社交软件时，对于不同的声音或不同的言论，应以开放包容的心态看待，尊重对方发言的权利，对方有过错可以用适当的方式指出，但不能进行言语攻击。对于在回帖或评论中的不文明声音，可以指出，但不必耿耿于怀。

准则四：不传谣、不信谣、不造谣原则。坚决抵制网络谣言、提高信息甄别能力，通过官方权威平台了解相关信息，不轻信、不发布、不转发、不评论未经官方证实的网络信息，文明上网、理性发声。

准则五：自我保护原则。不要轻易相信网上的信息，不要轻易点击来历不明的链接，不要轻易相信社交软件所谓的"熟人"对你提出的资金方面的要求，也不要在网上随便留下个人信息，如个人电话、家庭住址、单位信息、个人账务信息、个人隐私信息等，做好自我保护。

准则六：保密原则。不能谈论或发表与工作机密或国家机密相关的事宜，不得在微信、QQ等聊天工具上发表可能泄露国家或军事秘密、商业机密的图片、视频等信息。

第三单元 现代商务礼仪

案例

　　小惠考取了市内某寄宿制职校。刚经历完紧张的中考，小惠觉得终于可以放松一下了。于是，整个暑假她都在房间里玩手机游戏，沉迷于网络无法自拔。

　　一天，一位游戏中配合很默契的网友主动联系她并加了微信。这位网友很细心体贴，经常嘘寒问暖，还不时给她在网上买点小东西。一次到了饭点，听说她父母不在家，家里没人做饭，这位网友就帮她点了外卖。还有一次还帮她买了一件衣服。于是，这位女生对这位网友充满了信任。

　　小惠的父母虽然不怎么管她，但给她划了一条底线，并多次强调：绝对不允许与不认识的网友私下见面。因此，当网友提出见面时，她不敢答应。网友转而提出了一个退而求其次的要求，她答应了，即与对方视频聊天。她觉得没有出去见面，不会有什么问题。几次视频过后，两人的关系也似乎更亲密了。

　　在临近开学的一个晚上，网友给她发了一个200元的红包，说是给她的开学礼物，她很开心也很感动，当天晚上两人视频聊天就聊了很久。聊天过程中网友突然提出让她在视频中做出不雅动作的非分要求。也许是忘乎所以，也许是鬼使神差，也许是对网友产生了依赖心理，怕对方生气不理她，小惠照着对方的要求做了。

　　令她万万没有想到的是，就是因为这一时的冲动，为她之后的生活带来了无尽的烦恼和恐慌。

　　开学后，由于学校严禁携带手机上学，她与网友上网聊天只能放在周末回家后进行，对方又提出见面的要求，她没有让步。再下一周，她又一次拒绝了网友提出的见面要求，但对方突然发了一张那次视频聊天时不雅视频的截图过来，并且威胁说已经保留了很多她的不雅视频截图，如果她不听话，就将这些截图打印出来张贴到她家和学校附近。

　　这一下，她彻底懵了。作为一名职校学生，她觉得如果这样的视频截图被公开，她将无法承受。为此，她感到无比恐慌，完全不知所措。（根据百度相关案例改编）

　　请同学们讨论：

　　（1）小惠的哪些行为没有保护到自己？

　　（2）小惠的哪些行为是值得点赞的？

　　（3）青少年遇到类似的网络伤害，该怎么办？

（二）职场中使用微信的礼仪

1. 加微信的礼仪

（1）添加微信要有序。按照尊者优先的原则，一般由晚辈去扫描长辈的微信二维码，并在备注栏写明身份。如果是同辈之间添微信，一般由先提出者扫描对方微信二维码。

（2）添加微信要懂礼。首先互加好友后，第一时间打个招呼，相互寒暄或做简单的自我介绍，会给人留下更好的第一印象。其次在主动添加好友时，应在备注栏上做简要的自我介绍及添加理由，谁先加的微信，谁就应该自报家门。最后如果添加他人为好友时，第一次没通过，第二次应再次强调你是谁、要做什么，如果三次都没通过，就别再加了。

（3）添加微信要备注。不管是你主动添加他人为好友，还是他人主动添加你为好友，都应该第一时间修改备注，如果有做朋友管理分组习惯的，也可以进行分组管理，以便日后工作的联系，以防日后的遗忘。

名人名言

> 礼尚往来。往而不来，非礼也；来而不往，亦非礼也。——《礼记·曲礼上》

2. 发微信的礼仪

（1）发微信要懂时。不要选在他人休息的时间发微信，以免影响他人的休息。

（2）发微信忌无脑。不要无目的地发图或转帖后一言不发，至少说明一下你的目的；不要发完"在吗"之后，就无下文，至少可以在"在吗"之后，说明一下你的需求；不要只发"嗯""哦"之类的单音节词，这会让人觉得不知如何继续聊天。

（3）工作微信要严谨。工作微信应该采用文字形式，以便编辑和转发，如果工作微信使用了语音，但有些工作场合不方便使用语音，而且即使转换成文字，也易造成理解歧义；工作微信应逻辑清晰，注意排版，要求明确。如发通知的微信，在结尾时应注明"收到请回复"；如请求回复微信，在结尾时应注明"请领导批示"。

3. 收微信的礼仪

（1）微信回复要及时。收到微信要及时回复，如果没能及时回复的，在以后的回复时要表示歉意。

（2）重要的人或群要置顶，以免信息遗漏。

想一想

1. 当你接收到语音类工作微信，但你不方便接听，此时，你会如何回复？
2. 当你接收到一个工作微信时，你觉得你不能简单地回复"同意"或"不同意"，你需要时间考虑一下，此时，你会如何回复？

4. 微信群礼仪

（1）拉群要有礼貌。拉群之前请一定征求被拉对象的意见，取得对方的同意后，再拉入群。入群后，成员应根据群要求，修改群昵称，群主应根据群主题，修改群名称。

（2）群管理要有序。群主制定群规则，群成员共同遵守群规则。群成员应文明互动，理性表达，对于那些不文明或破坏群规则的发言，群主要进行制止。能私聊的话题就私聊，不要群聊。为了及时收到群信息，群成员不应用表情包刷屏，以免漏看信息。对某成员说话可以使用"@某成员"。

（3）群内容要文明。不要在群里发送下列内容及相关信息。

①不发政治敏感话题。
②不发涉及国家和工作单位的机密信息。
③不发带有军事机密的内容和图片。
④不发色情低俗等恶意的内容和图片。
⑤不发涉黄涉毒涉暴涉赌的内容。
⑥不发泄露他人隐私的内容。
⑦不发违禁品营销信息的内容。
⑧对不确定的新闻，最好不要随意转发。

（4）工作微信群尽量一群一主题，讨论结束后下载好文件，备份聊天记录便可解散微信群。

5. 微信红包礼仪

（1）发放红包属于自愿原则。他人送出红包是他人的心意，我们不宜指名道姓，向某人索取红包。当然，来而不往非礼也，既然领了人家的红包，从礼节上也应该回一个红包，如果实在囊中羞涩，那应该感谢对方，如果领了红包却一声不吭，显得没礼貌。

（2）工作微信群红包要有序。在一个微信群里，既有领导，又有同事时，如果长辈领导没有发红包，那么，请你也不要发。因为你发了红包，长辈领导不好意思不发，看起来像是你逼着领导发红包，彼此之间有点尴尬。如果在一个群里面，你要单独给某人红包，建议你私信发给他。

礼仪与修养

想一想

微信里有很多的表情图片，亲爱的同学们，请问下列表情图片，表示什么意思？你一般会用在什么场合？

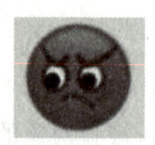

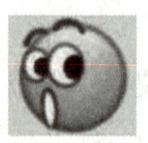

（三）职场中使用电子邮件的礼仪

电子邮件是一种用电子手段提供信息交换的通信方式，是互联网应用最广的服务。电子邮件的存在极大地方便了人与人之间的沟通与交流，促进了社会的发展。

1. 发送电子邮件的礼仪

（1）重视邮件主题。添加邮件主题是电子邮件和信笺的主要不同之处，在主题栏里用短短的几个字概括出整个邮件的内容，便于收件人权衡邮件的轻重缓急，分别处理。如果什么都没写，对方会认为是恶意邮件在没被打开之前就删除了。

（2）正确书写邮件地址。保证你的信件能够到达对方邮箱。

（3）在撰写内容时，应遵照普通信件或公文所用的格式和规则。邮件正文要简洁，不可长篇大论，以便收件人阅读。用语要礼貌，以示对收件人的尊重。如果你在发信时还另外加了"附件"，一定要在信件内容里加以说明，以免对方不注意时没看到。

2. 收取电子邮件的礼仪

应当定期打开收件箱查看邮件，以免遗漏或耽误重要邮件的阅读和回复。一般应在收到邮件后的当天予以回复。如果涉及较难处理的问题，要先告诉对方你已收到邮件，处理后会及时回复。对于有价值的邮件，必须保存，或者在复制后进行专门保留。对于和公务无关的垃圾邮件，或者已无实际价值的公务邮件，要及时删除。

知识链接

文明上网八准则

一、提倡正确导向，反对不良网风。
二、提倡遵纪守法，反对违规违纪。
三、提倡客观真实，反对虚假新闻。
四、提倡先进文化，反对落后文化。
五、提倡格调高雅，反对低级媚俗。
六、提倡公平守信，反对恶性竞争。
七、提倡科技创新，反对墨守成规。
八、提倡团结协作，反对损人利己。

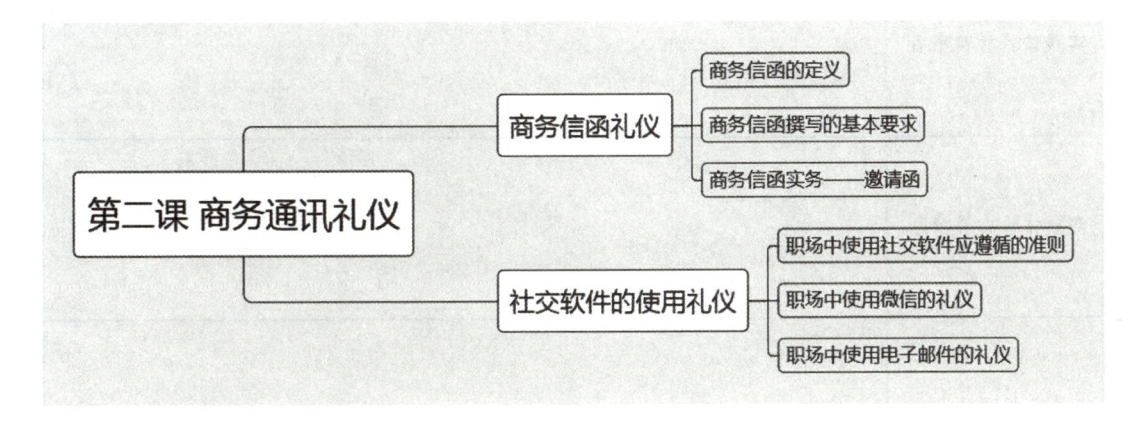

课程小结

```
                          ┌─ 商务信函礼仪 ─┬─ 商务信函的定义
                          │                ├─ 商务信函撰写的基本要求
第二课 商务通讯礼仪 ──────┤                └─ 商务信函实务——邀请函
                          │
                          └─ 社交软件的使用礼仪 ─┬─ 职场中使用社交软件应遵循的准则
                                                 ├─ 职场中使用微信的礼仪
                                                 └─ 职场中使用电子邮件的礼仪
```

三、新媒体交流实践体验

实践体验名称	"超级话题"实践体验		课时数	2
班级		姓名	完成日期	
实践体验内容描述	利用课余时间,在班级的QQ群里开展群话题活动,并将自己的心得体会记录在成果分享栏。 话题可选: 1. 网络影响人际关系 VS 网络不影响人际关系。 2. 纪律促进个性发展 VS 纪律限制个性发展。 3. 网络对中职生的影响是利大于弊 VS 网络对中职生的影响是弊大于利。			
实践体验学习目标	1. 丰富同学课余生活,活跃气氛,促进同学之间的友好关系。 2. 展现学子风范,提高语言组织表达能力和逻辑思维能力。 3. 学会正确文明地使用社交软件。			
实践体验工作步骤	1. 选出话题主持人。 2. 选择恰当的话题。 3. 在班级QQ群发起群话题。 4. 话题主持人主持话题讨论的开展。			
实践体验材料准备				
实践体验成果分享				
小组评语				
教师点评				

第三课 商务会议礼仪

课程导读： 商务会议是指带有商业性质的会议形式。一般包括新产品宣传推广会、大型的培训沟通会议、上市公司年会、招股说明会、项目竞标会、跨国公司年会、集团公司年会、行业峰会、企业庆典、新闻发布会、巡回展示会、答谢宴会、商业论坛、项目说明会、项目发布会等。商务会议是做生意的重要组成部分，出席会议的人员包括公司法人代表或者是高级的管理层，面对的对象通常是企业的客户或合作者，所以商务会议对于会议环境、组织策划等的要求相当高。展示良好的商务会议礼仪可以更好地树立企业形象。

漫画小剧场：

案例

在接到请柬之后

某公司计划在某酒店会议室召开年度经销会，发了请柬邀请有关经销商光临，在请柬上把开会的时间、地点写得一清二楚。接到请柬的几位经销商很积极，提前来到酒店开会。但是，几位经销商到了会场后，发现会场布置不像是开会的样子，经询问才知道，经销会临时改换地点了。

几位经销商都很生气，改地点了为什么不重新通知？一气之下都回家去了。事后才知道，会务人员早已发放更换会场的通知，但是，会务人员认为参会经销商都会看工作群，因此他统一发在会议群中，没有另行通知每个参会人员。结果有好些经销商因没注意看群，导致不知道会场更换事宜，仍然前往原定酒店。尽管会务人员向经销商道歉，但造成的不好影响也难以消除。

礼仪与修养

想一想

请同学们思考，这个案例说明在会议实务中应该注意什么问题？

在现代社会，会议指人们从事各种有组织、有领导、有目的的议事活动。在商务活动中，商务人员在日常交往中必不可少的一件事情，就是要组织会议、召开会议或者参加会议，因此掌握商务会议礼仪，是商务人员必备的职业技能之一。

一、商务会议礼仪特点

商务会议是指带有商业性质的会议形式。它涉及的范围和内容是相当广泛的。一般包括：新产品宣传推广会、大型的培训会、上市公司年会、企业庆典、新闻发布会、巡回展示会、答谢宴会以及公司内部的集会等。根据商务会议的内容和形式，可以归纳出以下四个基本特点。

（一）规范性

商务会议礼仪是商务会议领域共同认可、普遍遵守的规范和准则。虽然礼仪在一定程度上打上了国家、民族和地区的文化烙印，但是，许多的会务礼仪规范是全世界通用的，例如，微笑、握手等。伴随着经济全球化，具有规范性的商务会议礼仪是不同国家、不同地区之间举办商务会议、进行商务沟通的共同准则。

（二）地域差异性

不同的地域和文化背景形成了不同的地域文化，导致商务会议呈现地域化差异。例如，在会场上见面问候致意的形式，有握手致意的，有拥抱致意的，有双手合十致意的，有吻手致意的，有脱帽点头致意的，有手抚胸口致意的等。这些礼仪形式的差异均是由不同地方的风俗文化决定的，具有约定俗成的影响力。举办商务会议时要充分考虑地域的差异，尊重不同地域文化。

（三）文化交融性

从世界经济发展的历史来看，现代商务礼仪带有很浓厚的英美文化特点，其最突出的表现就是在国际的商务活动中遵循国际惯例"以右为尊"。随着社会交往的扩大，世界各民族的礼仪文化都会互相渗透，体现一定的文化交融性。在我国的会议当中，主席台的座次常用"以左为尊"。因此，由于中西方文化的交融，商务会务礼仪根据会议规模、规格，呈现出不同的表现形式。

二、商务会议礼仪实务

（一）商务会议会务工作内容

商务会议的会务工作，即负责从会议的筹备直至其结束和善后的一系列具体事项。它包括四个方面的工作如下。

1. 组织工作

包括协助确定会议议题，安排议程、日程，发会议通知，布置会场，安排座次，印发会议证件（出席证、列席证、工作证等），负责会议签到，会中组织和协调，会场其他组织和管理。

2. 文书工作

包括会议文书的起草、会议文书编写及会议文书印发和管理四个方面。

3. 生活管理工作

包括与会人员的食宿管理，会议的财务管理，会议的交通保障，会议的文化活动，与会人员的医疗保健等。

4. 安全保卫工作

包括会议的保密工作、警卫工作、会场内外的安全保卫工作等。

商务会议会务工作繁琐复杂，需要商务人员在负责会务工作时，树立认真细致周到务实的工作作风，全力投入，审慎对待，精心安排，务必开好会议。

试一试

某班级将今年10月15日上午9：00在本班教室举办"技能使我成长"为主题的家长会，邀请每位同学的家长参加家长会。请讨论有哪些会务工作，并把它记录下来。

（二）商务会议会务工作礼仪

根据商务会议的工作组织流程，会务接待工作礼仪分为会前、会中和会后三个阶段。

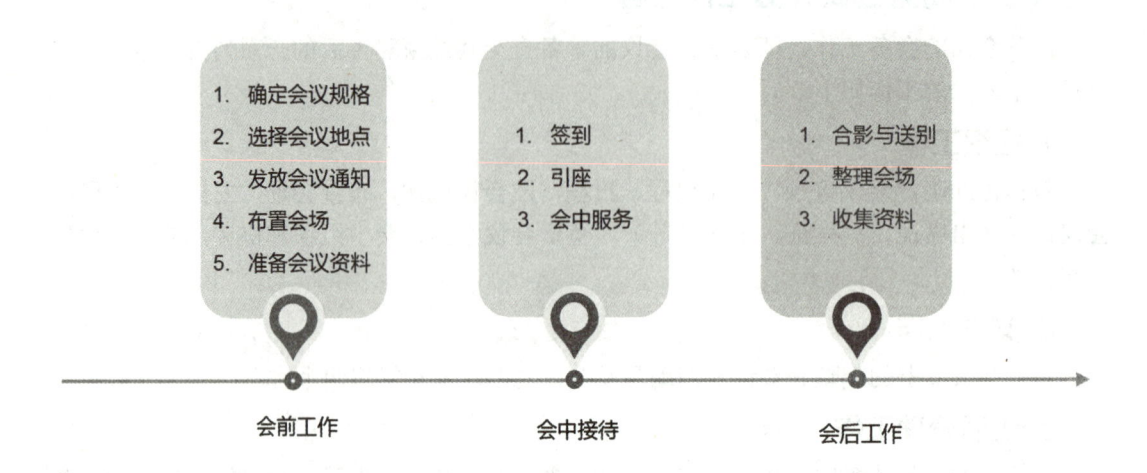

会前工作
1. 确定会议规格
2. 选择会议地点
3. 发放会议通知
4. 布置会场
5. 准备会议资料

会中接待
1. 签到
2. 引座
3. 会中服务

会后工作
1. 合影与送别
2. 整理会场
3. 收集资料

1. 会前工作礼仪

（1）确定接待规格

会议规模是由主持单位领导决定的。一般来说，企业内部的一般工作性会议讲究效率，可以不拘形式。对于上级单位主持的会议，因为邀请各企业的代表参加，所以接待工作要求比较规范。通常是由企业的一位主要领导直接做会议准备工作，成立一个会务组，专门研究布置会议接待的有关工作。

会前工作礼仪

（2）会场的选择

选择会场，要根据参加会议的人数和会议的内容来综合考虑。

首先考虑会场的大小要适中。会场太大，人数太少，空位太多，会给与会者不热烈的感觉；会场太小，人员过挤，不利于开会。其次考虑会场的地点要合理。会期在一天以内的会议，可以把会场定在与会人员较集中的地方。会期超过一天的会议，应尽量把地点定在交通便利、与会者容易到达的地方。再次考虑会场设施要齐全。要考虑会场的照明、通风、卫生、服务、电话、扩音、录音、投影、餐饮等因素，保障会议的顺利进行。最后要考虑是否有停车场，方便与会人员停车。

（3）发放会议通知

会议通知必须写明召集人的姓名或组织（单位）名称，会议的时间、地点、主题以及会议参加者、会务费、应带的材料、联系方式等内容。通知后面要注意附带回执，这样可以确定受邀请的人是否参加会议。会议通知一般在会议前15~30天之内寄出，这样可以使对方有充足的时间把会议回执寄回来。

（4）会场的布置

会场的布置包括会场装饰和座位布置。

① 会场装饰。一般大型的会议，应根据会议内容，在场内悬挂横幅。门口张贴欢迎词和庆祝标语。可在会场内摆放适当的盆景、盆花，准备好标识与座位牌，多媒体、音响、摄影设备等要在会议开始前一天逐一调试检查，以确保正常使用。为使会场现场更加庄严，主席台上摆放茶杯等应擦洗干净，摆放美观、统一。在宽敞便于进出的地方设签到处，提供签到、领取会议资料及提供参会人员帮助等服务。场地的色彩格局应统一格调。一般而言，红色或黄色的色调代表暖色调，用于隆重而喜庆的会议；绿色的色调代表安静，平和，可以有效的提高会议效率；蓝色的色调有助于与会人员拓宽思维，畅所欲言。

② 座位布置。举行正式会议时，往往要考虑会场座位布置的类型和座位次序的安排。

常见的会场座位布置有剧院式、课桌式、U字形、回字形、宴会式、岛屿式等六种类型。不管采用何种形式，会议室布置的目的都是为会议服务的，或方便进出、或增强沟通、或传递信息，在布置前一定要与会议策划者详细探讨。

知识链接

会场座位布置的类型

剧院式

剧院式适合于大型代表会、报告会等不需要书写和记录的会议类型

课桌式

适合用于培训会、知识讲座、普通工作会议

（续表）

U 字形	回字形
适合小型汇报会、座谈型的会议	适用于座谈会、汇报会等小型会议
宴会式	岛屿式
用于团拜会、茶话会、也可用于培训会，有利于同桌人的互动和交流	适用于产品发布会、推荐会，便于互动活动的展开

会场座位次序的安排。会场座位次序往往代表与会者的身份和地位，因此，会议的组办者为了会议的顺利进行，通常应事先安排与会者的座次。

第一原则：前为上、中为上原则，也就是说当主席台有若干排座位时，前排优于后排。而对于主席台上的每一排座位，中间为上，两侧次之。这是通用原则，也是国际惯例。

第二原则：应当根据具体的场合来判断不同的座次规范。在国际交往、商务涉外交往中，遵循"以右为上"的原则，也就是说在确定并排的座次时，职位或身份高者居右；而在国家的政务礼仪、国企内部大型会议，则遵循"以左为上"的原则。作为一个中国人，我们在兼容并包西方文化的同时，积极弘扬中华民族传统文化，使中国"礼仪之邦"走向世界。

第三单元 现代商务礼仪

想一想

某单位召开报告会,会场将采用课桌式的会场布置。假设主席台有 7 人就座,请同学们用阿拉伯数字 1-7 进行座次安排,并说明理由。

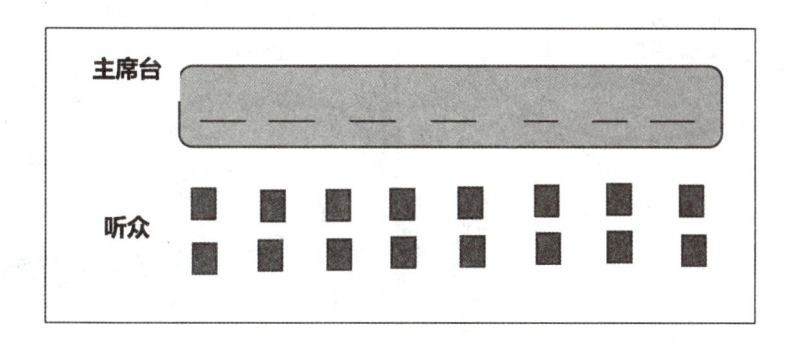

```
主席台
━━  ━━  ━━  ━━  ━━  ━━  ━━

听众
■ ■  ■ ■  ■ ■  ■ ■  ■ ■  ■ ■  ■ ■
■ ■  ■ ■  ■ ■  ■ ■  ■ ■  ■ ■  ■ ■
```

(5) 会议资料的准备

现代化的会议离不开各种辅助器材,在召开会议之前,就应该把各种辅助器材准备妥当。这些资料包括桌椅、名牌、茶水、签到本、名册、会议议程、黑板、白板、笔等。

2. 会中接待工作礼仪

接待人员应该在与会者到来之前提前进入各自的岗位,并进入工作状态。一般的接待工作分签到、引座、接待三个岗位。

(1) 签到

设一张签字台,配上 1~2 名工作人员,如果是要求接待档次比较高,可以派礼仪小姐担任此次工作。签字台上配有笔和签到本。向客人递笔时,应取下笔盖,笔尖朝向自己,将笔双手递上。签到本应精致些,以便保存。如需要发放资料,应礼貌地双手递上。接待人员应经常向会议组织者汇报到会人数。

(2) 引座

签到后,会议接待人员应有礼貌地将与会者引入会场就座。对重要领导应先引入休息室,由相关领导亲自作陪,会议开始前几分钟引到主席台就座。

(3) 会中服务

与会者坐下后,接待人员应递茶水,或递上毛巾等,热情解答与会者的各种问题,提供尽可能周到的服务。为缓解压力和疲劳,一般在会议中场休息时间设置茶歇服务,会议服务人员在茶歇前半小时准备好点心以及饮品,可以根据主办方的要求准备中式或西式的点心、饮品或时令水果等。

3. 会后工作礼仪

会议结束后,应组织参会人员进行合影留念,送别与会人员。完成会场清理卫生,检查会场内是否有物品遗漏,整理会议资料,进行会议小结,进行宣传报道,并归档会议资料。

礼仪与修养

漫画小剧场：

应需而生的视频会议

小团，下周一要开一个全公司的视频会，你准备一下会务工作。

视频会议要准备什么？电脑和软件还有吗？

视频会议成本低，使用时间和场地灵活，部署也相对简单，但一样要注意细节哦！

1. 会前检查软件和网络是否正常连接使用，视频会议的成败就在于会议期间网络能否正常顺畅地连接和使用。

2. 会上注意在镜头前的仪容仪表和姿态。视频会议不是私人聊天。同样有会议纪律，要检查不发言的人是否静音。

3. 视频会议的背景要保持干净，避免选择有人员走动、放在分散听众注意力的地方。

4. 会后要等会议组织者终端断开连接，退出软件后，再将设备关闭。

试一试

某班级将于今年10月15日早上9：00，在本班教室举办"技能使我成长"为主题的家长会，邀请每位同学的家长参加家长会。请讨论如何布置会场，并把它记录下来。

（三）与会礼仪

作为一名职场人，需要经常参加公司内部的会议或参加公司以外的会议，因此，必须注意与会礼仪，这彰显了个人及公司的形象。

1. 注重时间观念

提前到达开会地点，领取会议资料，进行会议签到，并根据安排到入场就座。如果临时有事不能出席，必须通知会议主办方。参加会议前要多听取上司或同事的意见，做好参加会议所需资料的准备。

2. 遵守会场秩序

与会者应衣着整洁，仪表大方，准时入场，进出有序，依会议安排落座。开会时应认真听讲，不交头接耳，不打瞌睡。发言结束时，应鼓掌致意，中途退场应轻手轻脚，不影响他人。

注意聆听他人的发言，如果有疑问，要通过适当的方式提出来。在别人发言时，不要随便插话，破坏会场的气氛，轮到自己发言时，应简明扼要。与会者要利用参加会议的机会，与各方加强沟通，建立良好的人际关系。

3. 调试电子设备

开会时关手机，或者调成振动模式，以免影响会场秩序。

名人名言

言必先信，行必中正。——《礼记·儒行》

试一试

某班级将今年10月15日早上9:00，在本班教室举办"技能使我成长"为主题的家长会，邀请每位同学的家长参加家长会。如果请你代表同学们进行发言，你会讲什么内容，请把提纲简要地写下来。

礼仪与修养

课程小结

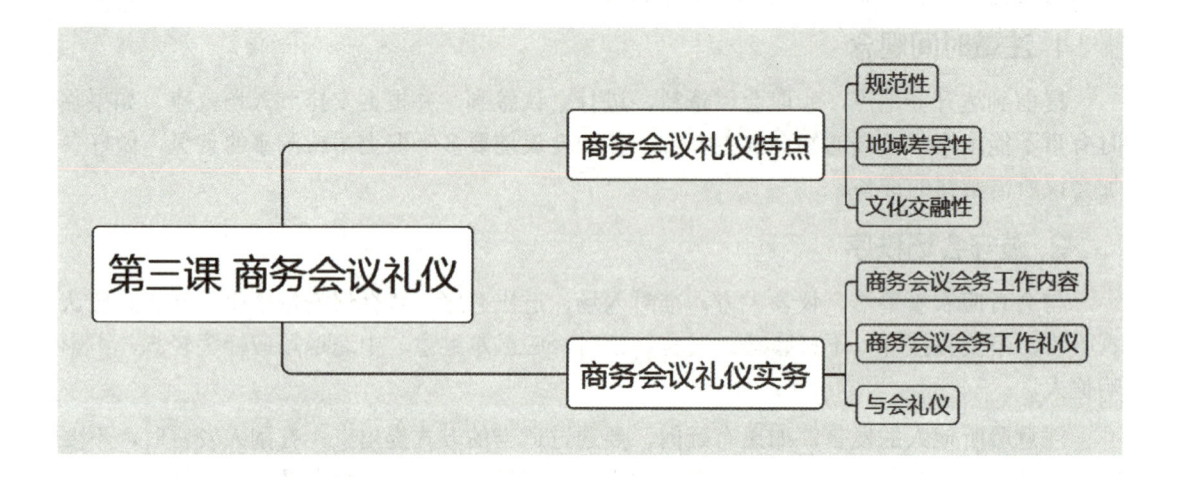

```
                    ┌─ 规范性
         ┌─ 商务会议礼仪特点 ─┼─ 地域差异性
         │                └─ 文化交融性
第三课 商务会议礼仪 ─┤
         │                ┌─ 商务会议会务工作内容
         └─ 商务会议礼仪实务 ─┼─ 商务会议会务工作礼仪
                          └─ 与会礼仪
```

三、产品推介会实践体验

实践体验名称	产品推介会实践体验		课时数	2
班级		姓名	完成日期	
实践体验内容描述	您所在的公司新研发了一款新产品＿＿＿＿＿＿，请您的团队利用本次课程所学知识进行新品推介会的策划，旨在向社会大众正式推出该新品，并在推介会上实现订单。 （新产品请各团队小组自行创设）			
实践体验学习目标	能按照会前、会中、会后三个阶段完成新品推介会的策划。			
实践体验工作步骤				
实践体验材料准备				
实践体验资源链接				
实践体验过程记录				
实践体验成果分享				
小组评语				
教师点评				

第三单元
现代商务礼仪

第四课 馈赠与受赠礼仪

课程导读："千里送鹅毛，礼轻情意重"，中华民族自古以来就重视礼尚往来，在商务活动中尤其重视礼物的往来。送礼虽然简单，却是一门学问。从主观上讲，送礼要讲究方法和技巧；从客观上讲，送礼因对象、目的不同，还会受到时间、环境、风俗习惯的制约。因此，送礼要以恰当的方式，送给合适的人，方能充分表达送礼人的情意。

漫画小剧场：

送礼物也有礼仪呢

案例

李先生赴国外考察洽谈，临行前准备了一些具有中国特色的定制版中华红木筷作为商务伴手礼。到达目的地后，李先生发现其他企业代表送的大多是贵重的工艺品或定制礼品，他有些担心自己的礼物会不会太寒酸。可是，当对方打开礼盒后，却表示这份礼品最惊艳，也最有意义。原来，李先生准备的定制版中华红木筷将筷箸文化、企业文化和企业Logo巧妙融合于筷箸之上，不仅体现了"中华文化源远流长"的含义，更传达了期望"友好往来，长久合作"的意向。

礼仪与修养

想一想

（1）什么样的场合需要送礼？

（2）当今社会刮起了一阵"礼物热"，就连学生也参与其中。同学之间过生日，送礼物的场面越来越大，价格也越来越高。是否礼物越贵重，友情就越牢固呢？

一、馈赠礼仪

中国人讲究"礼尚往来，往而不来非礼也，来而不往亦非礼也。""礼尚往来"不仅是指礼节上的互动，更包含了人们以礼品为桥梁进行互动的行为。礼品在中国人的人际交往中有着举足轻重的地位。商务活动中的初次拜访、节庆问候等都可以送礼，但是礼品一定不要贵重，以礼轻实用最为恰当。一件理想的礼品，对赠送者和接受者来说，都传递着某种愿望表达的信息。

馈赠礼仪

馈赠是人们在交往过程中通过赠送给交往对象礼物来表达对对方的尊重、敬意、友谊、纪念、祝贺、感谢、慰问、哀悼等情感与意愿的一种交际行为。

其目的就在于沟通彼此感情、保持联系、体现馈赠者的品质和诚意。

得体的馈赠，恰似无声的使者，给交际活动锦上添花，给人们之间的感情和友谊注入新的活力。然而在赠送过程中，我们需要了解赠送的六要素，这样才可以做到恰如其分的表达，对于受赠者来讲，才会感受到那份特别的心意。馈赠的六要素分别为馈赠对象、馈赠目的、馈赠时机、馈赠场合、馈赠内容和馈赠方式。

（一）送礼的时机与方式

礼物一般应当面赠送，特殊情况下也可以事先送去礼品（如结婚礼品）、派人送上门或邮寄（如节日礼品或年礼）。非当面送礼时应随礼品附上送礼人的名片，也可手写贺卡，装在大小适当的信封中，信封上注明收礼人的姓名，贴在礼品包装的上方。

通常情况下，不要当众只给一群人中的某一个人赠礼。那样做不但会使受礼人会有受贿和受愚弄之感，还可能让没有受礼的人有受冷落和受轻视之感。

给关系密切的人送礼也不要选在公开场合进行，以避免给公众留下你们关系密切完全是靠物质支撑的感觉。只有礼轻情意重的特殊礼物，表达特殊情感的礼物，才适合在大庭广众面前赠送。因为这时公众已变成你们真挚友情的见证人。如一本特别的书、一份特别的纪念品等。

（二）礼品的选择

> **你知道吗？**
>
> **古人送礼送什么**
>
> 古代的文人，送礼大多以琴棋书画、文房四宝或者茶叶为主。文人见面相互寒暄之后，多以琴棋书画为话题，或喝茶或饮酒，进而相互赠送。
>
> 一般人家送礼则以各种零食糕点为主。由于古代百姓多为穷苦家庭，走亲戚串门通常都是到集市上买些糕点零食来进行相互馈赠。
>
> 而古代的官员相对有钱，下属给上司送礼打通关系，或为维持相互之间的关系，多以玉器、银票等为主。
>
> 古人送礼，不单单是送一样东西，他们往往对于如何送礼、送什么礼都有着深刻的理解，并且能良好运用于生活之中。

1. 投其所好

送礼之前，应对收礼人的爱好、习惯了如指掌，千万不要不知对象就盲目地送礼，否则起不到礼物应有的作用。可选择一些具有一定纪念意义的、有一定艺术性和趣味性的礼品，如，给喜欢集邮的人送一套珍贵的邮票，给喜欢音乐的朋友送几张唱片等，都是富有情趣又值得纪念的珍贵礼品，往往能带给对方意外的惊喜。

2. 礼轻情意重

礼品挑选时注意以下五点。

（1）礼品不可太贵重

太贵重的礼物会增加收礼人的心理负担，而且还有"重礼之下必有所求"之嫌，尤其是对不熟悉的朋友，会让对方对自己产生警诫心理。而对公务员和老师等特殊职业的对象，由于纪律限制，也不宜送贵重的礼品。

（2）送礼要注意场合

送礼最好直接送到对方居所，不要在工作场所赠礼，以免有"贿赂他人"之嫌。

（3）精心包装礼品

送给他人的礼品要用包装盒或包装纸精心包装，以显示自己的良苦用心。在包装时要讲究包装物的材质、包封、图像，并注意收礼人的文化背景及习惯，例如，在信奉基督教的国家中，应避免把丝带结成十字交叉状。

（4）注意礼品的性质

不要送私密的礼物给不太熟的朋友。对交情不够深的朋友，最好不要送些有暗示性的礼物，如贴身衣物、领带等，会让对方产生歧义。

（5）注意礼品的禁忌

切莫送一些会刺激别人或禁忌的东西，例如，给基督徒送佛像，或者给长者送钟（与"终"谐音）等，都是非常忌讳的。

3. 送礼的禁忌

不同国家和民族都有自己的禁忌，因此在送礼时一定要注意。

（1）数字的禁忌

中国有"好事成双"之说，因此逢喜事送礼时一定要送"双礼"。比如送酒两瓶，送钱不能单数等。而西方人普遍忌讳"13"，在建筑物中没有13层，没有13号房间，而是用"1、2、4"来代替13层或13号；影院、会场、航班、宴席桌次等均没有13排、13座、13号等；每月的13日也是诚惶诚恐的日子。日本人、朝鲜人、海外华侨和中国港、澳、台同胞中的广东籍人忌讳数字"4"，因"4"同"死"谐音。此外日本人还忌讳"9"字，因为"9"的发音与"苦"相近。在送礼的时候，要注意避开这些数字。

（2）颜色的禁忌

中国人和欧美人普遍忌讳黑色，认为黑色是哀丧之色，不吉利，所以礼物不能用黑色纸包装。中国有些场合也忌讳白色，认为这是悲哀、贫穷之色，但西方人却崇尚白色，新娘穿白色婚纱，送礼也用白纸包，用白绸带系，表示纯洁。此外，印度人忌白色；巴西人忌紫色和棕黄色；日本人忌绿色；埃及人忌蓝色；土耳其人忌花色。

（3）谐音的禁忌

中国非常忌讳在婚礼时送钟、送梨和送伞，因为"钟"与"终"是谐音；"梨"与"离"是谐音；"伞"与"散"是谐音，很不吉利。

小贴士

赠送礼品的原则

赠送礼品时要遵守5W和1H原则
Who：送给谁？
What：送什么？
When：什么时间送？
Where：在什么地点送？
Why：为什么送？
How：如何送？

知识链接

半条干鱼去祝寿

明朝中期，首辅李东阳过生日，好友赵永、鲁铎二人相约前往为李阁老贺寿。但赵、鲁二人都是清官，家无余财，拿不出什么像样的礼物。踌躇半晌，鲁铎想起自己家里有条干鱼，拿来一看，还是已经被吃掉一半的。仓促之间也不知再置办什么好，干脆就带着这条干鱼去贺寿了。

赵、鲁两个人带着半条干鱼来祝寿。李阁老倒也不嫌弃，三人"煮鱼沽酒"，欢饮一场。

古语有云"千里送鹅毛，礼轻情意重"，重要的是心意，哪怕一片鹅毛，半条干鱼，也显得弥足珍贵。

礼品的选择

1. 结婚礼物。注意要在收到对方的请柬或通知后再携带礼物登门祝贺。礼物宜以家庭用品、床上用品、餐具或字画等工艺品为好，也可事先征求主人意见再选购。如果用金钱代替礼品，可在封套上写明"贺仪"等字以示庄重。

2. 生子礼物。可送婴儿用品，如衣服、鞋帽、玩具、食品、生肖纪念章等，也可送产妇滋补营养品等。

3. 生日礼物。长辈生日做寿，可送寿联、寿糕、营养品、衣服、布料等；夫妻生日可送鲜花、化妆品、饰物等礼品；朋友生日可送贺卡、工艺品、学习用品、鲜花、影集等小物件。

4. 节日礼物。春节可送腊味、礼盒，端午节送粽子，中秋节送月饼，情人节送玫瑰花等。

5. 病丧礼物。探望生病的亲友，应携带一些适宜病人食用的食品，如滋补品、饮料、水果等，也可以送鲜花，但在送水果时要根据病情来选购。丧礼中可送花圈、挽联或"帛金"（即金钱），如送其他物品，应送一次性易消耗品，如烟、酒、食品等。

6. 远行礼物。他人将要远行时，可为其选择书籍、学习用品、生活用品等礼品。

7. 迁居礼物。乔迁之喜以对联、字画、镜屏、工艺品、家庭装饰品为最佳礼品。

想一想

小李寒假从老家回来，想给老师及宿舍的同学带份礼物，请问他应该怎样挑选礼物？什么时间送出合适？

二、受赠礼仪

中国人一向崇尚礼尚往来，在社交活动中受赠与赠礼一样很有讲究。如果送礼的目的性太强，或是不怀好意的礼物，需要拒收时，也要注意拒收的礼仪。

（一）接礼的礼仪

1. 双手捧接

他人有礼相赠时，不管自己在做什么事，都应立即中止，起身站立并面向对方，以便有所准备。在对方递上礼仪时，要用双手去接。若不方便用双手，则要用右手去接。在接受礼品时，最好面带微笑，注视着对方的双眼。接过来的若是对方所提供的礼品单，应立即从头至尾仔细阅读。

2. 表示感谢

在双手接过他人礼品的同时，应向对方立即道谢。

3. 当面拆封

如果现场条件许可，时间充裕，人数不多，礼品包装考究，那么，在接过他人相送的礼品之后，应当尽可能地当着对方的面，将礼品包装现场拆封。这样做表示自己看重对方及获赠的礼品。在启封时，动作要文明，不要乱扯、乱撕、乱丢物品包装。

4. 表示欣赏

拆开包装之后，要以适当的动作和语言表示对礼品的欣赏，不要开玩笑，除非那是一件恶作剧的礼物。

5. 写感谢信

除口头表达感谢之外，可以写封感谢信。

（二）拒礼的礼仪

1. 直言缘由

直截了当地向赠送者说明自己难以接受礼品的原因。在公务交往中拒绝礼品时，此法尤其适用。比如拒绝他人所赠的大额现金时，可以讲："我们有规定，接受现金属于受贿行为。"

2. 事后退还

如果在大庭广众之下或某些特殊场合中，不方便当面拒绝他人所送的礼品但又不得不退时，为了不使赠送者陷入尴尬，可采用事后退还的方法进行处理。即当时接受礼品，但不拆其包装，事后尽快地将礼品物归原主并说明缘由。退礼时间一般在 24 小时之内。

3. 婉言相拒

采用委婉的、不失礼貌的语言，向赠送者暗示自己难以接受对方的礼品。例如，当对方向自己赠送笔记本电脑时，可告知"我已经有一台了"，同时也不要忘了感谢对方的好意，告知对方自己"心领了"。

课程小结

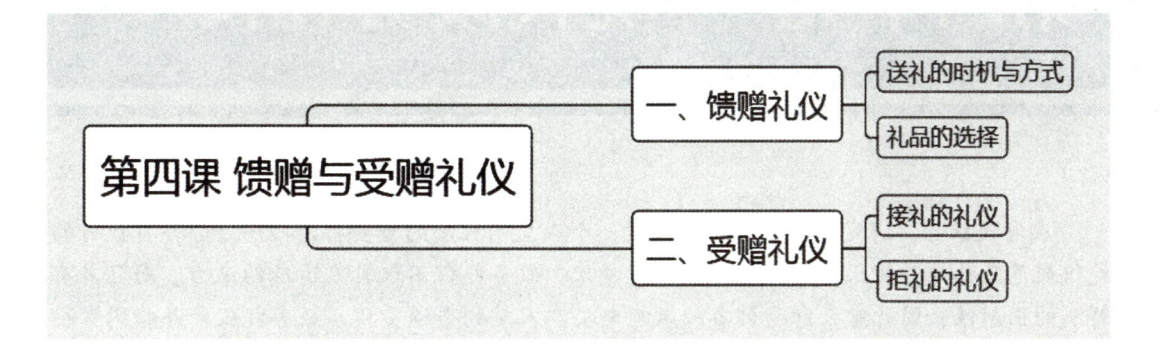

```
第四课 馈赠与受赠礼仪
├── 一、馈赠礼仪
│   ├── 送礼的时机与方式
│   └── 礼品的选择
└── 二、受赠礼仪
    ├── 接礼的礼仪
    └── 拒礼的礼仪
```

三、礼品制作与赠送实践体验

实践体验名称	教师节礼品制作与赠送体验实践		课时数	2
班级		姓名	完成日期	
实践体验内容描述				
实践体验学习目标				
实践体验工作步骤				
实践体验材料准备				
实践体验资源链接				
实践体验过程记录				
实践体验成果分享				
小组评语				
教师点评				

第四单元　现代政务礼仪

在现代社会，讲究礼仪已经成为衡量一个人文明程度的重要标志之一。公务员执行的礼仪规范又称政务礼仪，与其他礼仪规范相比，政务礼仪不仅具有道德约束力，而且具有鲜明的强制性，因此愈来愈受到各级政府与公职人员的普遍重视。政务礼仪，是指国家公务机关及相关事业单位在内部沟通交流及对外交往服务时的礼仪标准及原则。政务礼仪的核心是恪尽职守，勤于政务，廉洁奉公，严格规范，忠于国家，忠于人民。政务礼仪代表和维护着国家形象及政府形象，国家公职人员在执行公务时，都应当严格遵守政务礼仪。

【学习目标】

1. 素养目标：通过学习政务礼仪、掌握基本的政务礼仪规范，弘扬社会主义精神文明，提升个人认识与修养，维护国家行政机关与国家公务员的形象，取信于民。
2. 知识目标：了解政务礼仪的重要性，知晓政务礼仪的适用范围和适用人群；了解现代政务礼仪知识，掌握政务工作人员应遵从的各种礼仪规范。
3. 技能目标：能制作会议组织方案；能正确模拟不同场合及不同场景使用的政务礼仪；通过掌握系统的交流原则与技巧，提高服务的质量与好评度，维护机关单位的形象，使工作更加顺利开展。

第四单元 现代政务礼仪

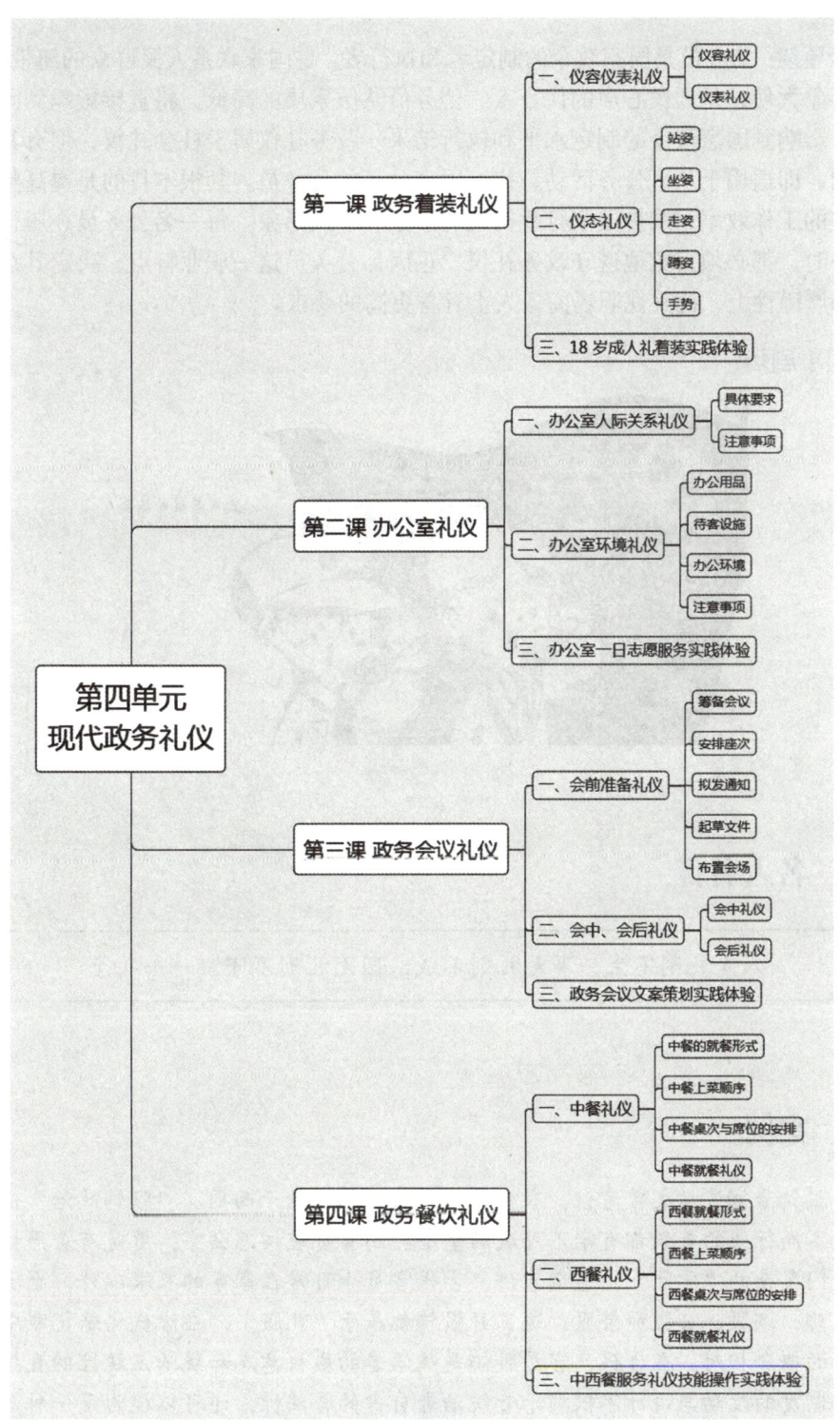

单元思维导图

第四单元 现代政务礼仪
- 第一课 政务着装礼仪
  - 一、仪容仪表礼仪
    - 仪容礼仪
    - 仪表礼仪
  - 二、仪态礼仪
    - 站姿
    - 坐姿
    - 走姿
    - 蹲姿
    - 手势
  - 三、18岁成人礼着装实践体验
- 第二课 办公室礼仪
  - 一、办公室人际关系礼仪
    - 具体要求
    - 注意事项
  - 二、办公室环境礼仪
    - 办公用品
    - 待客设施
    - 办公环境
    - 注意事项
  - 三、办公室一日志愿服务实践体验
- 第三课 政务会议礼仪
  - 一、会前准备礼仪
    - 筹备会议
    - 安排座次
    - 拟发通知
    - 起草文件
    - 布置会场
  - 二、会中、会后礼仪
    - 会中礼仪
    - 会后礼仪
  - 三、政务会议文案策划实践体验
- 第四课 政务餐饮礼仪
  - 一、中餐礼仪
    - 中餐的就餐形式
    - 中餐上菜顺序
    - 中餐桌次与席位的安排
    - 中餐就餐礼仪
  - 二、西餐礼仪
    - 西餐就餐形式
    - 西餐上菜顺序
    - 西餐桌次与席位的安排
    - 西餐就餐礼仪
  - 三、中西餐服务礼仪技能操作实践体验

礼仪与修养

第一课 政务着装礼仪

课程导读： 公务员是国家政令的制定者和执行者，是国家联系人民群众的纽带和桥梁，是社会形象大使，是人民心声的代言人。公务员队伍素质的高低，将直接影响到国家发展的快慢，影响到国家政令的制定水平和执行结果。政务礼仪属于社会礼仪，但有其特定的适用范围，即适用于从事公务活动、执行国家公务的公务员。其根本目的是提高整个国家行政机关的工作效率，维护国家行政机关的形象和个人形象。每一名公务员在履行职责、执行公务时，都必须自觉地遵守政务礼仪。正因为公务员这一职业特点，决定其在工作场合着装的严谨性上，比其他职场商务人士有着更高的要求。

漫画小剧场：

正式着装的场合

名人名言

人无礼则不生，事无礼则不成，国无礼则不守。——孔子

案例

中国服饰专家沈从文曾考证，衣分等级的服饰制度始于西周。"服饰政治"使得不同阶级甚至不同行业的着装都有牢不可破的壁垒。而官员应该怎么穿，更是有着严格的着装制度，是门复杂的"学问"。通常来讲，古代官员除日常在家穿的衣服以外，至少还要常备三种服饰：朝服、公服和祭服。这三种服饰都属于"礼服"，在古代文献记载中大多与"常服"的概念相对。在古代，官员服饰是统治者的威权意志和统治正统性的直接体现。官员服饰制度的改动与设计不仅彰示着统治者自身的合法性，还可以视为是一种政治理想和诉求的表达。

第四单元
现代政务礼仪

想一想

你见过仪容镜吗？它们通常放在什么位置？

知识链接

仪容镜

仪容镜，又称仪表镜，是一种用于公共场所的大镜子，可供往来之人整理仪容。这样的仪容镜多见于政府机关、学校和工厂等地。仪容镜一般坐落于上班、上学必经的宽广大厅内，约一人高，两米宽，背向墙，面向门，以方便进出的人使用。如果空间较大，有时还会摆放多面仪容镜。

想一想

非执法性公务员应不应当统一着装？政务人员着装原则应该是怎样的？

一、仪容仪表礼仪

春秋时期的《礼记·冠义》中就说过："礼仪之始，在于正容体，齐颜色，顺辞令"，意思是礼仪要从端正容貌和服饰开始。政务工作人员面对的是广大人民，就更应该注重自己的仪容仪表。

（一）仪容礼仪

仪容注重表面而不是内心，但内在的修养会反映到外在的气质上，如举止、谈吐以及待人接物的方式等。人的长相是天生的，但仪容可以通过后天培养而得以改善，脸蛋漂亮却举止粗俗的人不能叫仪容美，但长相一般却举止优雅的人一样可以得到他人的敬爱，因此，仪容礼仪体现的主要是人内在的修养，而不仅仅是外表的修饰。

1. 头发的修饰

"远看头，近看脚"，头发位于人体的顶端，是人与人见面时最先目光所及的位置，因此，头发是仪容礼仪中不可忽视的一部分。首先，与人见面时要保证头发的干净整齐，不能蓬头垢面；其次，发型要适应自己的气质、出席的场合以及服饰的搭配。

在选择发型时，可以参考以下三个方面。

（1）发型与气质相协调

个人气质包含脸型、发质、体型、性格等，不同的脸型、发质和体型适用不同的发型，例如，长脸可通过刘海改变视觉效果，清瘦体型的人适合留长发，性格外向的人留短发显得更干练等。总之，在选择发型时，可以根据自己的爱好和发型师的建议进行选择和参考，做到扬长避短，提高美感。

（2）发型与职业相协调

男性发型应体现出传统、庄重、得体、自然的风格。一般头发不能盖住耳朵、眉毛、普通衬衫领子，不能留长发、留胡须，不能剃光头，不能漂染彩发。女性发型应体现出庄重、典雅、大方、秀美的风格，发型不可怪异前卫，不能留寸头，不应漂染彩发。

（3）发型与服饰相协调

服饰与发型搭配得好，可以相得益彰，例如，穿正装时，发型一定要干练、端庄才能显出气质；穿休闲装时，发型也可以随意一些。

2. 面部的修饰

面部修饰也称妆容，是指对容貌的修饰。最基本的社交妆容应当是男性面部保持干净整洁，不留胡须，鼻毛不外现，口无异味；女性以裸妆为宜，保持清新、自然、柔和、淡雅，不要使用浓烈的香水，以清新淡雅为宜，不涂特别艳丽的口红。

3. 外形的修饰

外形是指一个人整体的外观形象，不但包括发型、妆容，也包括其他裸露部位的观感、服饰的搭配等。

首先，所有裸露部位都需要整洁卫生、相互协调，比如，不但要洁面、剃须，还要刷牙、洗手、修剪指甲、清理体毛等。

其次，服装的搭配要与妆容相协调，穿职业装时，妆容应当素雅、大方，绝不可浓妆艳抹、油头粉面，给人以轻浮之相。

你知道吗？

政务女士化妆要求

1. 化妆要与时间、服饰、环境相适宜，生活妆与工作妆要分开。
2. 化妆要与年龄、职业、身份相适宜。
3. 化妆要在上班前进行，不能在公共场合化妆或补妆。
4. 要维护妆容的完整性，不要出现残妆，出汗、休息、用餐之后要及时补妆。
5. 不可借用他人的化妆品。

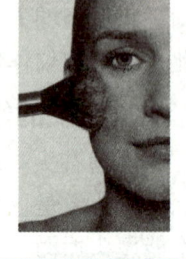

名人名言

世界上没有比快乐更能使人美丽的化妆品。——布雷顿

知识链接

基本洁肤、护肤流程。如肌肤清洁（卸妆、洗脸）—涂抹护肤品（爽肤水、敷面膜、锁水保湿）—防晒护肤。

4. 举止

不管在什么社交场合，男性、女性的举止都应当文雅、端庄，保持适当的社交距离，切不可面露轻浮之色，更不可对他人动手动脚。此外，在公共场合还要遵守公共道德规范，不能大声喧哗、抽烟酗酒，也不能当众化妆、修剪指甲、嚼口香糖等。

（二）仪表礼仪

仪表通常是指人的外表，主要指形体、服装、配饰等的协调搭配。

1. 形体

形体是身材和体型的综合描述，包括高矮胖瘦、身材比例是否匀称等。人的高矮由发育程度决定，后天难以改变，但胖瘦却可以通过饮食和运动进行调节和改变。而无论个子高矮，只要与身材比例协调匀称，视觉上都会感觉比较美观。

人的形体是可以塑造的，除了要合理饮食，还可以通过适当的运动来进行塑形，如瑜伽、跆拳道、太极拳、形体操等，这些全身性运动都有塑形作用。

2. 服装

一般来说，政务人员穿着的服饰应当合乎身份，庄重、朴素、大方。在工作中，机关政务人员的穿着打扮是不宜太个性化的，因为机关政务人员的着装直接关系到人民群众对其第一印象的好坏，不但体现个人的教养与素质，还影响所在单位的形象和公信力，因此注重服饰美是政务工作人员在工作中应有的礼仪规范。

（1）服饰素雅。机关政务人员在工作中所选择的服饰一定要合乎身份，素雅大方，应遵循色彩少、质地好、款式雅、做工精、搭配准的原则。从某种意义上讲，一个人的服饰之美关键在于和谐，而服饰的和谐则又在于精心的搭配。

（2）服饰庄重。忌过分炫耀，不要在工作中佩戴大量的饰品，尤其是高档的珠宝首饰或过多的金银首饰，以免有张扬招摇之嫌；忌过分裸露，不露胸、不露肩、不露背、不

露腰、不露腿，不露内衣；忌过分透视，正式场合的着装不允许过于单薄透明；忌过分短小，在任何正规场合都不得穿背心、短裤、超短裙、露脐装等；忌过分紧身。

3. 整洁

不管穿什么服装，只要不是劳动场合，都应当保持衣服和鞋子的干净、整齐，衣服上不能有线头和破洞，也不能皱巴巴的，否则，再新颖的款式、再高档的价格也显不出它的价值来。

知识链接

TPOR 原则

TPOR 原则是国际通行的着装原则，它是指在着装时要兼顾时间（T-Time）、地点（P-Place）、场合（O-Occasion）、角色（R-Role）四个因素，并且与之相适应。

（1）时间（T-Time）

着装的时间因素是指穿着要应时随分。一年有春夏秋冬四季，一日有早午晚三时，不同的季节不同的时间要穿不同的衣服。例如，夏天穿短袖，冬天穿棉袄，这是常识，如果有个人反其道而行之，别人就会觉得这人不正常。所以，天冷加衣，天热换季，这不但是人体调节温度的需求，也是一种敬畏自然的仪式。而时间和地点不同，着装也应当随所处的环境而变，比如，白天面对他人时，穿着需要正式，而晚间独处休闲时就可以随意一些。

（2）地点（P-Place）

不同地点有不同的着装规范，例如，在游泳池或海滨浴场要穿泳衣，但决不能穿着泳衣进写字楼；休闲、逛街时可以穿拖鞋走来走去，但绝不能穿着拖鞋去上班。此外，在观念开放的地区，女孩子穿个小短裙露脐装并不稀奇，但在观念保守的地方，这样的穿着就犯了大忌，尤其是一些国家和民族对着装有着严格的规范，若违反了着装规定，可能还会带来不必要的麻烦。所以，穿着要因地制宜，才会显得得体。

（3）场合（O-Occasion）

中国人很讲究场合，不同的场合营造不同的氛围，而这种氛围可以通过表情、举止、着装、色彩等烘托气氛。例如，在喜庆场合中，多以红色系的暖色调为主，人人欢天喜地、笑意盎然，着装颜色也相对鲜艳，款式相对装新颖；而在庆典、外交等正规场合，着装要得体、规范，举止要稳重、端庄；在葬礼一类悲伤的场合中，则要表情肃穆，服装款式应简洁庄重，色彩也应以黑、白等色调为主。

（4）角色（R-Role）

人在社会的角色是多元的，例如，一个成年男士，可以同时聚集父亲、儿子、公务员、志愿者等多种社会角色，同时在某一个时段又可能具有乘客、探视者、路人等临时角色。当人处于不同角色的时候，着装和行为也应当与当前的角色保持一致。例如，公务员在上班时必须穿正装，而在做志愿者时，就要穿志愿者马甲；领导在单位运筹帷幄、挥斥方道，但在公共场合也要低调收敛，遵守公共秩序。

4. 配饰

配饰是除衣服、鞋子外随身佩戴的饰品或用具，如男士的手表、领带，女士的首饰、包包，以及帽子等。合理的配饰会增加仪表的美感，有锦上添花之效。在选择配饰时，应注意配饰的色彩、质地和款式与服装相协调，例如，职业女性上班时可以选择通勤包，若随手拎一个无纺布袋，就显得不伦不类了；同样地，穿礼服参加宴会时，首饰一定要精美高档，若脖子戴上一串从地摊淘来的塑料珠串，就显得非常掉价。

二、仪态礼仪

通过一个人的仪态可以看出他的风度与气质，甚至可以揣测到他的内心，从而判断出其身份、品格、学识、能力与修养等个人内涵。

（一）站姿

标准的站姿如下。

（1）身体笔直，双目平视，面部表情自然微笑。

（2）手指并拢，双臂自然下垂，两脚并拢站立，呈标准立正姿势。女士也可以脚跟并拢，脚尖分开呈V字形；男士也可以两脚分开与肩同宽，或呈V字形。在较为正式的场合中，女士还可以将右手搭在左手上，拇指交叉，并将双手置于肚脐位置上，两脚呈丁字形。

（3）站累时，一只脚可后撤半步，但上身仍要保持垂直，身体重心在两腿正中。

无论男士还是女士，站立时都要做到自然优雅，并保持笑容，表现出饱满的精神状态。

互动讨论

日常生活中常出现哪些不良的站姿？

（二）坐姿

常用的坐姿有以下八种。

（1）标准式。上身挺直，头部端正，双脚的脚跟、膝盖直至大腿都要并拢在一起，小腿垂直地面呈90°，双手叠放于一侧大腿上。男士双膝可略分开，但不应宽于双肩。

（2）前伸式。在标准坐姿的基础上，两小腿向前伸出一脚的距离，脚尖不要跷起。

（3）前交叉式。在前伸式坐姿的基础上，双脚并拢，右脚后缩，与左脚交叉，两踝关节重叠，两脚尖着地。

（4）重叠式。在标准坐姿的基础上，两腿向前，一条腿提起，腿窝落在另一条腿的膝关节上边，并向里收，贴住另一条腿，脚尖向下。

（5）曲直式。右脚前伸，左小腿屈回，大腿靠紧，两脚前脚掌着地，并在一条直线上。

(6) 后点式。两小腿后屈，脚尖着地，双膝并拢。

(7) 侧点式。两小腿向左斜出，两膝并拢，右脚跟靠拢左脚内侧，右脚掌着地，左脚尖着地，头和身体向左斜。

(8) 侧挂式。在侧点式的基础上，左小腿后屈，脚绷直，脚掌内侧着地，右脚提起，用脚面贴住左踝，膝和小腿并拢，上身右转。

上述坐姿中，侧点式和侧挂式两种坐姿适宜女性。另外要注意在入座时要动作轻缓，穿裙装的女士入座前要先将裙摆向下捋平再坐。坐稳后，身体约占座位的2/3，上身保持挺直，一般情况下不要靠背，且任何时候都不可抖腿。

（三）走姿

正确的走姿如下。

(1) 头部：端正。两眼平视，下颌微收，表情平和。

(2) 上身：挺直。挺胸、收腹、立腰，重心稍向前倾。

(3) 肩膀：双肩微向后展，自然放松，不要前后晃动。

(4) 手臂：伸直放松，手指微曲，双臂以身体为轴，前后摆幅度为30°~50°。

(5) 膝盖：前脚着地和后脚离地时，膝盖不能弯曲。

(6) 步位：脚尖正对前方，双脚内侧落在一条直线上。如下图所示。

步位图

(7) 步幅：男士前脚跟与后脚尖相距一脚半长；女士前脚跟与后脚尖相距一脚长。

(8) 步速：自然舒缓，速度均匀。

（四）蹲姿

标准蹲姿是下蹲时两脚靠近，臀部始终向下。如果旁边有人，应尽量使身体的侧面对着别人，保持头、胸和膝关节自然、大方、得体。此外，还有一些其他的常见蹲姿。

(1) 高低式。下蹲时左脚在前，右脚稍后，两腿靠紧下蹲。蹲下后左脚全脚着地，小腿基本垂直于地面；右脚脚跟提起，脚掌着地；右膝内侧靠于左小腿内侧，形成左膝高右膝低的姿势，臀部向下，基本上靠一条腿支撑身体。男士选用该蹲姿时，两腿之间可有适当距离。

(2) 交叉式。下蹲时右脚在前，左脚在后，右小腿基本垂直于地面，全脚着地。右腿在后与右腿交叉重叠，左膝由后面伸向右侧，左脚跟抬起，脚掌着地。两腿前后靠紧，合力支撑身体。臀部向下，上身稍前倾。此姿势较适合女性。

（五）手势

在特定的场景中，有一些特定的手势规范。

（1）致意、告别时。双方距离很近的时候，五指自然并拢，抬起小臂小幅度挥动；双方距离较远时，可适当加大手势的幅度。

（2）递物时。最好双手递送，若不方便双手，则右手为宜。将带有文字的物品递交他人时，要使文字正面方向朝向对方。将刀、剪等易于伤人的物品递于他人时，勿将尖、刃朝向对方。

（3）展示时。将物品举至上不过眼部、下不过胸部的位置，便于让对方看清展示之物。若处于被围观的状态时，则将物品举至高于双眼之处。

（4）指引时。有下列四种手势。

① 指示方向。宜采用横摆式手势，即手臂向外侧横向摆动，指尖指向被引导或指示的方向。

② 指示物品所在。宜采用直臂式手势，即手臂向外侧横向摆动，指尖指向前方，手臂抬至肩高。

③ 请人进门。宜采用曲臂式手势，即手臂弯曲，由体侧向体前摆动，手臂高度在胸部以下。

④ 请人入座。宜采用斜臂式手势，即手臂由上向下斜伸摆动。

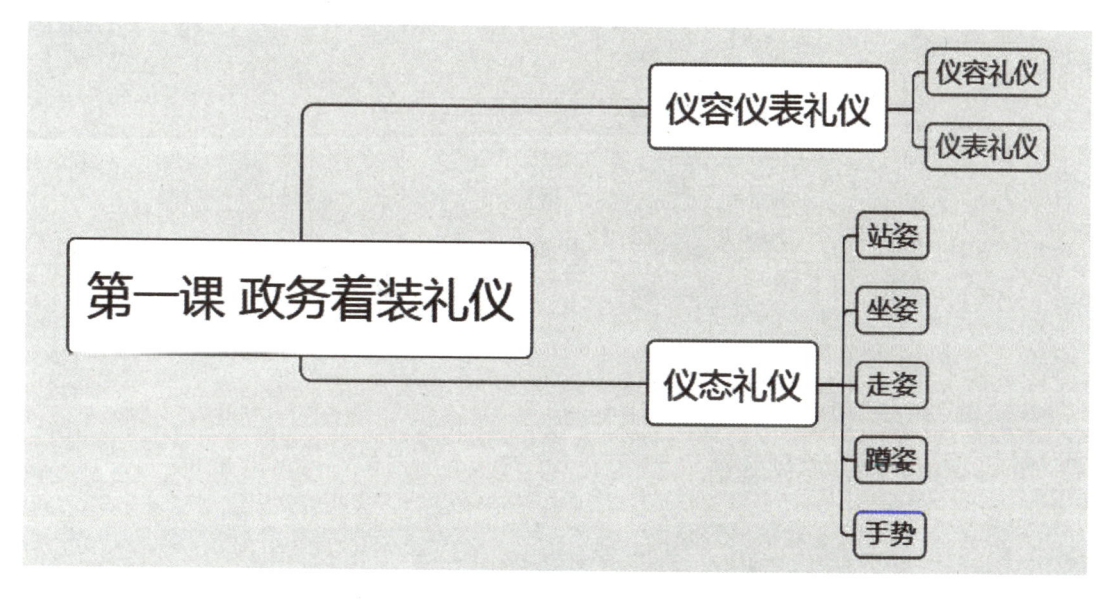

课程小结

```
                                            ┌─ 仪容礼仪
                          ┌─ 仪容仪表礼仪 ─┤
                          │                 └─ 仪表礼仪
                          │
                          │                 ┌─ 站姿
第一课 政务着装礼仪 ──────┤                 ├─ 坐姿
                          │                 │
                          └─ 仪态礼仪 ──────┼─ 走姿
                                            │
                                            ├─ 蹲姿
                                            │
                                            └─ 手势
```

三、18 岁成人礼着装实践体验

实践体验名称		成人礼着装实践训练		课时数	2
班级		姓名		完成日期	
实践体验内容描述					
实践体验学习目标					
实践体验工作步骤					
实践体验材料准备	1. 准备男士西装、皮鞋和女士礼服裙、高跟鞋。 2. 撰写训练方案。				
实践体验资源链接					
实践体验过程记录					
实践体验成果分享					
小组评语					
教师点评					

> 第四单元
> 现代政务礼仪

第二课　办公室礼仪

课程导读： 办公室是处理单位工作的场所，办公室礼仪不仅是对同事的尊重和对单位文化的认同，而且是个人素质在公务环境中的综合反映，也是营造良好办公环境的客观需要。办公室礼仪涵盖的范围包含发生在办公室内的一切工作礼仪和个人礼仪，如电话、接待、会议、网络、公关、沟通等。遵守办公室礼仪是职场人士最基本的要求。

办公室礼仪

漫画小剧场：

己所欲者慎施于人

- 我们食堂的榴莲大促销，我买一个拿到办公室去给你，一起分享～♥
- 榴莲促销!!!
- 办公室
- 进去吃吗？
- 不进去，我们去外面吃。
- 榴莲对我们来说是美味的，但不是每一个人都能接受它。在办公室里我们要考虑同事的感受，不能只顾自己的享受。这样才能和办公室的同事建立友好的关系。

案例

曾经有个企业要招聘一名总经理助理，由总经理本人亲自面试。因为公司名气大，待遇优厚，应试者如云，其中不乏托关系递条子的关系户和经验充足的职场精英。

在应试者中，有一位刚从大学毕业的青年，既没有介绍信，也没有任何人的推荐，他

礼仪与修养

抱着试一试的心态也参加了面试。到了面试这一天，他精心打扮了一番，头发梳得整整齐齐，指甲修得干干净净，穿着庄重整洁。在走进面试人员接待室的时候，他在门口小心地蹭掉了脚下带的泥土，又随手关上了门，安静地坐在座位上等待。不久后一位身体上有些残疾的面试者走了过来，他立即起身让座，自己另找了一个空位坐下，继续等待。终于轮到他面试了，他走进总经理办公室，脱去帽子，这时他发现地上有一本书，便捡起来放到了桌上，这才含笑向总经理问候。当进入正式面试环节后，他果断地回答了总经理提出的所有问题。

面试结果出来了，这位青年如愿以偿地成为了总经理助理，得到了这个许多人梦寐以求的职位。公司副总经理对此结果不太理解，便请教总经理为什么优秀人才那么多，最终却选择了这个职场素人，总经理告诉副总经理，这个青年身上有着最可贵的东西，那就是做事小心仔细、心地善良、体贴别人、懂礼貌、有教养，而且重视礼仪修养，这些是一个人最重要的品牌形象。

想一想

总经理是从哪里看出来青年有可贵之处的？我们将来作为新时代的职业人，在未来的职场中该注意哪些办公室礼仪？如何处理办公室人际关系呢？

一、办公室人际关系礼仪

人际关系是人们在生产或生活活动过程中所建立的一种社会关系。这种关系会对人们的心理产生影响，形成某种距离感。办公室中的人际关系是一种非常微妙的关系，因为它牵扯到业绩、薪资乃至晋升等个人前途，因此遵守相关礼仪，维护办公室同事之间良好的人际关系是非常重要的。

办公室人际交往礼仪

（一）具体要求

1. 举止文明，待人有礼

礼仪体现细节，细节体现素质，要维护好办公室人际关系，就要举止文明，时刻顾及他人感受，例如，进出别人办公室时要敲门，不能坐到办公桌上，椅子坐完之后要回归原位等。

2. 尊重上级，礼待下级，友爱同事

工作场合讲究的是"公事公办"，即使和领导私人关系再好，在工作场合和工作时间里也要恪守上下级关系，以职务相称，不要表现得过分随便。

3. 轻言慢语，维护工作环境

不要在工作时间制造噪音，干扰别人的正常工作，更不要在工作时间里闲聊、八卦和打闹。

4. 杜绝私人电话，转接电话不大声

严禁工作时间在办公室内接打私人电话，更不可煲电话粥，替别人转接电话时不要大声喊叫。办公室电话是为工作而设，一切私人电话都要无条件为工作电话让路。所以，工作时间接打私人电话，特别是长时间接打私人电话，不仅会影响工作业务，还是个人工作不积极、不严谨的表现。而在转接别人的电话时，要轻轻转告当事人，不能大喊大叫，惊扰其他同事。

5. 同事之间真诚合作，保持分寸

同事之间要互帮互助、互相关心，共同完成单位的工作任务，但是也要保持一定的距离，不能过分关心他人的隐私，更不能干扰他人的私生活，要有分寸感。

6. 诚实守信，互帮互助

同事之间难免有相互求助的时候，比如借钱、请对方在工作或生活上给予帮助等。当别人帮助自己的时候要记住别人的恩情；借了别人的钱物要及时归还；答应过别人的事要努力兑现；别人遇到困难时要主动询问并提供力所能及的帮助。

7. 工作严谨，桌面整洁

个人的办公桌要整洁有序，文件分类归档，不要搞得杂乱无章，既有碍观瞻，又影响工作效率。

8. 公平竞争，宽以待人

同事之间既是相互合作的关系，又是相互竞争的关系，不管是合作还是竞争，都是为了单位的共同利益，因此要公平竞争，不管在工作上有何种分歧，私下里都应当和睦相处，不可小肚鸡肠，耿耿于怀，更不能在背后耍心眼，做损人不利己的事情。

（二）注意事项

（1）管住嘴巴，不知道的不说，搞不清楚的不说。

（2）遇到矛盾对事不对人。

（3）保持清醒，亲贤人远小人。

（4）对领导的言论和观点如果不赞同，保留意见，选择合适时机进言，不当面质疑和反驳。

（5）不要管别人的家务事，即使别人主动征求你的意见。

（6）集体活动能参加尽量参加，不能参加的时候要有充分的理由。

（7）不与同事交朋友。同事就是同事，是职场关系，私交不可太深。

（8）不要跟同事坦白自己的私事和家务事。

（9）礼尚往来，吃饭要互请，送礼要互送，不能只进不出。

（10）不要当巨婴，每个人都有自己的分内之事，自己的工作要尽可能地独立完成，不要动不动就请求别人帮助。

二、办公室环境礼仪

办公室是工作场所，一定要整洁明亮，才能体现效率与专业性。

（一）办公用品

1. 办公桌

办公场所最先注意的就是办公桌。办公桌是进入办公室办理事务的人员注意力最为集中的地方，办公桌摆放好了，办公环境就确立了一半。

办公桌要向阳摆放，让光线从左方照射进来，以合乎用眼卫生。桌面不能摆放太多的东西，可只摆放需要当天或当时处理的公文。除非是特殊情况，办公桌上不应放水杯或茶具；招待客人的水杯、茶具应放到专门饮水的地方，有条件的应放进会客室；文具要放在桌面上，笔应放进笔筒里而不是散放在桌上。

2. 电话

电话是办公室的必备用品，同时也是办公室的装饰物。办公电话一般摆放在专用电话桌上，若没有电话专用摆放桌，也可以摆放在办公桌的角落上。电话机要经常清理，用专用消毒液进行擦洗，不能粘满尘土和污垢。接打电话时声音要轻，不能高声喊叫，以免影响他人。

（二）待客设施

1. 沙发、茶几

如果办公室里有沙发，最好远离办公桌，以免谈话时干扰别人办公。茶几上可以适当摆放装饰物，如盆花等。办公室内的沙发和茶几供来访人员等待办事时临时休息所用，可用于进行临时的谈话，但较长时间的谈话或谈判应在专门的会议室中进行。

2. 书架、报架

办公室如果放置有书架或报架，应靠墙摆放比较安全。书籍和报纸应随手归入书架或报架，不能放在桌上。

（三）办公环境

1. 门窗

由于办公室中的办公人员比较多，可不需要对门窗特别进行修饰，但要做到窗明几净。窗户玻璃应该经常擦洗，书架的玻璃门要保持洁净、透明。办公室的门不应关闭过紧，以免来访者误以为没人在，也不能用帘布遮挡。

办公室是公众场所，主人和客人均不得吸烟或高声喧哗。任何人不应摔门或用力开门，出入时要轻手轻脚。窗户要经常打开换气，以免因门窗不常开而导致室内空气混浊，给来访者带来不便或带来不好的印象。

2. 杂物

办公室中不宜堆放积压物品，堆积过多物品会影响美观，给来访人带来脏乱差的印象，要经常清理办公室里的废弃物。

3. 地面

办公室的地面要保持清洁，水泥地面要常清扫、擦洗，地毯要定期吸尘，以免滋生寄生虫、尘螨。

4. 墙面

办公室的墙面切忌乱刻乱画，不能在办公室的墙上记录电话号码或张贴记事的纸张。墙面可悬挂地图或单位有关图片。

5. 绿植

宽敞的办公室可以放置一些绿植。在办公室中一般不用盛开的鲜花装点办公室，过于鲜艳的色彩会分散来访者的注意力，使人们的精力发生偏移，可以选用以绿色为主的植物。绿色植物是装点办公室的主要材料，绿色能给人舒适的感觉，可以调节人的情绪。

对绿植要经常的浇灌和整理，不能让其枯萎而出现黄叶。可以在绿叶上喷水，使其保持葱绿之色。花盆的泥土不能有异味，肥料要经过精选。有异味的肥料会引来苍蝇或滋生寄生虫，给办公室环境带来污染。

（四）注意事项

（1）不在公共办公区吸烟、扎堆聊天、大声喧哗；节约水电；禁止在办公家具和公共设施上乱写、乱画、乱贴；保持卫生间清洁；在指定区域内停放车辆。

（2）个人办公区要保持办公桌位清洁，非办公用品不外露，桌面码放整齐。当有事离开自己的办公座位时，应将座椅推回办公桌内。

（3）不得擅自带外来人员进入办公区，会谈和接待工作安排在洽谈区域。

（4）饮水时，如不是接待来宾，应使用个人水杯，减少浪费。

（5）下班离开办公室前，使用人应该关闭所用机器的电源，将台面的物品归位，锁好贵重物品和重要文件。最后离开办公区的人员应关门窗、电灯及室内总闸。

礼仪与修养

课程小结

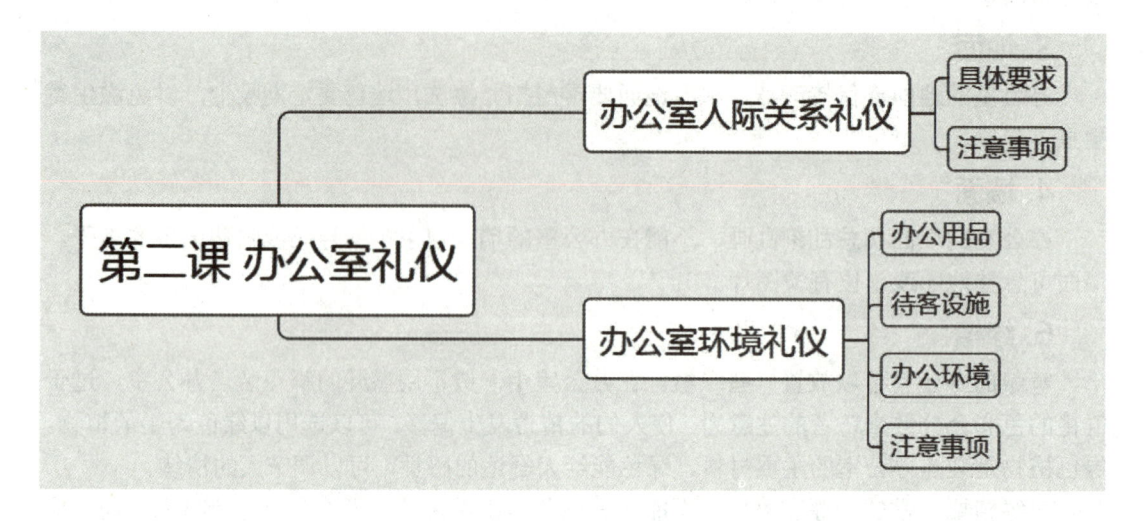

```
                              ┌─ 办公室人际关系礼仪 ─┬─ 具体要求
                              │                      └─ 注意事项
第二课 办公室礼仪 ─┤
                              │                      ┌─ 办公用品
                              └─ 办公室环境礼仪 ─┼─ 待客设施
                                                     ├─ 办公环境
                                                     └─ 注意事项
```

三、办公室一日志愿服务实践体验

实践体验名称	办公室礼仪实践体验		课时数	2
班级		姓名	完成日期	
实践体验内容描述				
实践体验学习目标				
实践体验工作步骤				
实践体验材料准备				
实践体验资源链接				
实践体验过程记录				
实践体验成果分享				
小组评语				
教师点评				

第三课 政务会议礼仪

课程导读： 政务会议是指行政事务单位组织召开的各种会议，其功能大致可分为三种类型：协商性会议（如讨论会、调研会等）；决策性会议（如政策的制定）；执行性会议（如动员会、部署会、调度会、总结会等）。政务会议如果面对的是广大人民群众，不但内容和形式需严肃、严谨，礼仪方面也应起到表率作用。

会议接待是政务接待部门一项经常性的工作，本课通过介绍会议接待前的准备、会议接待引导礼仪、会议服务礼仪等内容，帮助会议接待人员提升职业素质和礼仪修养，确保会议接待过程的统一、规范、流畅，使各个环节、方面，都体现出较高的职业水准和礼仪水准，通过优质服务、文明服务，展现接待地的文明礼仪形象。

政务会议礼仪

漫画小剧场：

案例

小李是某市政单位的办公室秘书，一次，领导让他负责讨论会的会场布置，小李经过简单的策划之后，迅速布置好了会场，然后请主任来检查。领导检查之后问他："座次是按什么原则安排的？"小李信心满满地回答："根据之前会议要求，按'先定中间，再定左右'的顺序，市级领导和讨论组组长排在主桌中间，其他代表按选区和职务一左一右依次排列。"

"这样不行",主任说,"会场布置不能简单凭经验,要看会议内容和目的。就说座位排列:第一,这次讨论会和一般会议不同,与会人员都是党代表,身份是一样的,不存在职务的高低。第二,讨论会的主要目的是审查报告、畅谈思路、建言献策。想讨论得好,至少要确保主桌上各类代表分布均衡,涉及重点工作、重点行业的代表也要往中间靠。你再想想,重新调整下。"

小李认真回顾了自己的会场布置环节,意识到的确有些情况没有认真考虑。再看会场,主桌上也明显缺少某些行业代表,分布极不合理,而且会场中仅主桌有话筒,未在主桌就座的代表发言很不方便。回到办公室,小李重新认真地排列了会议座次,尽可能地照顾到每个行业及身份重叠(如既是女性又是行业代表)的人,并在后排座位两端安装了无线话筒,保障未在主桌就座代表的发言。安排完毕,小李又将会场实际安排情况制作成参会人员座位表,标明代表姓名和基本信息表,打印出来放在与会市级领导座位前,以便领导对参会人员信息一目了然。这次的会场布置方案顺利通过了领导的检查。

想一想

会场布置绝非简单机械的程式性工作,做到因需而变、因事而变,方能让会场布置"活"起来,为会议的顺利进行打好基础,提供保障。如果班级里要组织一次表彰会,你应该怎样设计会议方案?

一、会前准备礼仪

开会,是检验开会单位的重要标准,要召开一次成功的会议,会前的组织工作十分关键,充分的准备工作不但可以保证会议的成功,体现会议的价值,也可以使发起的会议高效、有礼。

(一)筹备会议

不管举行什么会议,皆须先行确定会议的主题和名称,然后负责筹备会议的工作人员再围绕会议的主题确定会议的规模、时间、议程等具体事项。

1. 确定主题

政务会议的主题是否得当,直接关系着会议主题的预期目标是否能实现。所谓的会议主题就是会议中要表达的主要意思,如表彰劳模、强调安全生产等。

2. 定标题

政务会议要有一个名称,如劳模表彰会、安全生产工作会议等。此名称会打在关于此次发布会的一切表现形式上,包括请柬、会议资料、会场布置、纪念品等。

3. 备材料

主要是为强化发布会现场的效果而准备的形象化视听材料,如图表、照片、实物、模型、光盘、录音、录像、影片幻灯等。

4. 安排人员

会议工作人员应包括现场总指挥、礼仪接待、各环节服务人员等，具体分工如下。

（1）现场总指挥：负责会场现场人员的安排和分工；负责会议的监督、协调、管控和落实；负责参会人员就餐，如菜品、酒水的安排等；负责解决突发事件。

（2）礼仪接待人员：负责当天参会人员的签到、接待休息工作；负责会场卫生、物品摆放、检查设施、会议条幅、桌牌放置工作；负责与酒店服务人员协调工作；负责会前和会议间歇的服务工作（供应茶歇）；负责会议结束后引导就餐工作；负责咨询、药品以及会议用品保管工作。

（3）现场音乐人员：负责现场音乐的播放。

（4）拍照录像人员：负责会议的所有影像资料拍摄；负责会议后期影像的资料整理、制作以及上传网络工作。

（5）车辆接送人员：负责参会人员停车、签到引导及会议用车安排。

（6）应急人员：负责临时物品的购买。

各环节所有人员都应各就各位，随时待命，中途不得离岗，以确保会议顺利进行。

（二）安排座次

政务工作人员在举行正式会议时，通常要事先排定与会者（特别是重要身份者）的具体座次。越是重要的会议座次排定越重要，必须认真遵守有关会场排座的礼仪规范。

1. 政务会议座次礼仪基本原则

（1）以右为上（遵循国际惯例）

按照国际惯例，"以右为尊"是普遍适用的次序原则。在座次安排上，首先要看会议的性质。政务会议、国企内部的大型会议一般仍然遵守"左为上"的原则，但目前国际流行右高左低，因此安排涉外会议时，可按国际惯例安排。每个座位的桌前要摆放好姓名牌，既方便相关人士入座，也便于在台下的与会者和新闻采访人员辨认和熟悉相关人士。

（2）居中为上

中间的位置为上，两边为下。

（3）前排为上

当会场上设有多排座位时，以前排为上，后排为下。在会议中前排适宜安排更重要的人士。

（4）以远为上

距离房间正门越远，位置越高；离房门越近，位置越低。离房门近的人需要负责关门、开门。

（5）面门为上

面对门为上，背对门为下。面对门的位置比背对门的位置更加优越。

会议座次礼仪

2. 政务会议礼仪座次安排

（1）主席台排座

大型会场的主席台，一般应面对会场主入口。在主席台上的就座之人，通常应当与在群众席上的就座之人面对面而坐。在其每一名成员面前的桌上，均应放置双向的姓名牌。

① 主席团排座。主席团在此是指在主席台上正式就座的全体人员。国内目前排定主席团位次的基本规则是：前排高于后排，中央高于两侧，左侧高于右侧。具体来讲，主席团的排座又有单数与双数的区分。

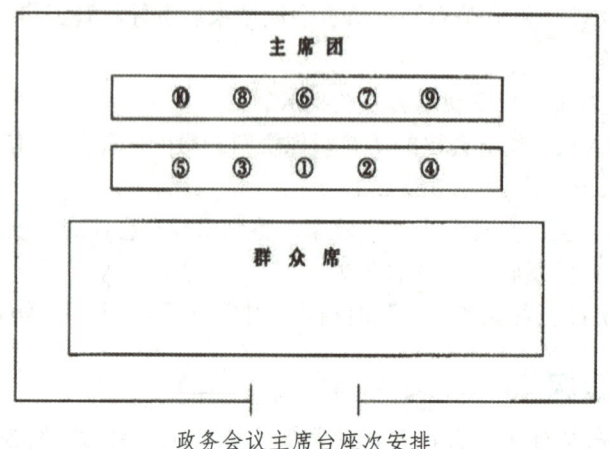

政务会议主席台座次安排

② 主持人座席。会议主持人又称大会主席，其所在具体位置有三种方式可供选择。一是居于前排正中央；二是居于前排的两侧；三是按其具体身份排座，但不宜就座于后排。

③ 发言者席位。在正式会议上，发言者发言时不宜就座于原处发言，其位置通常在主席团的正前方或主席台的右前方。

（2）群众席排座

① 自由式择座。不进行统一安排，各人自行择位而坐。

② 按单位就座。与会者在群众席上按单位、部门，或者地位、行业就座。其具体依据可以是与会单位、部门的汉字笔划的多少或汉语拼音字母的先后顺序，也可以是平时约定俗成的序列。在按单位就座时，若分为前后排，一般以前排为高，后排为低；若分为不同楼层，则楼层越高，排序越低。

3. 不同会议现场座次分析

（1）椭圆形会议桌

适用于内部会议。职务最高的人应当位于椭圆形会议桌的一头。

（2）U字形会议桌

适用于内部会议。以对门的正中间位置为主要领导的位置，左右依次根据左为上、右为下的原则。

（3）圆形会议桌

适用于回避座次概念的内部会议或多边谈判。圆桌会议体现与会人员平等互利的原则，淡化了尊卑概念。

（4）长方形会议桌

适用于内部会议或者双边谈判的现场。进行内部会议时，职务最高的人应该位于短矩形边的一侧，且面门而坐；进行双边谈判时，双方可分别坐于桌子长边的两侧。各方职位最高者应在己方居中的位置，职位排在第二位的人坐在其右边，第三位者坐在其左边，依次排列。

（5）设有主席台的会议桌

内部大型会议或者对外新闻发布会一般采用这种会议形式。主席台座次排列为前排高于后排、中间高于两边、右边高于左边。主持人的位置可以在前排中间也可以在最右端，发言席在主席台正前方或右前方。台下与会人员与主席台面对面，遵循同样的座次原则。

（三）拟发通知

按常规，举行正式会议均应提前向与会者下发会议通知。它是指由会议的主办单位发给所有与会单位或全体与会者的书面文件，同时还包括向有关单位或嘉宾发送的邀请函件。在召开政务会议之前，会务工作人员应当提前拟好通知并及时送达与会者手中。

会议通知一般应由标题、主题、会期、出席对象、报到时间、报到地点以及与会要求七项要点组成。拟写通知时，应保证其完整而规范。

（四）起草文件

会议上所用的各种文件材料均应在会前准备妥当，主要包括会议的议程、开幕词、闭幕词、主题报告、大会决议、典型材料、背景介绍等。有的文件应在与会者报到时就要下发。

（五）布置会场

对于会议举行的场地要有所选择，会场的桌椅根据需要做好安排，同时还需要对于开会时所需的各种音响、照明、投影、摄像、摄影、录音、空调、通风设备和多媒体设备等提前进行调试检查。

你知道吗？

会场灯光检查少不得

某大型会议开始前几天，会务组开碰头会，各自汇报会议的筹备情况。小M汇报完到会议现场踩点的情况后，处里老同志提醒：灯光检查了吗？小M心想："那个会场经常用，还有什么可检查的？不过作为会前筹备的必要流程，还是不能大意。"于是，小M叫上摄像师一起去会场。打开灯，将摄像机开机，小M坐到主席台上，试拍了一阵。

礼仪与修养

知识链接

只有西装才是正装吗？

H市举办建市30周年纪念大会，涉及各个单位、各个行业的代表近千人。小D负责下发会议通知，大概发了快十个单位的时候，接到一个电话，电话那头问："你好，我们接到通知，让穿正装。请问我可以穿自己的民族服装吗？"小D回答说："大会规定要穿正装，估计您不能……"正说到这儿，旁边的主任赶紧打断，让小D先不要回答。小D急忙告诉对方，稍后再答复。

放下电话后，主任说："我们在通知里，只是简单地说让大家穿正装。而少数民族的同志认为出席正式庄重的场合，应该穿体现民族特色的民族服装。而且这次纪念大会，各行各业的代表都会出席，如果真的全部穿西装来，效果就一定好吗？"小D这才恍然大悟。主任召集会务组的同志们进行一番讨论，大家经过讨论后，一致觉得，如果不同行业的同志，穿着代表各自身份的服装出席，效果应该更好。他们把这次讨论的结果汇报了领导，领导肯定了这一想法后，小D马上修改了会议通知，之前已经通知过的单位，也一一打电话进行了更正。

到了大会当天，代表们就座完毕，会场里，军人穿着庄严的军装，工人穿着自己的工服，警察穿着笔挺的警服，还有少数民族代表身着鲜艳的民族服装……每个人都展现出各自的风采，现场气氛喜庆而隆重。

小D事后"复盘"，办会固然有一定的模式，但更需要从实际情况出发，从会议效果出发灵活应变，有时候一个小小的变化，就会带来大大的不同。

二、会中、会后礼仪

会议开始后，所有的人都要保持安静，不随意走动，手机调至静音状态，以维护会场环境。此外，会议主持人、发言人和与会者还要遵守符合各自身份的会议礼仪。

（一）会中礼仪

1. 发言人礼仪

会议发言有正式发言和自由发言两种，前者通常是领导报告，后者通常是讨论发言。

正式发言者应衣冠整齐，走上主席台时步态自然、刚劲有力，体现出一种胸有成竹、自信自强的风度与气质。发言时应口齿清晰、简明扼要、讲究逻辑。如果是书面发言，不要旁若无人地只顾埋头读稿，要时常抬头扫视一下会场。发言完毕，应对听众表示谢意。

自由发言较为随意，发言时要讲究顺序和秩序，不能争抢发言。发言应简短，观点应明确，与他人的观点产生分歧时应态度平和，以理服人，不能争吵，更不能人身攻击。要听从主持人的调度，不能自作主张。

发言人对与会者的提问应礼貌作答，若不能回答，应机智而礼貌地说明理由。对提问人的批评和意见应认真听取，即使提问人的批评是错误的，也不应失态，可以在会议结束后向提问人提出自己的看法。

2. 参会者礼仪

参加会议的人应当衣着整洁、仪表大方，要准时入场，进出有序。进入会场后，要按照会议安排在指定位置落座；会议中应认真听讲，不交头接耳，不打瞌睡，不玩手机；发言人发言结束时应鼓掌致意；若中途需退场，应轻手轻脚，不影响他人。

3. 主持人礼仪

各种会议的主持人一般由具有一定职位的人来担任，其礼仪表现对会议能否圆满成功有着重要的影响。

（1）主持人应当衣着整洁，大方庄重，精神饱满，切忌不修边幅，邋里邋遢。

（2）走上主席台时应步伐稳健有力，行走的速度因会议的性质而定，对快而热烈的会议步频应较慢。

（3）入席后，如果是站立主持，应双腿并拢，腰背挺直。持稿时，右手持稿的底中部，左手五指并拢自然下垂。双手持稿时，应与胸部齐高。坐下主持时，应身体挺直，双臂前伸。两手轻按于桌沿，主持过程中，切忌出现搔头、揉眼、抖腿等不雅动作。

（4）主持人言谈应口齿清楚，思维敏捷，简明扼要。

（5）主持人应根据会议性质调节会议气氛，或庄重、或幽默、或沉稳、或活泼。

（6）主持人对会场上的熟人不能打招呼，更不能寒暄闲谈，可在会议开始之前点头、微笑致意。

名人名言

不开空话连篇的会，不发离题万里的议论。——邓小平

小故事

导引牌里的"玄机"

在会场周围经常要摆放导引牌，为参会代表指引会场的位置。制作和摆放导引牌，要注意检查字体、箭头是否清晰，摆放的位置是否合适，一般这项工作由会场的有关部门来负责。但是不是有人负责就可以不管了呢？实践告诉我们并不是，导引牌事先一定要检查。

在一次办会工作中，小L发现了小导引牌里的"大问题"。这次会议在市

礼仪与修养

里的礼堂召开，在办会的前一天，这个礼堂刚刚承办了一场大型文艺汇演。在制作导引牌时，礼堂方面准备不周，缺少大小合适的纸张，就拿文艺汇演主办方剩下的纸张充数。小L在检查时乍看感觉没什么问题，可凑近仔细一看，最底端居然印着一排文艺汇演赞助商的公司标识。虽然公司标识图案小，不注意根本看不出来，但机关的会议不同于商业演出，哪来的"赞助商"？这不是跟会议严肃的性质背道而驰吗？于是小L立即找到符合规范的纸张，协调重新制作导引牌。

事后领导表扬小L说，现在是自媒体时代，如果有人把这个导引牌拍照发到网上，就很可能会带来不少负面影响。

知识拓展

精简会议活动

开会是部署落实工作的重要抓手，但随意地开会，没有限制地开大会，开长会，既没有效率，消耗干部的精气神，又浪费行政资源。正如邓小平同志所讲：毛主席不开长会，文章短而精，讲话也很精练。少开会，开短会，讲短话，是中央要求的主基调，是为基层减负的措施之一，也是加强作风建设的重要方面。

中央专门出台了《中央八项规定》及实施细则，对精简会议活动作出了明确的规定，要求中央政治局委员带头改进作风。一是控制会议活动规模和时间，二是提高会议活动效率和质量，三是严格控制会议活动经费。

会风反映作风。中央政治局委员作为副国级领导人，带头遵守《中央八项规定》，切实改变了作风和政风。地方各级单位和领导干部也都严格遵守中央八项规定精神。可以说，这节约了相当大的行政成本，也大大改变了我国的政风和社风。

（二）会后礼仪

宣布会议结束后，主持人应提示会后安排。会后安排通常有以下内容。

1. 发放纪念品，安排代表返程。
2. 清理会议现场，对发布会的组织、布置、文质、回答等各方面工作的经验和不足作出评价和总结，并归档备查。
3. 了解新闻界的反应，并进行信息报道的善后处理。

课程小结

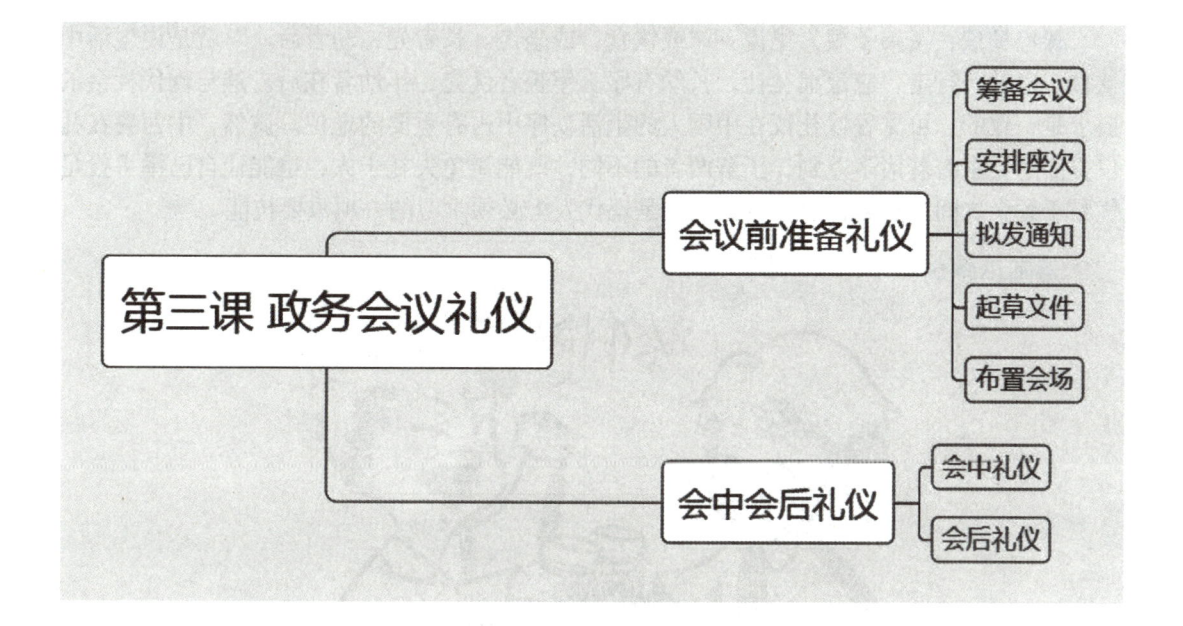

```
                                        ┌─ 筹备会议
                                        ├─ 安排座次
                       ┌─ 会议前准备礼仪 ─┼─ 拟发通知
                       │                ├─ 起草文件
第三课 政务会议礼仪 ───┤                └─ 布置会场
                       │
                       └─ 会中会后礼仪 ─┬─ 会中礼仪
                                        └─ 会后礼仪
```

三、政务会议文案策划实践体验

实践体验名称	体验政务会议策划文案的实践		课时数	2
班级		姓名	完成日期	
实践体验内容描述				
实践体验学习目标				
实践体验工作步骤				
实践体验材料准备				
实践体验资源链接				
实践体验过程记录				
实践体验成果分享				
小组评语				
教师点评				

礼仪与修养

第四课 政务餐饮礼仪

课程导读：《弟子规》里说："或饮食，或坐走。长者先，幼者后。"就是说生活中饮食、坐卧、行走，应谦虚礼让，长幼有序。年长者优先，年幼者在后。这与现代社会的要求是一致的，可见餐饮礼仪在中国人的生活秩序中占有重要的地位。诚然，中西餐在礼仪方面的要求有着诸多差别，了解两者的不同，既能避免失礼于人，也能让自己举手投足优雅于餐桌之间。总之，政务餐饮礼仪是现代人士必须学习的一项重要技能。

漫画小剧场：

案例

小张出生在一个渔民家庭，从小到大基本上把家乡的各种鱼吃遍了，但到德国留了趟学回来后，他就不会吃鱼了，吃一次卡一次喉咙，异常痛苦。小张左思右想，终于找到了原因。原来，这是因为他在德国几年养成的生活习惯引起的。

在德国，市民以肉食为主，以鱼为原料的食品种类也很多，但小张在德国吃鱼时丢过一次"大丑"，还差点和教授交恶。事情的经过是这样的：一次，小张参加一个宴会，在吃自助餐时，他取了不少鱼块，美美地享用起来。但吃着吃着，旁边的人全部端着盘子走开了，还用异样的眼光看他。小张莫名其妙地吃完了鱼块，桌上留下了一小堆鱼骨和鱼刺。这次宴会后，小张觉得一些德国朋友似乎对他冷淡了不少，但不知道现其中的原因。第一学年结束后，他去拜访教授，教授请他在家中用餐，餐桌上有炸得又香又脆的鱼，他想起在老家的时候母亲也是这样炸鱼给他吃的，非常感动。他和教授一家一边喝着红酒一边吃着鱼，相谈甚欢。但吃着吃着，教授和家人全都看着他，最后，教授的妻子站起身来不悦

第四单元 现代政务礼仪

地走开了。

用完餐，教授用十分不悦地语气对他说："你太不文雅了，希望你在德国多学一点礼仪。"小张愣愣地追问教授自己哪里做错了，教授告诉他在德国用餐时把吃进嘴里的东西再吐出来，会让人觉得非常不卫生，也缺乏基本的礼貌，因为他们烹饪时，一般都会先行剔除骨头、鱼刺，即使吃到细小的骨头和鱼刺也不会吐出来，而是嚼碎吞下去。

小张在德国生活了几年，已经完全融入了德国的生活习惯，回国后也像在德国一样吃鱼，而他母亲做鱼从来都不剔除鱼刺，这就是他不断被鱼刺卡住的原因。

想一想

小张的两种吃鱼方法哪种是错的？你如何看待不同的餐饮习惯和礼仪？

一、中餐礼仪

餐饮礼仪中的基本原则为"6M 原则"，这也是在世界各国广泛受到重视的礼仪原则。6M 是指 Money（费用）、Meeting（会见）、Menu（菜单）、Manner（举止）、Music（音乐）、Mood（环境），即在安排或者参加餐饮活动时，必须对这六方面的问题加以重视，力求在这些方面符合礼仪规范。

中餐宴请礼仪

（一）中餐就餐形式

1. 宴会

宴会是一种隆重而正式的宴请，通常是指由机关、团体、组织或个人出面组织的以用餐为形式的社交聚会。宴会的规格较高，对到场人数、穿着打扮、席位排列、菜肴数目、音乐演奏、宾主致辞等都有严格的要求。

2. 便宴

便宴是指非正式的宴会，主要以社交为目的，对宴会的规模、档次及相关程序要求不太严格，参加人员的衣着、席位安排、服务侍应顺序、菜肴数目等也较为随和，主要追求气氛的和谐，常用于招待熟悉的亲朋好友。

3. 家宴

主人以某种名义在自己家中招待客人的宴请称为家宴。家宴在礼仪上没有特殊要求，注重制造友好、亲切、自然的气氛，促进宾主双方之间的交流，加深了解。

（二）中餐上菜顺序

中餐的上菜顺序比较讲究，通常是先上冷盘，再上热炒，然后依次上主菜、点心、汤，最后上水果拼盘。

如果上咸点心，一般应上咸汤；如果上甜点心，则应上甜汤。

（三）中餐桌次与席位的安排

中餐礼仪讲究宾主、尊卑、长幼有序，因此安排座次时需要特别注意。

在中餐宴请中通常采用圆桌布置菜肴、酒水，象征团团圆圆、圆圆满满。圆桌不仅在摆放位置上有尊卑之分，每张圆桌上的不同席次也有尊卑之分，在排位时一定要记住这些原则，确保不坐错位置。

1. 桌次排列

排列圆桌的主次次序有两种情况。

（1）由两桌组成的小型宴请

当两桌横排时，桌次以右为尊，以左为卑。这里的右左是由面对正门的位置来确定的。当两桌竖排时，桌次以远为上，以近为下。这里的远近是以距离正门的远近而言的。

（2）由三桌或三桌以上的桌数所组成的宴请

在安排多桌宴请的桌次时，除了要注意面门定位，以右为尊、以远为上这些基本规则，还应兼顾其他各桌距离主桌的距离。通常距离主桌越近桌次越高，距离主桌越远桌次越低。

在安排桌次时，所用餐桌的大小、形状要基本一致。除主桌可以略大外，其他餐桌一般以十人为宜，不要过大或过小。

为了确保赴宴者能够及时、准确地找到自己所在的桌次，可以在请柬上注明对方所在的桌次、在宴会厅入口处悬挂宴会桌次排列示意图、安排引位员引导来宾按桌就座，或者在每张餐桌上摆放用阿拉伯数字书写的桌次牌。

2. 席位排列

（1）正式宴请时席位的排列

① 主人面对门口在主桌就座。

② 举行多桌宴请时，每桌都要有一位主桌主人的代表在座。位置一般与主桌主人同向，有时也可以面向主桌主人。

③ 各桌位次的尊卑应以与本桌主人距离的远近来定，离主人近的位置较为尊贵。

④ 与本桌主人距离相同的位次，以本桌主人面向为准，主人座位右边的位置较为尊贵。

⑤ 若主宾身份高于主人，可安排在主人座位上就坐，以示尊重，而主人则坐在主宾的座位上。

（2）少于5人的便餐席位的排列

① 两人一同并排就座时，右尊左卑。这是因为中餐上菜时多以顺时针方向为上菜方向，靠右坐的人因此要比靠左坐的人优先受到照顾。

② 三人一起就座用餐时，中间座位的位次高于两侧座位。

③ 面对正门者为上，背对正门者为下。

④ 在一些高档餐厅用餐时，往往有优美的景致或高雅的演出供用餐者欣赏，观赏角度最好的座位是上座。

⑤ 在一些中低档餐馆用餐时，为了防止过往侍者和食客的干扰，通常以靠墙的位置

为上座，以靠过道的位置为下座。

为了便于来宾准确无误地在自己的座位上就座，除招待人员和主人要及时加以引导指示外，最好在每位来宾所属座次正前方的桌面上事先放置醒目的姓名座位卡，座位卡的两面都要书写用餐者的姓名，以便同桌人更好地沟通与交流。举行涉外宴请时，座位卡应以中文、英文两种方式书写，中国的惯例是中文在上，英文在下。

（四）中餐就餐礼仪

1. 赴宴礼仪

（1）注意仪表修饰，整齐、干净、美观地赴宴。

（2）遵守时间，既不要过早也不要迟到。

（3）到场后要在接待桌上签名，并向主人打招呼。对其他宾客应笑脸相向。

（4）宴会开始前可与邻近宾客交谈、自我介绍，不要摆一副冷脸，把自己封闭起来。

（5）要遵守主人的安排入席，不要随便乱坐。如果邻座是女士或年长者，应为他们拉开座椅，主动协助他们先坐下。

（6）宴会开始或结束都要听主人的招呼，没有宣布开始不要动筷子；没有宣布结束，即使吃饱了也不能擅自离席。散席时要与主人道别。

2. 中餐餐具的使用

中餐的基本餐具主要有筷、碗、匙、碟、水杯、湿巾、牙签等。

（1）筷子

筷子是中餐的主要餐具，用以夹取食物。规范的握筷姿势是以右手持筷，以其拇指、食指、中指三指前部，共同捏住筷子的上部约 1/3 处，筷子的两端要对齐。

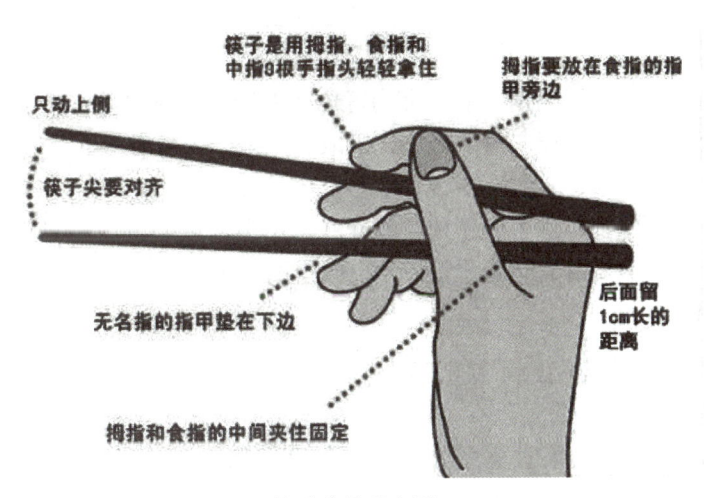

筷子使用示意图

在用餐过程中，不能嘬筷子头，也不能用筷子敲击碗碟；夹菜时不能将筷子在各碟菜中来回移动或在菜盘中翻动，夹的菜肴不能再放回盘中；不要将菜汤流落到其他菜里或桌

面上，如果距离较远怕不小心掉落，可端起盘子接住；不要用筷子夹取食物放进嘴里，或者用舌头舔食筷子上的附着物，更不要用筷子去推动碗、碟和杯子；有事需要暂时离席时，不能把筷子竖插在碗里，应把它轻放在筷架上；席间说话的时候应把筷子放下，不要挥来挥去，更不能用筷子指点他人。

（2）饭碗

中餐的碗主要是用来盛放食物和羹汤的。在正式场合用餐时，注意不要将碗端起来进食，应以筷子、汤匙加以辅助从碗里取食。碗内的剩余食物不能直接倒入口中，也不能用舌头舔。忌把碗倒扣过来放在餐桌上。

（3）汤匙

匙即汤勺，主要是用来舀取汤水的，有时用筷子取食时也可以用汤勺来辅助。用汤勺舀取食物时一不要过满，免得溢出弄脏餐桌；二不要过急，可待汤汁不再下流时再移回来享用。暂时不用汤勺时，应放在自己的碟子上，而不是直接放在餐桌上。如果舀取的食物太烫，可先放到自己的碗里，等凉了再吃。

（4）碟子

碟子在中餐中主要用于盛放食物，其使用方法与碗略同。碟子在餐桌上一般应保持原位，不要挪动，也不要把多个碟子摞放在一起。

碟子中有一种叫作食碟，主要用来放从公用菜盘里取来的菜肴的。食碟里一次不要取放过多的菜肴；不要把多种菜肴堆放在一起。食物残渣、骨、刺等不要吐在地上或桌子上，应放在食碟的前端。骨、刺等不吃的东西不能直接吐在食碟上，而要用筷子夹放到食碟前端，必要时由侍者取走，更换新的食碟。

（5）水杯

中餐中所用的水杯主要是用于盛放清水或果汁等饮品的，不要用水杯去盛酒，也不要将水杯倒扣在餐桌上，喝入口中的东西不能再吐回去。

（6）湿巾

高级些的饭店在中餐用餐前（后）会为每位客人送上一块湿毛巾，这是用来擦手的，不能用它来擦脸、擦嘴、擦汗。擦手之后，应放回原处，由侍者取回。

（7）牙签

中餐一般会提供牙签，供客人剔牙。剔牙时应用另一只手掩住口部并侧过身体。不要用牙签扎取食物，也不要用嘴叼着牙签，学电影里的"黑帮老大"。

3. 就餐注意事项

（1）用餐时要注意吃相，不要吧唧嘴，不要在菜盘里挑来挑去、翻翻拣拣，不要把食物和汤汁弄得到处都是。

（2）给客人或长辈夹菜时要用公筷，也可以把离客人或长辈远的菜肴送到他们面前。如果同桌有领导、老人、客人，每上来一个新菜时，应请他们先动筷子，以示尊重。

（3）不做多余的小动作，不玩手机，不吸烟。

（4）适度交际，不要光低头吃饭，要适时地与自己左右两侧就餐的人进行交谈以调和气氛。交谈时应注意选择愉快的话题，使大家在一种轻松、愉快、和谐的气氛下用餐，不要涉及疾病或不幸等话题。

知识链接

"做东"一词的由来

"做东"这个再普通不过的词汇,背后隐藏着我国深厚的礼仪文化。在《礼记》中有记载"主人就东阶,客人就西阶",这句话说的就是主客之间的礼仪关系,即客人要坐在西边的位置,主人坐在东边的位置,而"做东"一词就是由此而来,不过对于请客的人,与其说"做东",不如说是"坐"东。

还有一种说法是"做东"来自《春秋左传》的烛之武退秦师,郑文公在走投无路之下,请"说客"烛之武去秦国说服秦穆公,见到秦穆公后烛之武说到:"若舍郑以为东道主,行李之往来,共其乏困,君亦无所害",秦国在西边,而郑国在东边,所以郑国对秦国来说就是"东道主",后世也就把"东道主"作为"主人"的一种尊称。

想一想

中国古代的礼仪对现代有什么影响?你能举例说明吗?

二、西餐礼仪

西餐是我国对欧美地区菜肴的统称,由于历史发展经历的不同,中西方的餐饮文化和餐饮礼仪有着天壤地别的差异。

(一)西餐就餐形式

西餐实行分餐制,即各自点菜,厨师在厨房内将制作好的餐食分装到每一个餐盘中,由服务员端出来送给每位客人。客人就餐时使用刀、叉取食,各吃各的。

(二)西餐上菜顺序

西餐有正餐和便餐的菜序之分,二者之间的上菜顺序有着很大区别。

1. 正餐的菜序

西餐的正餐菜序复杂多样,在正式场合所用的正餐尤其讲究甚多。在大多数情况下,西餐正餐的菜序由八道程序构成,一顿完整的正餐吃下来一般需要1~2个小时。

(1)开胃菜

开胃菜亦称西餐的头盘,多为由蔬菜、水果、海鲜、肉食所组成的拼盘。开胃菜多以各种调味汁凉拌而成,色彩悦目,口味宜人,主要用于激发进餐者的食欲。

(2)面包

西餐正餐中的面包是指主食面包,或事先切好,或需当时从整个的大面包上切片而食。

吃面包时可根据个人爱好涂上各种果酱、黄油或奶酪。

（3）汤

西餐中的汤一般可分为清汤和浓汤（茸汤）两大类，其中又有冷、热汤之分。清汤是用牛肉、鸡肉、或鱼及蔬菜等煮制出来的除去脂肪的汤；浓汤是加入面粉、黄油、奶油、蛋黄等制作出来的汤。西餐的汤风味别致，花色多样，世界各国都有其著名的具有代表性的汤，如法国洋葱汤、意大利蔬菜汤、俄罗斯罗宋汤、美国奶油海鲜巧达汤、英国牛茶配忌斯条等。

（4）主菜

西餐里的主菜包括鱼类、肉类、禽类、蔬菜等，上菜顺序是先上鱼类菜肴，再上肉类、禽类菜肴，蔬菜类菜肴可以安排在肉类菜肴之后，也可以与肉类菜肴同时上桌。鱼类菜肴的品种包括各种淡水、海水鱼类、贝类及软体动物类，也叫副菜；肉类菜肴的原料取自牛、羊、猪、小牛仔等各个部位的肉，其中最有代表性的是牛肉或牛排；禽类菜肴的原料取自鸡、鸭、鹅，通常将兔肉和鹿肉等野味也归入禽类菜肴；蔬菜类菜肴在西餐中称为沙拉，一般用生菜、西红柿、黄瓜、芦笋等制作而成。

（5）点心

主菜之后一般要上一些小点心，如蛋糕、饼干、土司、馅饼、三明治等。

（6）甜品

点心之后是甜品，最常见的有布丁、冰淇淋等。

（7）果品

果品包括干果或时令水果。

（8）热饮

用餐结束之前，主人要为用餐者提供热饮。最正规的热饮是红茶或黑咖啡，二者只能选择其一，不能同时享用。西餐的热饮可以在餐桌上喝，也可以离开餐桌去客厅或休息厅里喝。

2. 便餐的菜序

在吃西餐时，通常出于经济和时间方面的考虑，人们并不是总吃正餐，而是吃简化的便餐。便餐的菜序通常是：①面包、黄油；②冷菜；③汤；④主菜；⑤甜点；⑥咖啡和水果。

上菜时，菜肴从左边上，饮料从右边上。进餐时，冷菜和汤可以同时配着面包吃；冷菜作为第一道菜，一般与开胃酒并用；主菜往往只有一道肉食，而水果则可上可不上。

（三）西餐桌次与席位的安排

1. 桌次排列

西餐宴会时可以用圆桌、长桌或方桌，以长桌较为普遍。长桌的摆放根据宴会规模及实地限制，可能会布置成丁形桌、马蹄形桌等方式。圆桌的桌次高低以离主桌的距离远近而定，且右高左低。两桌以上的宴会要摆上桌次牌，同时还要注意桌子之间的距离要安排适当。

2. 席位排列

西餐的位次排列一般应遵循以下原则。

（1）女士优先

在安排用餐位次时，尤其是安排家宴时，主位一般应由女主人就座，男主人则坐在第二主位。

（2）主宾为上

在西餐之中，主宾极受尊重，因此主宾的位次紧挨着主人的座位，若同时有男、女主宾，则分别紧靠着女主人和男主人就座。

（3）以右为尊

男主宾就安排坐在女主人右侧，而女主宾安排坐在男主人右侧。

（4）距离定位

西餐桌上的位次尊卑往往与其距离主伴的远近有关，通常情况下，距离主位近的位子高于距离主位远的位子。

（5）面门为上

面对餐厅正门的位子通常在位次上高于背对餐厅正门的位子。

（6）交叉排列

男女交叉排列，生人与熟人交叉排列，这样方便人与人之间的交际和沟通，促进不熟悉的客人之间的了解。

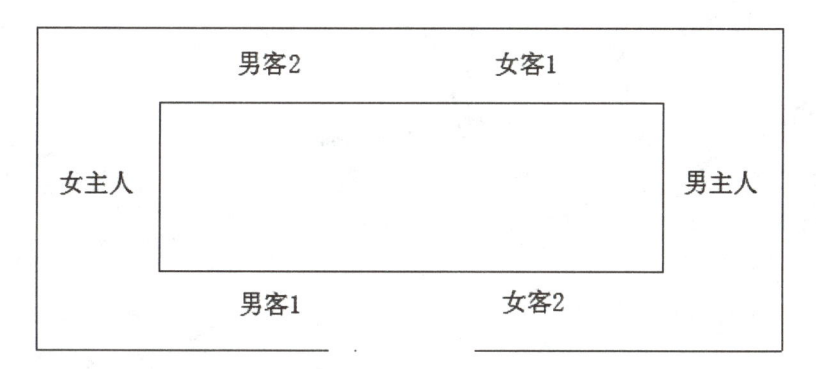

	男客2	女客1	
女主人			男主人
	男客1	女客2	

（四）西餐就餐礼仪

1. 西餐就餐基本要求

（1）着装

① 正式宴会需着礼服。西式的礼服为男士穿黑色燕尾服，扎黑色领结；女士穿拖地低胸长裙，配长筒薄纱手套。其他国家的人士可用本民族的盛装代替西式礼服。

② 普通宴会要穿正装。一般情况下正装是指深色（特别是黑色或藏蓝色）的套装或套裙。

③ 一般性宴会可以穿便装。

（2）开宴

在正式场合下应由女主人邀请大家开始用餐，如果女主人不在场，男主人席位右边的女嘉宾应当是第一个开始进餐的人。如果是几个人邀约用餐，欧洲的习惯是第一道菜端上来时就可以开吃，而在美国则要等到最后一个人的菜上好了才一起用餐。

（3）用餐时举止要高雅得体

用餐时不要发出声响，包括咀嚼声和刀叉与盘子相碰的声音。要正确使用各种餐具，不要用餐具相互敲击或指点他人。

（4）适当交际

进餐时要适时与左右两侧就餐的人进行交谈以调和气氛；如果是应邀赴宴，要抽空向主人致意。增进彼此间的感情。

2. 西餐餐具的使用

西餐中常用的餐具有刀、叉、匙、杯、盘等，在正规的宴会上，餐具的摆放和使用有着严格的要求，不能随便乱摆乱用。

盐和/或胡椒： 两者通常同时传递，即使他人可能只需用到其中一种。不要在给食物调味之前试着品尝它们的味道。

高脚杯（玻璃杯）： 玻璃杯一共有4种（如图所示）。酒应该从杯子的右侧倒入，千万不要溢出来。

席次牌： 主方一经排定就不会再更改座位布局。

甜点勺和甜点用叉： 如果甜点同时配备了叉和勺，则用叉固定甜点，用勺舀着吃。

面包碟和黄油刀： 将面包撕成一口大小放在面包碟中，再用黄油刀挨个抹上黄油，然后吃掉面包。

银器： 使用的正确顺序是由外而内，餐具一旦开始使用，就不应该再放回到桌子上。

餐巾摆放： 入座后，等主人先拿起餐巾，然后客人再跟着行动，把它平铺在自己的腿上。

餐具： 银器的数量表明了将会有几道餐点。正式的西餐晚宴有7道餐点，按顺序分别是：汤，鱼，沙冰（或爽口饮料），红肉或禽类主食，沙拉，甜点和咖啡。

水杯　红葡萄酒杯　白葡萄酒杯　香槟酒杯

沙拉用叉　鱼用叉　肉用叉　切肉刀　切鱼刀　沙拉刀　汤勺

（1）餐具的摆放

① 垫盘放在餐席的正中，盘上放折叠整齐的餐巾或餐巾纸。
② 垫盘右边从里往外是主菜用刀、一把鱼刀、一把汤勺或一把头盘菜用刀。
③ 垫盘左边从里往外是一把主菜用叉、一把鱼叉、一把头盘菜用叉。
④ 垫盘上方是一把甜食叉、一把甜食勺或刀。
⑤ 垫盘的左上侧是一个面包盘和一把黄油刀。黄油刀要放在盘中，刀锋朝向就餐者。
⑥ 垫盘右上侧摆放一只白酒杯、一只红酒杯、一只水杯，有时还会有一只香槟酒杯。

（2）刀叉的用法

吃西餐时，通常用左手持叉、右手持刀。杯子用右手来握。正确拿叉的姿势为：用左手拇指、食指、中指拿住叉；正确拿刀的姿势为用右手食指压在刀背上以出力，其余手指拿住刀把。吃的时候拿匙的方法与拿叉相同，除喝汤外，不要用匙取食其他食物。

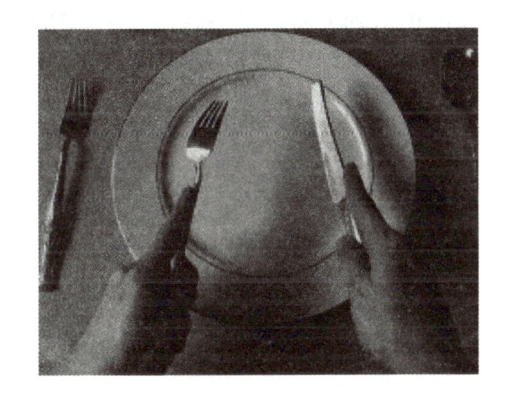

用餐的时候，要用叉按住食物，用刀切，然后用叉子叉起食物送入口中，切不可用刀送食物入口。如果只使用叉子，也可用右手使用叉子。使用刀叉时应避免发出碰撞声。用餐过程中，若想放下刀叉，应将刀叉呈"八"字形放在盘子上。用餐完毕，则应将刀叉并拢放在盘内。

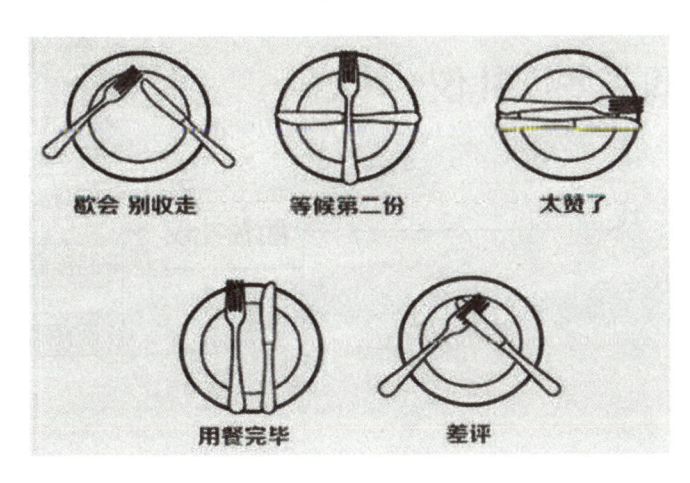

（3）餐巾的用法

餐巾在西餐中不但可用来擦嘴，还起到防护作用。就餐者坐下后应先取下餐巾，打开铺在双腿上。如果餐巾较大，可折叠一下放在双腿上，切不可将餐巾别在衣领上或裙腰处。用餐时，可用餐巾的一角擦嘴，但不可用其擦脸或擦拭刀叉等。用餐过程中若要暂时离开座位，可将餐巾放在椅背上，表示还要回来；若将餐巾放在餐桌上，则表示已用餐完毕。

3. 就餐注意事项

① 不管正式宴会还是非正式宴会，入座或离座均应从座椅的左侧进出。
② 不要用自己的餐具为他人夹菜、舀汤或取其他食物。
③ 不能将盘里的食物全部切好后再用右手拿叉子吃。
④ 身体不宜过于靠近餐盘，要用餐具把食物送进嘴里，不要把餐具端起来对嘴吃。
⑤ 先品尝食物味道，再酌情添加盐或胡椒粉。不要往蔬菜上抹黄油。
⑥ 取远处的食品时应礼貌地请别人帮忙递给自己，不要站起来或伸长手臂去拿。
⑦ 面包用手取，不可用叉去取或用刀去切，应用手掰着吃。
⑧ 吃沙拉时只能使用叉子。

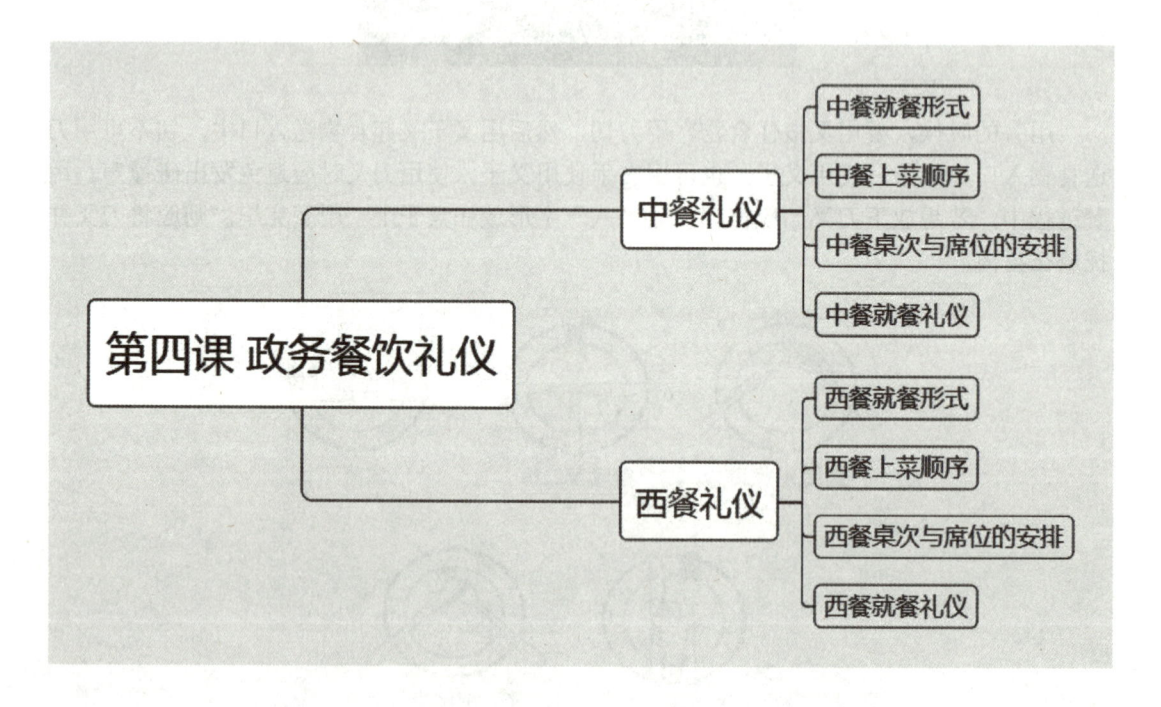

课程小结

```
                            ┌── 中餐就餐形式
                            ├── 中餐上菜顺序
                  ┌─ 中餐礼仪 ┤
                  │         ├── 中餐桌次与席位的安排
                  │         └── 中餐就餐礼仪
第四课 政务餐饮礼仪 ┤
                  │         ┌── 西餐就餐形式
                  │         ├── 西餐上菜顺序
                  └─ 西餐礼仪 ┤
                            ├── 西餐桌次与席位的安排
                            └── 西餐就餐礼仪
```

三、中西餐服务礼仪技能操作实践体验

实践体验名称	中西餐服务礼仪技能操作实践体验		课时数	2
班级		姓名	完成日期	
实践体验内容描述				
实践体验学习目标				
实践体验工作步骤				
实践体验材料准备				
实践体验资源链接				
实践体验过程记录				
实践体验成果分享				
小组评语				
教师点评				

第五单元　现代服务礼仪

　　礼仪不是一种形式,而是从心底产生对他人的尊敬之情。作为一名服务行业人员,服务礼仪是其必备的素质和基本条件。服务礼仪是指服务业工作人员的礼仪规范,主要包括仪容规范、仪态规范、服饰规范、语言规范、岗位规范等内容。学习和运用现代服务礼仪,已不仅仅是员工自身形象的需要,更是提升企业竞争力,提高企业社会效益的需要。

【学习目标】

1. 素养目标:树立正确的服务观念,增强为宾客服务的热情,养成良好的组织纪律和法治观念;培养高尚的职业道德、良好的文化素养和过硬的业务素质。
2. 知识目标:了解现代服务礼仪知识,掌握酒店服务、公共交通服务、营销服务以及导游服务的礼仪规范;了解服务礼仪在个人发展和服务行业中的重要地位和作用;学会正确的服务礼仪方法和技巧。
3. 技能目标:能辨别不同行业中服务礼仪的共同点和差异化,能正确模拟不同服务行业中不同场景的服务礼仪,从而提高从事服务接待工作的艺术和水平。

第五单元 现代服务礼仪

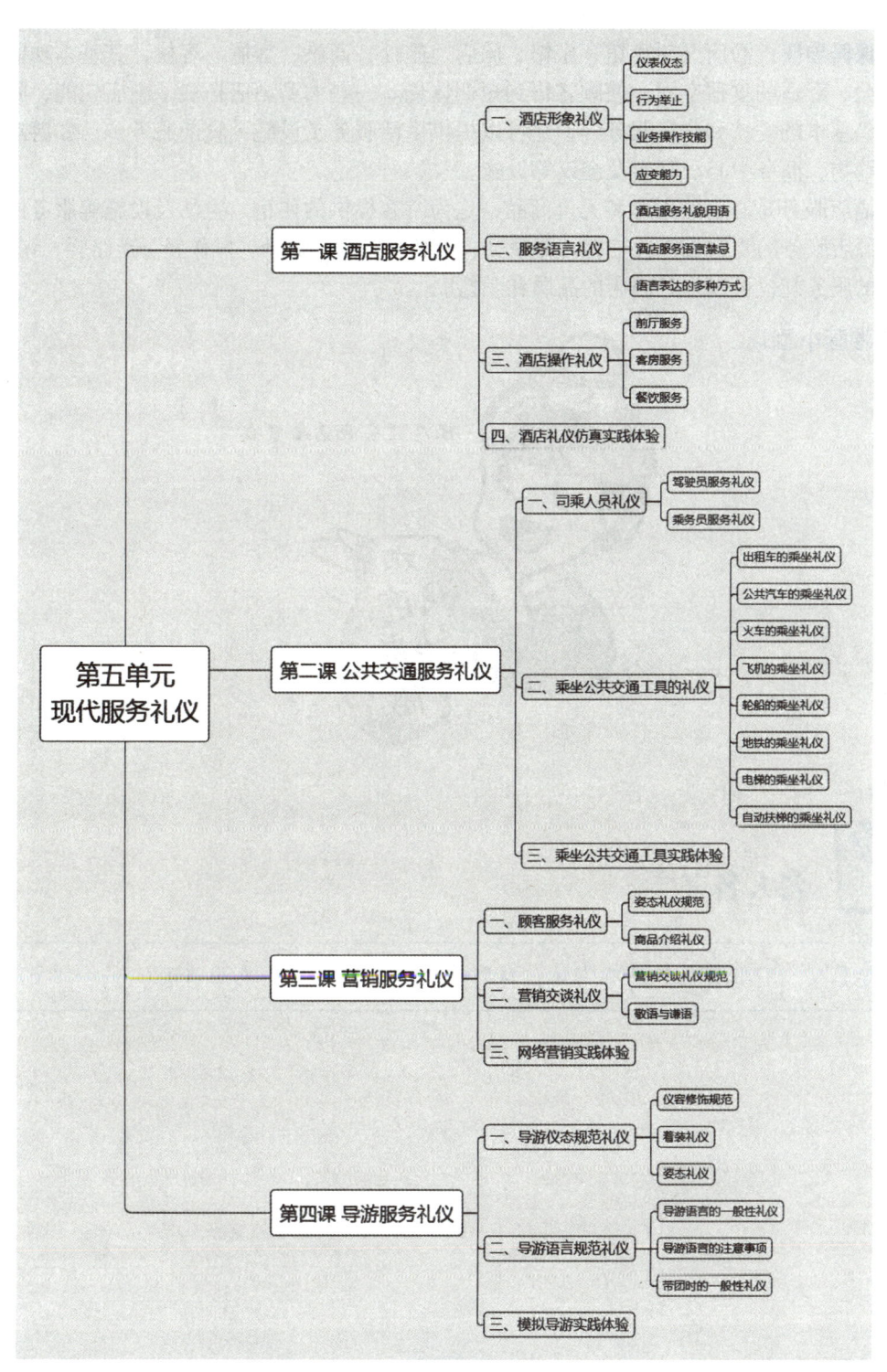

单元思维导图

```
第五单元 现代服务礼仪
├── 第一课 酒店服务礼仪
│   ├── 一、酒店形象礼仪
│   │   ├── 仪表仪态
│   │   ├── 行为举止
│   │   ├── 业务操作技能
│   │   └── 应变能力
│   ├── 二、服务语言礼仪
│   │   ├── 酒店服务礼貌用语
│   │   ├── 酒店服务语言禁忌
│   │   └── 语言表达的多种方式
│   ├── 三、酒店操作礼仪
│   │   ├── 前厅服务
│   │   ├── 客房服务
│   │   └── 餐饮服务
│   └── 四、酒店礼仪仿真实践体验
├── 第二课 公共交通服务礼仪
│   ├── 一、司乘人员礼仪
│   │   ├── 驾驶员服务礼仪
│   │   └── 乘务员服务礼仪
│   ├── 二、乘坐公共交通工具的礼仪
│   │   ├── 出租车的乘坐礼仪
│   │   ├── 公共汽车的乘坐礼仪
│   │   ├── 火车的乘坐礼仪
│   │   ├── 飞机的乘坐礼仪
│   │   ├── 轮船的乘坐礼仪
│   │   ├── 地铁的乘坐礼仪
│   │   ├── 电梯的乘坐礼仪
│   │   └── 自动扶梯的乘坐礼仪
│   └── 三、乘坐公共交通工具实践体验
├── 第三课 营销服务礼仪
│   ├── 一、顾客服务礼仪
│   │   ├── 姿态礼仪规范
│   │   └── 商品介绍礼仪
│   ├── 二、营销交谈礼仪
│   │   ├── 营销交谈礼仪规范
│   │   └── 敬语与谦语
│   └── 三、网络营销实践体验
└── 第四课 导游服务礼仪
    ├── 一、导游仪态规范礼仪
    │   ├── 仪容修饰规范
    │   ├── 着装礼仪
    │   └── 姿态礼仪
    ├── 二、导游语言规范礼仪
    │   ├── 导游语言的一般性礼仪
    │   ├── 导游语言的注意事项
    │   └── 带团时的一般性礼仪
    └── 三、模拟导游实践体验
```

礼仪与修养

第一课 酒店服务礼仪

课程导读： 酒店又叫宾馆、旅馆、旅店、旅社、商旅、客店、客栈，其基本功能是提供安全、舒适的食宿空间，使顾客得到短期休息。一些大型酒店拓展了酒店功能，除为游客提供基本的餐饮和住宿服务外，还可以提供生活服务及设施（寝前服务），如游戏、娱乐、购物、商务中心、宴会及会议等设施。

酒店服务是酒店的无形和无价商品，是为游客提供的住宿、生活及设施等服务的附加品。酒店服务的要领是四勤三轻，即眼勤、手勤、口勤、腿勤，操作轻、走路轻、说话轻。良好的服务礼仪可以提升酒店的品质和黏性。

漫画小剧场：

酒店服务也需要礼仪

名人名言

待富贵人，不难有礼，而难有体；待贫贱人，不难有恩，而难有礼。——《史典》

一、酒店形象礼仪

在复杂多变的经济环境下，酒店行业竞争激烈，已经不再局限于产品和服务的比拼，更多的是酒店形象间的角逐。酒店的形象是指消费者、社会公众、酒店员工以及相关部门或单位对酒店的整体印象和评价，反映了公众对酒店整体特点，总的精神了解和情感倾向，是对酒店在经营活动中的行为特征和精神面貌的总体印象以及由此所产生的总体评价。良好的形象可以给酒店带来更多的经济效益和社会影响，因此，在社会公众面前营造良好的酒店形象非常重要。

要树立酒店形象，除悦目的装潢、舒适的环境等必要硬件设施外，更少不了规范的服务礼仪，而在所有服务礼仪中，形象礼仪是给顾客树立第一印象的决胜工具。

互动讨论

如何能让顾客一进酒店大门就有一种宾至如归的感觉？

（一）仪表仪态

人的第一印象往往来自于外形，因此，酒店服务员必须着装整洁大方、亲和主动、彬彬有礼，具有良好的仪表和仪态。具体要求如下。

（1）服装整齐、平整、无破损、无纽扣丢失；袖口不能卷起，扣好袖扣；白色衬衫内需着白色或肤色内衣，且不能外露。

（2）除工作需要外，不能穿着制服离开酒店。

（3）外口袋一般不放东西，至少不能显出里面有东西；记事本、笔、钱夹、名片、香烟等应放于内衬口袋里；左下方内衬小品袋里可以放打火机及硬币。

（4）铭牌配戴在制服左上角，要洁净无污点、无破损，字迹清晰无涂改。

（5）除一只婚戒、手表外，不戴过多饰物；手表款式应简洁大方，不能过度夸张或花里胡哨；厨工手上不得佩戴任何饰物。

（6）上岗前要洗头、剪指甲，男士要剃须，女士要化妆，发型要大方，妆容要雅淡，且不能使用有颜色的指甲油和味道浓郁的香水等。

（二）行为举止

优秀的酒店工作人员应做到站姿标准、举止大方、行为规范，避免不雅动作和行为，如吸烟、喧哗、嚼口香糖、指手划脚、在工作场所吃吃喝喝、勾肩搭背等。

（三）业务操作技能

所有的酒店工作人员都应熟悉业务操作技能，保证能够快速准确地完成本职工作，这不仅是员工本身业务素质的体现，也可以提高酒店的综合形象，增加顾客的好感和黏性。

（四）应变能力

应变能力是酒店员工尤其是前厅服务员和客房服务员的重要素养之一，因为酒店是一个遍迎天下客的公共场所，顾客来源多、身份杂、生活习惯、学识修养各不相同，难免会有一些顾客出现性格冲突或者情绪失控，或者出现一些出人意料的意外状况，这就要求前厅服务员或客房服务员在碰到异常的顾客时具备足够的应变能力，灵活、快速、妥善地处理好这些特殊的问题。而其他工作岗位的员工遇到一些突发事件时，若拥有机智的应变能力，也可以促进服务质量，例如，厨师在某些原材料不足而客人偏偏点了这道菜时，机智冷静地运用自己的厨艺经验和技能灵活变通，在不失原有风味的基础上做出创新，这不但可以保证顾客的食用体验，还可能为酒店创出新品牌，引出新思路。

案例

香港丽晶酒店的礼宾服务在全香港五星级豪华酒店中是佼佼者。丽晶礼宾部的主管考夫特先生说："如何关心客人，如何使客人满意和高兴是酒店服务最重要的事情。"考夫特先生在1980年丽晶开业时就从事礼宾工作。多年来，每个到过丽晶酒店，每个接受过考夫特先生亲自服务的客人无不为他提供的"难不倒"服务所折服。一次，客人在午夜提出要做头发，考夫特先生和值班的几位酒店员工迅速分头负责联系美容师，准备汽车，15分钟内就把美容师接到酒店，并带入客人房内，客人感动地说这是奇迹。又有一次，一对美国夫妻想到内地旅游，但要办签证，可他们只在动身的前一天才提出来。考夫特先生立即派一名工作人员直奔深圳，顺利地办完手续。他说："时间这么紧，只有这个办法，因此，再累再苦也得去。"

有人问考夫特先生，如果有人要上等特殊年份的香槟酒，而酒店中没有怎么办？考夫特先生说："毫无疑问，我要找遍全香港。实在满足不了客人，我会记下香槟酒的名称及年份，发传真去法国订购，并向客人保证，等他下次再来丽晶时，一定能喝上这种香槟酒。"

（资料来源：瑞文网）

想一想

你觉得考夫特先生的做法值得吗，有哪些可取之处和不可取之处？

知识链接

酒店的星级

酒店星级是按照《旅游饭店星级的划分与评定》划分的。具体区分如下。

1. 一星级酒店

设备简单，具备食、宿两个最基本功能，能满足客人最简单的旅行需要，提供基本的服务，属于经济型酒店，符合经济能力较差的旅游者的需要。

2. 二星级酒店

设备一般，除具备客房、餐厅等基本设备外，还有卖品部、邮电、理发等综合服务设施，服务质量较好，属于一般旅行等级，满足旅游者的中下等需要。房内有冷热风设备、地毯、电话，家具较简单，收费低廉，经济实惠。

3. 三星级酒店

设备齐全，不仅提供食宿，还有会议室、游艺厅、酒吧间、咖啡厅、美容室等综合服务设施。每间客房面积约 $20m^2$，家具齐全，并有电冰箱、彩色电视机等。服务质量较好，收费标准较高。能满足中产以上旅游者需要。

4. 四星级酒店

设备豪华，综合服务设施完善，服务项目多、质量优良，讲究室内环境艺术，提供优质服务。客人能够得到高级的物质享受和很好的精神享受。这种酒店主要是满足经济地位较高的上层旅游者和公费旅行者的需要。

5. 五星级酒店

这是旅游酒店的最高等级。设备十分豪华，设施更加完善，除了房间设施豪华，服务设施齐全。各种各样的餐厅，较大规模的宴会厅、会议厅、综合服务比较齐全。有社交、会议、娱乐、购物、消遣、保健等活动中心。环境优美，服务质量要求很高，收费标准高。主要是满足上层资产阶级、政府官员、社会名流、大企业公司的管理人员、工程技术人员、参加国际会议的官员、专家、学者的需要。

二、服务语言礼仪

语言是人与人之间沟通的桥梁，俗话说"良言一句三冬暖，恶语伤人六月寒"，得体的语言不仅是员工个人素质的体现，也是提高酒店整体形象的有利工具，因此，语言服务是酒店服务质量的核心、是酒店赢得客源的重要因素。所以作为一名酒店服务人员，在服务顾客时一定要谈吐文雅、语调亲切、音量适合、语句流畅，问与答要简明、规范、准确。

（一）酒店服务礼貌用语

礼貌服务用语是酒店服务质量的核心，是酒店赢得客源的重要因素。所以作为酒店服务人员一定要讲究礼貌服务用语。常用的酒店礼貌服务用语如下。

（1）欢迎语：欢迎您来我们酒店，欢迎您入住本店，欢迎光临。

（2）问候语：您好，早安，午安，早，早上好，下午好，晚上好，路上辛苦了。

（3）祝贺语：恭喜，祝您节日愉快，祝您一路平安，欢迎您下次再来。

（4）道歉语：对不起，请原谅，打扰您了，失礼了。

（5）道谢语：谢谢，非常感谢。

酒店服务礼貌用语

（6）应答语：是的，好的，我明白了，谢谢您的好意，请不要客气；没关系，这是我应该做的。

（7）征询语：请问您有什么事？我能为您做什么吗？需要我帮您做什么吗？您还有别的事吗？您喜欢（需要／能够）……？请您……好吗？

（8）常用礼貌用语 11 个：请，您，谢谢，对不起，请原谅，没关系，不要紧；别客气，您早，您好，再见。

（二）酒店服务语言禁忌

酒店服务人员在对客人进行服务时应注意以下语言禁忌。

（1）三人以上对话，要用互相都懂的语言。

（2）不能模仿他人的语言、声调和谈话。

（3）不能聚堆闲聊、高谈阔论、争吵辩论、大声喧哗。

（4）不能以任何借口顶撞、讽刺、挖苦客人。

（5）不能开过分的玩笑。

（6）不准粗言恶语、使用蔑视和侮辱性的语言。

（7）不讲有损酒店形象的话语。

（三）语言表达的多种方式

作为酒店服务人员，每天面对的是一个个身份、性格、风俗习惯、兴趣爱好各不相同的客人，因此既要有个性化的表达沟通，又必须掌握许多有共性的表达方式与技巧来为客人服务，同时还要通过沟通和交流来了解客人的需求。酒店服务交流的沟通方式主要有有声语言、书面语言和无声语言，通过使用三种语言综合服务才能做到最好，从而让客人乘兴而来，满意而归。

1. 有声语言沟通

（1）沟通用语。用语言沟通的时候，同样一句话使用不同的语气或表达方式，可以达到不同的效果，而在酒店服务交流中的用语是相当丰富的，在运用中要注意使用礼貌用语。

（2）语气与声调。在对客人进行服务的过程中，要注意说话的语气和声调；语气要文雅、亲切；声调要适宜，不能过高或过低。

2. 书面语言沟通

书面语言沟通在服务行业也是较为常见的，企业往往通过书面语言沟通来了解客人对自己的服务是否满意，如调查问卷等。同时，也可以通过书面语言来宣传酒店的文化与特色，如宣传页。

3. 无声语言沟通

在酒店服务交流中，表情、手势等无声语言也是重要的沟通方式，它与有声语言结合使用，能够起到更好的表达效果。

（1）表情语

表情语是一种来自面部的表情交流方式，它比有声语言沟通更富有色彩感与表达力，在传达信息时起着重要作用。例如，在为客人服务时表情要柔和亲切、面带微笑，同时辅以敬语，这更能表达出对客人的尊重和尊敬，反之，若口中恭恭敬敬，脸上却面无表情，会让客人觉得你在敷衍了事，口是心非。

（2）手势语

手势可以强化情感。在侃侃而谈的同时加上富有感染力和说服力的手势，可以起到渲染气氛、增强有声语言表达力的作用，同时吸引听话人的注意力，达到"无声胜有声"的效果。在某种情况下，手势还能体现人们的内心思想活动和对待他人的态度，热情或勉强在手势上可以明显地反映出来。

互动讨论

为了拉近与顾客的关系，酒店服务员用方言与客人交谈是不是更好？

三、酒店操作礼仪

酒店服务内容主要有前厅服务、客房服务、餐饮服务等。

（一）前厅服务

酒店的前厅通常设有总服务台、行李处、商务中心或票务中心、总机等几个分部门，负责接待客人、安排房间、提供咨询和联络服务，以及结算等服务。前厅服务人员的礼仪修养直接影响酒店的业务和形象。

1. 接待问讯礼仪

总服务台负责问讯、接待和预订业务，是接待客人的第一站，因此总服务台的服务人员的礼仪规范是给客人留下良好的第一印象的关键。

（1）热情接待，主动问候

客人进店后应主动问好，并询问客人的需求。

（2）尽可能地满足问询需求

如果来客是询问已住店客人的情况，须经相关客人同意后才可将客人房间号等信息告知询问者。

（3）准确掌握住店客人的资料

前台的服务人员应该随时掌握住店客人的最新资料，才能准确、快捷地提供咨询服务。

（4）熟悉并使用先进的问询设备

服务人员必须掌握各种相关信息，包括酒店的基本情况、酒店所在地的基本情况、客人所在国的风俗习惯等。

2. 接待客人住宿礼仪

在酒店所提供的各项常规服务中，接待前来投宿的客人是重中之重。接待客人住宿的礼仪主要包括以下两点。

（1）迎宾礼仪

迎宾员是酒店的颜面担当，工作时要化淡妆，精神饱满，穿好工作服。当顾客乘车抵达时，迎宾员应主动上前帮客人打开车门，同时微笑着用敬语同客人打招呼，并引领客人进酒店。对步行而至的客人，也要表示尊敬和欢迎。凡遇老、弱、病、残、孕等客人，要主动搀扶，倍加关心。接待团体客人时，应连续向客人点头致意、鞠躬施礼。如遇客人点头致意，要及时鞠躬还礼。

（2）办理住宿礼仪

给客人办理住宿时要做到以下四点。

① 热情招呼，主动介绍。
② 办理手续，认真快捷。
③ 解答问题，耐心准确。
④ 行李服务，及时安全。

3. 结账与送客礼仪

给离店客人结账时，要迅速、准确。主要包括以下五个方面。

（1）了解结账方式。

（2）态度温柔可亲，对于客人有关账单的疑问要耐心解释。

（3）严谨、准确、快捷，有关现金、支票、信用卡以及团队付款凭证等复杂事宜都要认真检查核实，结账要尽可能迅速快捷。

（4）出现差错要及时审核。

（5）向客人致谢道别，对客人临行前赠送的礼品或小费，要婉言谢绝，自觉遵守纪律，维护人格、国格。

4. 处理客人投诉礼仪

主要包括两点，一是耐心聆听，二是及时处理。

（二）客房服务

1. 客房迎送礼仪

（1）迎宾

① 梯口迎宾。客人到达楼层时，客房服务员要做好迎接工作。客人由行李员引领来

到楼层，服务员应上前迎接，然后在客人前两步引领至房间门口，侧身站立，行李员用门卡或钥匙打开房门请客人先进。无行李员引领时，服务员应一边迎接表示欢迎，一边请客人出示门卡，问清房号，同时帮助客人提行李，并在前引领至房间门口，打开房门后侧身站在一旁，让客人先进，自己随后进屋，帮助客人将行李放在箱架上，再帮客人挂好外衣、帽子。

② 端茶送巾、介绍情况。客人进房坐定，就给客人送去毛巾和迎宾茶，顺便热情、简要地介绍房间设备使用方法和酒店设施服务情况，然后告退，让客人及早休息。

③ 陪送用膳。客人第一次去餐厅时，客房服务员应主动陪送，并可向餐厅人员做简单交代，如有可能要向客人介绍餐厅饮食特点、伙食标准、收费办法等。

（2）送别

客房服务员要了解客人确切动身的日期、时间等；要检查代办事项是否办妥、办完，客人是否已结账，早上是否有叫醒服务等。服务员可协助客人检查室内有无物品遗留，在将客人的行李件数数清后，可请行李员搬运上车，并向客人交代清楚。客人离开楼层时，要热情送至电梯口，礼貌道别，欢迎再来。在此之前，还应清查房间的设备及用品有无损坏和丢失，及时报告前台以便查询。

2. 客房整理礼仪

整理房间要按操作程序，并注意客人休息的规律，尽量不打扰客人的休息和睡眠。如上午整理，应尽量利用客人外出的时间进行；下午和晚上整理则应利用客人外出的时间进行。

进入房间前先敲门，如果客人回应，应说："您好，我是客房服务员，请问现在可以为您整理房间吗？"经客人允许后方可进入房间。如果确定客人不在房间，服务员可以用钥匙开门。

整理房间时应保持房门处于打开的状态，不可使用客人的东西，打扫时需要移动的东西打扫后要物归原处。

打扫卫生的工具及客房换下来的物品要及时拿走，不要长时间放在走廊过道，以免影响整洁。

3. 送餐礼仪

送餐服务是指客房服务员将客人所点的食物送到客房的一种服务。在具体的操作中，要注意以下六点。

（1）按订单要求摆台

服务员接到订单后，应迅速通知厨房工作人员按订单内容做菜，摆台时要确保餐具干净卫生，取来菜肴后还要核对有无错误。

（2）送餐

服务员应乘电梯送餐到客人房间。送餐途中要保持餐具平衡，避免食品或饮品溢出。还要为菜肴加上保温箱或保温盖。进入客房前一定要先敲门，征得客人同意后才能进入客房，并致谢。

(3) 房内服务

服务员进入房间后，要将房门呈 30°夹角，在客人指定的地方摆放好餐具，取菜时要报出菜名，以便客人核对订单。如有酒水、饮料，要主动询问客人是否需要倒好。基本服务完成后，最好询问一下客人还需要什么服务以及何时方便收餐具。

(4) 结账

请客人签单时要双手递上，并说："很高兴为您服务，这是您的账单，请过目。"客人签完单后，要向客人表示感谢。

(5) 道别

服务员离开客房时应面向客人退出，主动道别，然后轻轻将门关上。

(6) 收餐具

收餐具时要使用敬语，礼貌问候客人。整理餐车或托盘时要检查是否有客人的物品混在其中，最后询问客人是否还有其他要求。

小故事

一颗扣子

有位客人入住某酒店时要求送洗客衣，当服务员为其熨烫衬衫时，发现有一颗扣子掉了。因为是件名牌衬衫，扣子比较特殊，酒店洗衣房里没有备用品。在征求客人意见时，客人豪爽地说"不碍事"。但洗衣房的员工却并没有搁置此事，利用下班之际在市场上寻找。皇天不负有心人，在找了数十家专卖店后，终于买到了同样的纽扣。当再次将清洗的衣服送还给客人时，客人惊讶地发现衣服上的纽扣整整齐齐。客人马上致电客房经理，连声称赞，说真的有种回家的感觉。

（三）餐饮服务

当客人在餐厅吃饭时，餐厅服务人员要遵守餐饮服务礼仪。

1. 迎客

迎接客人时，服务员应站在餐厅门口的两侧热情问候，并引领客人到预订的桌位前。对没有订座的客人，应代为安排餐桌。对客人要一视同仁，平等对待，不得厚此薄彼。

2. 茶水餐具准备

待客人落座后再进行斟茶、送上香巾等一系列的服务。如有儿童用餐，应加上小凳子方便儿童入座。对于不习惯用筷子的外宾，要及时换上刀、叉、匙等西餐餐具。

3. 点菜服务

服务员要随时注意客人要菜单的示意，适时地主动递上菜单。递送的菜单要干净、无污迹，递送时必须态度恭敬。

应认真、准确地记录客人点的每一道菜和饮品。如果客人所点的菜已无货供应，服务员应礼貌致歉，求得客人谅解。客人如点出菜单上没有列出的菜肴时，应尽量设法满足，可以说："我马上与厨师长商量一下，尽量满足您的要求"。客人点完菜应重述一遍加以确认。

4. 上菜与撤盘

服务员端菜上台，要介绍菜名和特色。端菜时手指不能触及盘碟上口或浸入菜（汤）内。菜汤切忌溅在客人衣服上。上菜和撤盘通常遵照右上右撤、新菜向宾、女士为尊等习俗。撤盘前，应先征求客人意见。

5. 斟酒

主宾示意开席后，服务员应先给主宾斟酒，然后依次进行。席间，服务员站在一旁，随时按客人的要求提供斟酒服务。斟酒时，量不宜太多，一般以八分满为宜，酒水不可滴洒在桌面上。斟酒服务应及时、细心、操作规范、符合卫生。

6. 结账送客

客人用餐完毕，服务员应用托盘把账单正面朝下送到第一主人面前，并礼貌地说："您好，请您结账。"客人如愿意去结账，应指明账台位置。客人撤席，应为离座客人拉开座椅，提醒他们别忘记带走自己的物品，并送客人到餐厅门口，礼貌道别，欢迎下次光临。

礼仪与修养

课程小结

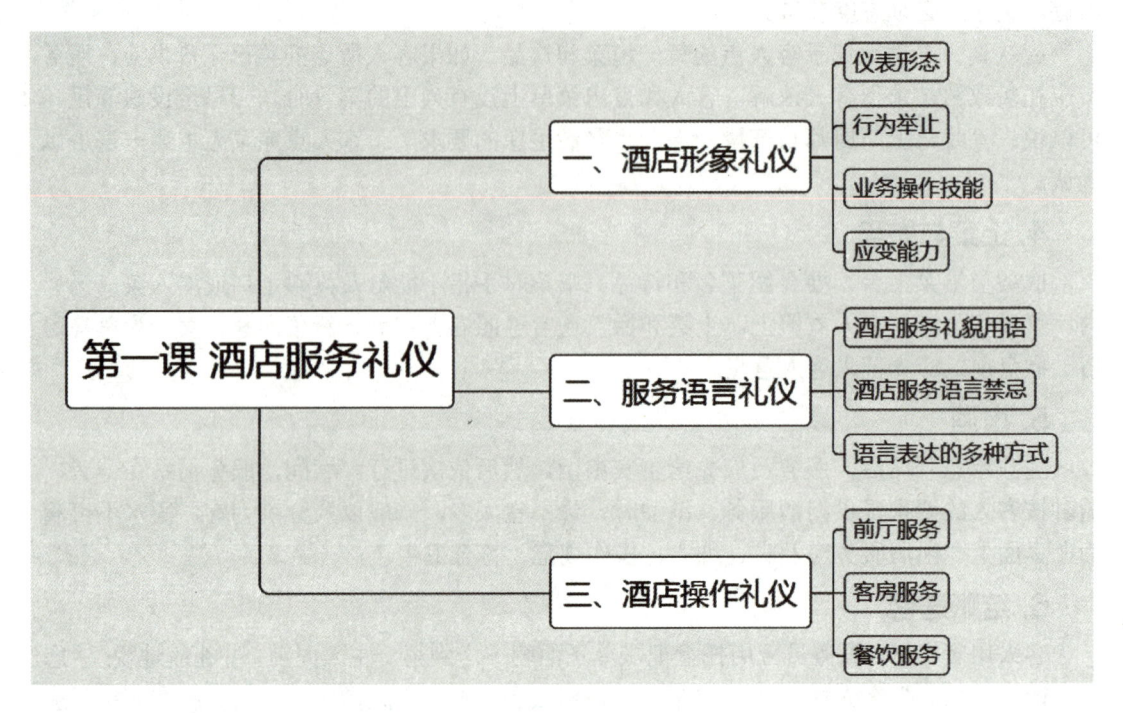

```
                                          ┌─ 仪表形态
                          ┌─ 一、酒店形象礼仪 ─┼─ 行为举止
                          │                ├─ 业务操作技能
                          │                └─ 应变能力
                          │
                          │                ┌─ 酒店服务礼貌用语
   第一课 酒店服务礼仪 ─────┼─ 二、服务语言礼仪 ─┼─ 酒店服务语言禁忌
                          │                └─ 语言表达的多种方式
                          │
                          │                ┌─ 前厅服务
                          └─ 三、酒店操作礼仪 ─┼─ 客房服务
                                           └─ 餐饮服务
```

四、酒店礼仪仿真实践体验

实践体验名称	客人点餐礼仪训练 客房入住礼仪训练		课时数	2
班级		姓名	完成日期	
实践体验内容描述				
实践体验学习目标				
实践体验工作步骤				
实践体验材料准备	1. 准备道具。 2. 撰写训练方案。			
实践体验资源链接				
实践体验过程记录				
实践体验成果分享				
小组评语				
教师点评				

第五单元 现代服务礼仪

第二课 公共交通服务礼仪

课程导读： 公共交通泛指所有向大众开放、并提供运输服务的交通方式，包括民航、铁路、公路、水运等交通方式。"运营是第一，安全是保障，服务是锦上添花。"公共交通服务是运输公司产品生产工序的最后环节，也是产品质量的最终体现。优质的服务质量是市场竞争的核心力量，而服务人员的礼仪和素质是服务质量的决定性因素，因此，除提高服务人员的个人素质外，遵守公共交通服务礼仪也是每个公共交通服务人员应尽的义务。

漫画小剧场：

一、司乘人员礼仪

司乘人员泛指驾驶员（司机）、乘务员以及其他公共交通工具上的工作人员。司乘人员的服务礼仪体现着其所在交通公司的形象。

（一）驾驶员服务礼仪

1. 仪容仪表礼仪

（1）头发前不遮眉，左右不盖耳，后不及衣领，不染发；胡须每天最少刮一次；鼻毛要及时修剪。

（2）面部保持清洁，特别不要让唇部干裂，给人感觉工作状态不好；不要有抠鼻子等小动作。

（3）保持手部及指甲的清洁，不要有油污。

（4）上班时间要穿衬衣（最好是白色）、工作裤（或西裤）、皮鞋；衣冠整洁（烫平整）、穿着得体、配衫适宜。

（5）鞋袜搭配适宜，手套要用专业司机手套。

（6）男司机一般可以戴一枚结婚戒指，不提倡戴其他首饰；眼镜要选择保护眼睛又不影响视野的；手表造型要庄重、保守，避免怪异、新潮。

2. 仪态礼仪

（1）保持微笑，笑容要自然、从容、真诚。

（2）目光柔和，在工作场合一般注视对方唇部和额中之间的区域，不要注视对方的头顶、胸部、腹部、臀部、大腿或脚部、手部等禁区。

（3）和多人打交道的时候，要用环视表示对他们的重视、一视同仁。

（4）注视角度要相对保持稳定，对于异性不要反复地扫视，不要盯视他人或从后视镜盯视。

3. 语言礼仪

开车过程中，司机一般要避免说话，以免分散注意力，影响行车安全。交谈时可以选择轻松的话题，并且要根据乘客的性别、年龄以及心境选择合适的主题。注意不要论人是非，不要发泄牢骚，不要独白，不要抬杠，注意谈话的艺术。

4. 车辆保管礼仪

（1）要定期全面检查车辆情况，随时掌握车况。

（2）要经常对所保管车辆进行清洗，保持车容整洁。

（3）车辆平时应停在指定的地点，不要乱停乱放。

5. 安全行车

对于公交车、出租车等公路交通工具来说，有十个不开如下。

（1）时间紧时不开急躁车。

（2）无人检查时不开自由车。

（3）车辆有故障时不开带病车。

（4）心情不好时不开情绪车。

（5）受到鼓励时不开英雄车。

（6）交会车时不开霸王车。

（7）道路不熟时不开冒险车。

（8）道路条件好时不开麻痹车。

（9）对方态度不好时不开赌气车。

（10）连续工作时不开疲劳车。

6. 做好行车心理准备

长时间开车会引起行车疲劳，老司机则容易疏忽大意，而这些都是造成行车事故的主要原因。因此，在开车时要做好充分的心理准备，不要心存侥幸，也不要随波逐流，而是要克服心理素质较差的状况，安全行车。

（1）有驾就有险，开车上路就要有承担交通意外的心理准备。

（2）一旦出现交通意外，在情绪上要保持冷静，避免争执。

（3）一旦出现交通意外，在行动上应第一时间联系公司，并根据现场情况灵活迅速地处理，尽可能把伤害和损失降到最低。

7. 行车服务礼仪

（1）努力满足乘客对设施服务的要求，使客人感受车厢的舒适和温暖。

① 空调：以客人的舒适度为宜。

② 音响：音量或听什么音乐，以客人的要求为度。

③ 车窗：征询乘客的意见。

④ 其他常备物品：雨具、便笺纸、签字笔、地图等，在乘客有需要时可以使用。

（2）每次出车前填写一张行驶记录，信息详细准确。

（3）出车完毕要及时告知车队，以便公司及时掌握车辆信息，便于调度。

8. 行车服务禁忌

（1）不要往车外扔垃圾或吐痰。

（2）不要在车内吸烟。

（3）不要在行驶过程中吃东西。

（4）不要在红灯停车的间隙见缝插针地做些"小事情"。

（5）不要在行驶中接听电话。如有必须要接听的来电，可以用耳机或蓝牙耳机接听，并长话短说。不要接打私人电话并长篇大论。

（6）杜绝公车私用。

（二）乘务员服务礼仪

乘务员作为直接与旅客打交道的公共交通服务人员，强调专心、耐心、细心、用心为顾客提供服务，要细心观察顾客的行为举止，耐心倾听顾客的要求，真心诚意为顾客提供亲切优质的服务，让顾客有一种"宾至如归"的感受。同时，要注重在服务过程中与顾客的情感交流，真正体现"以人为本"的服务理念。

1. 动作服务礼仪

（1）候车时的动作礼仪

着装规范统一，讲话声音要小，手势要少要轻，切记不可玩笑打闹，站姿、坐姿要符合专业化形象标准，保持自己的良好形象，不得当着众人补妆或修饰面容，如需要应到卫生间或工作间进行。

（2）迎宾送客的动作礼仪

旅客等车或下车时，应在车厢门口相应的位置迎接或送别，常用的行礼方式有鞠躬礼、挥手礼等。

（3）引导旅客的动作礼仪

引导旅客时应五指并拢，手心微斜，指出方向，而且应走在旅客一两步之前，让旅客走中央，自己则走在走廊的一边。

2. 仪表修饰礼仪
修饰仪表应遵守庄重、简洁、大方三大原则，并要展现可被信赖的工作环境。

3. 着装规范礼仪
乘务员上班时应穿制服，衣帽、领带或领花要整齐干净，不佩戴多余的饰品。

二、乘坐公共交通工具的礼仪

司乘人员为旅客提供了便利的公共交通服务，因此作为乘客来说，也要遵守乘客的礼仪，体谅司乘人员的辛苦和不易，共同维护公共交通工具上同一片空间的和谐与温馨。

（一）出租车的乘坐礼仪

1. 扬手招车
当需要乘坐出租车时，应站在所去方向的道路右侧、司机容易看到的地方挥手招车，周围不要有遮挡物。切忌在前进方向的左侧、十字路口、车辆进出口、人流密集的道路以及交通法规禁止停车的地方挥手招车。在机场、火车站等场所等候出租车时，应到指定区域排队等车，不要干扰出租车本身的等候顺序。在没有出租车等候站的地方，应自觉遵守先来先上的原则。

2. 上下出租车
（1）出租车靠边停稳后，乘客应及时从右边前后车门开门上下车。禁止从车门左边上下车，以防发生意外。

（2）照顾长辈和女士，上车时，年长者或女士先上；下车时，年轻者或男士先下。

（3）上车后应随手关好车门。

（4）应主动向司机问好，并告知司机乘车所去目的地及途经路线。说目的地时，一定要清晰而且详细，如有可能，还应建议司机走哪条路线。不要站在车外跟司机讲："我要去某某地方，去吗？""我去某某地方，多少钱？"等话语，尽量减少车辆在道路上停留的时间，以免影响道路交通。

（5）保持车内卫生，不往车外吐痰、扔杂物，应将痰吐在纸巾里，下车时随其他杂物随身带走。下雨天不要把湿淋淋的雨伞放在车座上。在没有禁止吸烟的车上，如要吸烟，应征得司机同意，不可将烟灰弹落在车内，不将烟蒂扔到窗外。

（6）对出租车司机要谦和有礼。如果对司机选择的路线有意见，或不满意司机的服务，如司机在开车时接打电话等，要善意提出，注意文明用语，切勿与司机发生争吵。

（7）下车时应对司机的服务表示感谢。

3. 注意事项
（1）一般情况下，乘坐出租车时不应催促司机加快车速。

（2）坐出租车时大都应当坐在后排，在车上对司机要讲礼貌，不要与司机谈话，以免分散司机的注意力。

（3）乘坐出租车时，随车同乘总人数不得超过四人，超过四人分两车乘坐，不允许许同挤一车。

（4）出租车不允许随车载运超体积、超重量、污染严重的物品以及各类易燃、易爆、腐蚀的危险化学品。

（5）出租车到达目的地后，乘客要按计价器显示金额付费，付费前先主动向司机索取车票，一是作为乘车凭证，以备发生纠纷时有利于问题的解决；二是如果有物品遗失在车上，管理部门能及时依据车票找到车辆，并帮乘客找回遗失的物品。

（二）公共汽车的乘坐礼仪

1. 上下车辆

一般乘坐公共汽车的人比较多，因此务必要维护上下车的公共秩序，以求大家方便。

（1）上车依次排队

① 若等候公共汽车的人较多，一定要自觉地以先来后到为顺序，排队候车、上车。

② 排队候车时应站在站台上，不要拥入街道之上妨碍交通，同时还要注意队列不要排得过度拥挤。

③ 公共汽车到站停稳之后，要先下后上，按照排队的顺序依次上车。对于行动不便的老人、孕妇、病人、残疾人要加以帮助。

④ 车上人满后应等下一辆车，不要扒门、硬挤或"吊车"。

（2）下车提前准备

在拥挤的公共汽车上，下车一定要提前准备。

① 在到达目的地的前一站就要向车门靠近，不要等车到站之后，才不慌不忙地向外挤，浪费大家的时间。

② 进行下车的准备时，如需他人让路，应有礼貌地先打一声招呼，或说"借过""劳驾"或"请您让一下"，不要猛挤猛冲。

（3）车上礼仪

① 上了公共汽车后，应将随身所带的物品放到适当的位置，不要占座、挡路，或妨碍他人。

② 不要在车上吃东西。若上车前未吃完，应进行必要的处理，以免弄脏公共汽车或他人的衣服。

③ 不要带有碍安全的物品上车。携带重、硬、尖或易碎品上车时，需要提醒他人留心注意。

④ 雨雪天上车后，应将雨伞、雨衣放入塑料袋中，或提前抖掉身上的雨水和雪花，不要弄湿他人的衣服。对已湿的物品，亦应妥善处理。

2. 座位选择

（1）座位规则

乘坐公共汽车时，座位的选择有其特殊性，通常讲究就座时先来后到。坐车时，切勿

与他人争抢座位。

(2) 主动让座

① 与尊长、女士、来宾一同坐公共汽车时，应请其优先入座。

② 遇上老、弱、病、残、孕及带小孩的乘客，应主动让座，切勿熟视无睹。

③ 当他人为自己让座时，应立即道谢。不要自认为理所当然，一语不发。

(3) 不随处乱坐

在公共汽车上除座位外不宜随处乱坐。比如窗沿、地板、扶手、发动机等处，均不宜就座。

3. 乘车表现

乘坐公共汽车时的表现能反映出每个人道德素质的高低。

(1) 不勾肩搭背，不碰撞他人

若有可能，应与其他人的身体保持一段距离。万一因为车辆摇晃或自己不小心发生碰撞、踩踏，应立即道歉。若他人因此向自己道歉，应大度地表示"没关系"。

(2) 不设置路障

不管是坐是站，均应坐有坐相，站有站相。不要把腿伸到过道上，人为地设置路障。

(3) 不影响安全

在公共汽车上切勿吸烟，不要随手往地上或窗外乱扔废弃物，也不要将头探出窗外，不要手扶门缝、窗缝。上下车时不要起哄、猛挤、推人、拉人。

(三) 火车的乘坐礼仪

1. 候车

乘客在候车时，要爱护候车室的公共设施，不大声喧哗，携带的物品要放在座位下方或前部，不抢占座位或多占座位，更不要躺在座位上使别人无法休息。要保持候车室的卫生，瓜果皮核等废弃物要主动扔到果皮箱里，不随地吐痰。

2. 排队上车

上火车检票时要主动出示车票，按车票上所指定的车次、车厢持票排队上车。同时要注意看管好自己的行李，不要拥挤、插队，自觉有序地排队进入车厢。不要从车窗上车，或是从车顶上、车厢下攀援、穿行。

3. 上车就座

(1) 乘坐指定座位

进入车厢后，按火车票上标明的车厢号和座位号寻找座位，并对号入座。

(2) 中途上车找座

中途上车找座时，应先以礼貌用语向他人询问，不要硬挤、硬抢、硬坐。身边有空位时，则应主动请无位者就座，不要占着不让，对他人的询问不要不理睬，或说假话骗走对方。

(3) 让座

若发现有老人、孩子、病人、孕妇、残疾人无座时，应尽量挤出地方请其就座，或者让出自己的座位来，以照顾对方。

（4）火车的位次

座位以靠窗为上，靠边为下；靠右为尊，靠左为卑；面向前方为佳；背对前方为次。

4. 摆放行李

对号入座后，应按要求将行李放在车厢内的行李架上。行李要注意放平稳，不应放在过道或小桌上。放取行李时应先脱掉鞋子再站到座位上，以免踩脏别人的座位；自己的行李要摆放整齐，尽量不压在别人的行李上；如果不得已压在别人的行李上，也应征得别人的同意。

5. 休息

坐火车的人大都行程较远，因此在火车上的绝大多数时间都在休息。在火车上休息时应当切记下列礼仪规范。

（1）着装文明

若非在卧铺车上就寝，一般不应宽衣解带，脱鞋脱袜也不合适。不论天气多么炎热，都不要裸露上半身，下装不应过于短小。不要当众更换衣服，或当众袒胸露怀、撩衣撩裙。

（2）姿势优雅

在坐席车上休息，不要东倒西歪地卧倒于座位上、座位下、茶几上、行李架上或过道上。不要靠在他人身上，或脱掉鞋子把脚放在对面的座位上。在卧铺车上休息，不要采用不雅的姿势，不要注视他人的睡相和睡前准备。

6. 用餐

（1）在餐车用餐

去餐车上用餐时，如果用餐的人过多，应耐心排队等候。在用餐时，应节省时间，不要大吃大喝，猜拳行令。用餐完毕应即刻离开。

（2）在车厢用餐

在车厢内吃东西时，应注意尽量不要在车上吃气味刺鼻的食物。吃剩的东西不要扔到过道上或投出窗外。

7. 禁烟

很多高速列车都是封闭型车厢，一定要认真遵守车厢内严禁吸烟的规定。实在忍不住时，可听从车上广播指示了解可吸烟的位置，去指定位置抽烟。

8. 注意节约用水

乘火车时，注意不要浪费水，尤其是只在大站停靠的列车，途中没有太多能够补足水源的机会，浪费车上的水会让其他乘客面临无水可用的困境。

9. 交际

在火车上与他人交际，有三点要求应注意。

（1）主动问候

上车之后，即应主动向邻座之人打招呼问好。若有必要，还可以进行简单的自我介绍。

（2）交谈适度

与邻近的乘客交谈时要注意话题的分寸，不要吹牛、发牢骚，不要传播小道消息与政治谣言。当他人兴致不高或打算休息时，应适可而止。有人跟自己交谈时，不要置之不理。

（3）相互关照

在火车上，大家虽然萍水相逢，但彼此还要相互关心照顾。有人行李拿不动时，应援之以手；有人前去用餐或上洗手间时，应为之照管行李；有人晕车或生病时，应多加体谅。

10. 下火车时

（1）提前准备

在到达目的地的半个小时之前，就应开始准备下车时随身携带的各种物品，人多时最好提前一两分钟到车门处等待停车开门。

（2）与人道别

在下车前，应与邻近的乘客道别。遇上乘务员时，也要主动说一声"再见"。

（3）排队下车

下车时人若较多，应当自觉排队等候，不要往前硬挤，或是踩在座椅背上抢行，更不要从车窗翻窗下车。

想一想

如果买的是火车卧铺的上铺或中铺票，没到睡觉时间可以坐在下铺席位上休息吗？

（四）飞机的乘坐礼仪

飞机是目前世界上最快捷的公共交通工具，由于空中旅行与地面旅行有很多差异，必须注意以下礼仪。

1. 办理登机手续

我国民航规定，旅客必须在机票上列明的航班规定离站前 90 分钟，到达指定现场办理登机手续。在航班规定离站前 30 分钟，登机手续将停止办理。此刻抵达机场者将难以登机。

飞机的乘坐礼仪

需要办理的登机手续主要有换取登机牌、接受安全检查等。安检时需要注意：在安检前，要提前把护照、身份证等相关证件准备好，以免临时翻找耽误时间，也容易出错。

想一想

旅客结伴出行，在办理登机牌和安检时，其中一个人替大家排队算"加塞儿"吗？

2. 候机

乘坐飞机前要领取登机牌，通过安全检查门后，注意将有效证件收好以免遗失，只持登机牌进入候机室等待。

在候机大厅内，旅客要注意：一个人只能坐一个座位，不要用行李占座位。使用行李车时不要将行李车横在通道内，影响其他旅客通行。无论是同性还是异性，都不要坐在对方腿上，这是非常不礼貌的行为，特别是在国际机场。

在座位紧张的情况下，要把座位让给老人、抱小孩的妇女或孕妇。

3. 登机后的礼仪

登机后，乘客要根据飞机上座位的标号按顺序对号入座。将随身携带的物品放在座位头顶的行李箱内，较贵重的物品放在座位下面，自己保管，注意不要在过道上停留太久而影响他人。

（1）尊重乘务人员

登上飞机之后，要尊重、支持、配合乘务人员的工作，不要给对方出难题。

① 要回答乘务人员的问候。上下飞机时，均有机组乘务人员在机舱门口列队迎送，她们会向每一位通过舱门的乘客热情地问候。此时，作为乘客应有礼貌地点头致意或问好，不要置之不理。

② 要感谢乘务人员的服务，每逢乘务人员送来饮料、食物、报刊，或是引导方向、帮助搬放行李时，要主动向对方说一声"谢谢"，不要熟视无睹。当飞机安全着陆后，应当鼓掌，以示对全体乘务人员的感谢之意。

③ 要服从乘务人员的管理。当飞机起飞和降落时要系好安全带，乘务人员会巡视、检查每位乘客的安全带是否扣好、就座是否端正、身前小桌板是否收起，此刻务必要服从指挥。

对其他方面的管理，例如，飞机起飞前，乘务员通常给旅客示范表演如何使用降落伞和氧气面具等，也要无条件服从，以防意外。在飞机上要遵守"请勿吸烟"的规定，同时禁止使用移动电话、AM/FM 收音机、便携式电脑、游戏机等。

（2）严格要求自己

① 不侵占别人的位置。上飞机后，在自己的座位上就座，不去高档座舱或空闲的座位抢占不属于自己的座位。坐好之后，腿、脚不要乱伸，尤其是不要伸到通道上，或是别人的座位上。不要将自己的行李放在别人的行李箱上，或是座位底下。

② 不占小便宜。不要贪图小便宜，偷拿公用物品。例如，进餐所用的刀叉、阅读用的书刊、洗手间里的卫生纸、座位底下的救生衣、座位上方的氧气面罩等，均不可拿走。享用免费食品时也要量力而行，不要多要多占。

③ 不乱动乱摸。对于飞机上的一切禁用之物、禁动之处，都要遵守规定，不可出于好奇乱动乱摸，甚至因此而危及飞机上全体乘客的生命安全。

④ 不使用违禁物品。在起飞、降落及飞行的过程中，要关闭手机，以免干扰飞行系统，在飞机停稳后再打开手机。此外，飞机上禁用激光唱机、手提电脑、调频收音机、电子游戏机以及电子玩具等有可能干扰无线信号的物品。

（3）善待其他乘客

在飞机上应当跟其他旅客和睦相处，友好相待。

① 不要不守秩序。在上下飞机时、使用卫生间时，如果人数较多，应自觉排队等候，不要不守秩序。使用公用物品时，要尽量快一些，以方便后来者。

② 不要高声谈笑。飞机起飞后，乘客可看书或与邻座旅客进行交谈，但不要隔着座位说话，也不要前后座说话。注意谈话的声音不要过大，尤其是在飞机夜间飞行，或身边有人休息时，切勿喋喋不休，影响其他乘客的休息。

③ 不要制造恐慌。不要谈论有关劫机、撞机、坠机一类的不幸事件。不要对飞机的性能与飞行信口开河，随便乱讲，增加他人的心理压力，制造恐慌。

④ 不要令人不适。不要在飞机上反复打量、窥视其他乘客，不要到处闲逛。如果感到闷热可以打开座位上方的通风阀，也可以脱下外衣。注意衣着得体，穿着可以舒适，但不要袒胸露怀。更衣要去洗手间。如果有特别需要可按座位旁边的按钮呼叫乘务员，不要在机舱内大呼小叫。

互动讨论

飞机上的饮料可以敞开饮用吗？在飞机上可以喝酒或吃零食吗？

4. 停机后的礼仪

（1）下飞机时礼仪

飞机未停稳前，不可起立走动或拿取行李，以免摔落伤及他人，影响机上秩序。要等停机后，带好随身携带的物品，按次序下飞机。

（2）办理相关手续

国际航班上下飞机要办理入境手续，通过海关便可凭行李卡认领托运行李。

（3）领取行李

办完入境手续即可凭行李卡认领托运的行李。许多国际机场都有传送带设备，也有手推车以方便搬运行李，还有机场行李搬运员可协助乘客。在机场除机场行李搬运员要给小费外，其他人无需给小费。

下飞机后万一找不到行李，应请机场管理人员协助查寻，并可填写申报单交给航空公司。确实丢失的，航空公司会照章赔偿。

（五）轮船的乘坐礼仪

船只是人们用作水上交通的主要工具。在日常生活里，当人们在江河湖海上旅行时，要注意安全、休息、交际这三大方面的问题。

1. 登船礼仪

乘客上下船时，应凭自己所买船票依次上下船，不要为了争时间抢速度，造成拥挤，发生不幸。

上船时一定要按先后次序排队。与长者、女士、孩子一起上船时，应请其走在前面，或者以手相扶，不要加塞、乱挤，避免发生危险。

2. 登船后礼仪

上船之后，休息时有下列四个十分重要的礼仪。

（1）寻位

在一般情况下，乘船是要对号入座的。国内客轮的舱位是分等级的，大体上分为头等舱、一等舱、二等舱、三等舱、四等舱、五等舱六种。它们大都提前售票，票价各异，对号入座。一人一座或一人一铺。若自己所买的散席船票是不对号或无法确定自己的位置，则上船之后要听从船员的指示、安排，前往指定之处休息，不要任意挪动或自己选择地方。

（2）卫生

在乘船的过程中，都要自觉地维护环境卫生。与他人同住一个客舱时，一定不要吸烟。如果因晕船而发生呕吐，千万不要直接吐在地上，而应去洗手间，或是吐在呕吐袋内，若不小心吐到地上，应立即将其打扫干净。对于吃剩的食物、废弃的物品、果皮纸屑等，不可随手扔到甲板上或水中，这是很不卫生的。

客舱的空间较为狭小，因此要注意及时地漱口、洗澡，以消除体味、汗臭。患有汗脚的人，尽量不要脱鞋脱袜，以防脚臭熏人。

（3）晕船与生病

没有船上生活经历的人，尤其是身体虚弱的人，在乘船之前一定要预备好一些应急的药品加以备用。一旦晕船，应立即服药，并卧床休息。如果呕吐不止，身体虚脱，则应请船上的医生进行治疗。若自己周围的人晕船、生病，要给予对方力所能及的帮助。

（4）紧急的事件

在乘船旅行途中，若不幸发生了难以预料的天灾人祸，如火灾、沉船、撞船、触礁、劫船、台风等，应当处变不惊，不仅要奋起自救，而且要尽心尽力地救助其他人，共渡危难。如果需要离船，应当听从船员的指挥，并乘坐对方所安排的交通工具。不要惊慌失措，急不择路，或是跳水逃走。

① 当轮船即将沉没时，船长会发出弃船命令。在弃船命令下达以后，水手会放下救生艇，要让老、弱、病、残、孕、幼先上，然后其他人依次上艇。

② 在穿好救生衣弃船自救时要注意：第一，为防止海浪呛水，应该侧过脸、屏住气，利用海浪平静的间隙口吸鼻呼；第二，为防止水温过低，应该喝足淡水，穿好鲜艳的保暖衣服；第三，为防止异物撞击，应注意观察四周漂浮物，防止碰撞。

③ 落水者应使用气球、电筒、发光或闪光物、小镜子等作为信号，以便引起救助者的注意。

（六）地铁的乘坐礼仪

当今社会，地铁因其快捷、准时的特点被越来越多的大城市接纳。地铁也是一个公共场合，需要遵守一定的礼仪规范。

1. 乘车前的准备

乘坐地铁之前，应准备好零钱购买车票，或者在公交卡上进行充值，保证刷卡时能够进站。购买车票或给公交卡充值时，要自觉排队，不要拥挤或插队。

2. 积极配合安检工作

乘客在乘坐地铁之前，要自觉配合工作人员例行安检，不要拒绝或指责安检人员。

3. 先刷卡再进站

地铁入口都有收费机器，乘客应该先刷卡再进入。

4. 礼貌上下车

列车到站之前，要自觉排队，有次序地上下车，不要一窝蜂似的拥挤。下车要遵循"先下后上"的原则，让车里的人先出来，车外的人再依次上车。车上的人在列车到站时，要提前做好准备，特别是人流高峰的时候，应提前走到门口等待下车，不要等到车到站了，再从里面挤出来。

5. 换乘礼仪

地铁线路四通八达，然而要去某个地方，可能还需要换车乘坐。换乘地铁时，也要注意礼仪，提前问清方向，查询要去的站牌名，以免坐反方向或做错线路。

（七）电梯的乘坐礼仪

在现代社会中，电梯是人们用来缩短距离以提高工作效率的工具。乘电梯的礼仪包括以下三种。

1. 等电梯礼仪

与人同乘电梯时，要主动面带微笑额首问安。

2. 进出电梯礼仪

（1）注意安全

① 当电梯关门时，不要扒门或者强行挤入。

② 当电梯人数超载时，不要心存侥幸，应主动退出。

③ 当电梯在升降途中因故暂停时，要耐心等候，不要冒险攀援而行。

（2）注意出入顺序

① 与不相识者同乘电梯，进入时要讲先来后到，出来时则应由外到里依次而出，不可争先恐后。

② 与熟人同乘电梯，尤其是与尊长、女士、客人同乘电梯时，应视电梯类别而定，进入有人管理的电梯，应主动后进后出；进入无人管理的电梯时，则应当先进后出。先进去是为了代他们按下欲往的楼层，后出来也是为了控制电梯。

3. 乘坐电梯礼仪

在电梯内正确的站法是先进电梯的要靠里而站，尽量避免紧靠他人和背对他人。看到双手抱满东西的人，可代为按钮。电梯里面人非常多时，先上来的人要主动往里走，为后面上来的人腾出地方；后上来的人，要视电梯内人的多少而行，当超载铃声响起，最后上来的人应主动下来等下一趟。

（八）自动扶梯的乘坐礼仪

自动扶梯是公共场所常见的垂直交通工具，多安装在百货商店、大型超市、机场和地铁站等客流量集中的地方。

1. 进入自动扶梯

（1）观察自动扶梯行进的方向，不要乘错方向。

（2）一只手扶住扶手带，另一只手拿稳随身携带的物品。

（3）如果穿着宽松的衣裙，应当保证衣裙的边角、飘带远离梯级和扶梯侧挡板。

（4）切勿将手提包或随身携带的重物放置在扶手带上。

2. 登梯以后

（1）靠扶梯右侧站立，如果是单人宽度扶梯则应站立在扶梯中央，面向扶梯运行的方向。

（2）脚不要接触扶梯侧挡板；用一只手扶住扶手带。

（3）乘自动扶梯时不要四处张望，防止因注意力不集中而发生危险。

3. 离开自动扶梯

（1）迅速离开梯级和出口。

（2）切忌在此处犹豫不决、东张西望或谈话，这样有可能影响身后的客流人群。

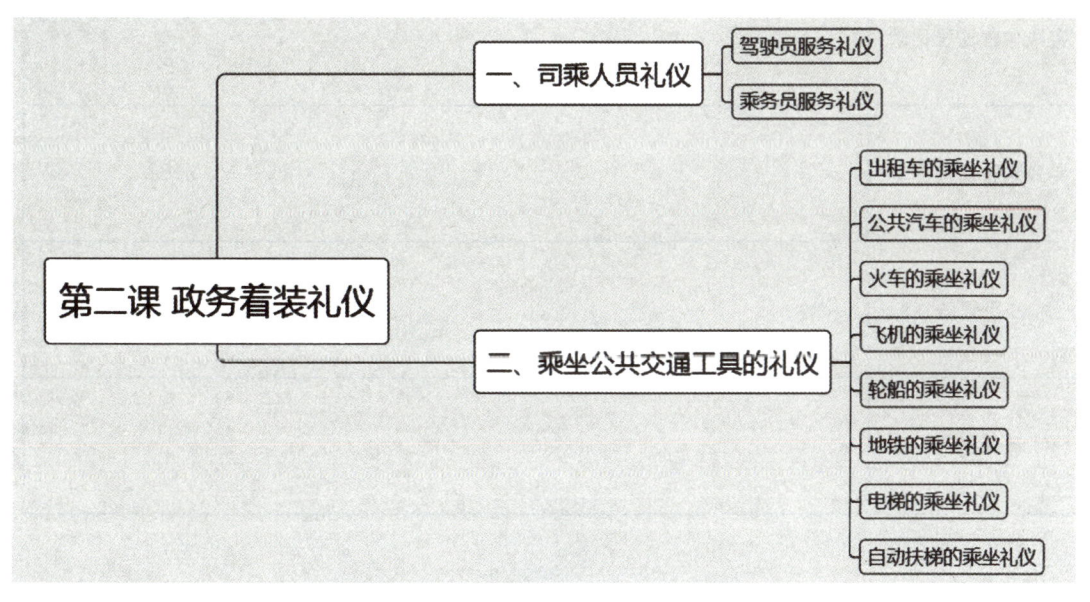

课程小结

第二课 政务着装礼仪
- 一、司乘人员礼仪
  - 驾驶员服务礼仪
  - 乘务员服务礼仪
- 二、乘坐公共交通工具的礼仪
  - 出租车的乘坐礼仪
  - 公共汽车的乘坐礼仪
  - 火车的乘坐礼仪
  - 飞机的乘坐礼仪
  - 轮船的乘坐礼仪
  - 地铁的乘坐礼仪
  - 电梯的乘坐礼仪
  - 自动扶梯的乘坐礼仪

三、乘坐公共交通工具实践体验

情境演练：分别扮演不同公共交通工具乘客，进行乘坐公共交通工具礼仪练习，可自由定义情景。

实践体验名称	乘坐公共交通工具礼仪实践体验		课时数	2
班级		姓名	完成日期	
实践体验内容描述				
实践体验学习目标				
实践体验工作步骤				
实践体验材料准备				
实践体验资源链接				
实践体验过程记录				
实践体验成果分享				
小组评语				
教师点评				

第三课 营销服务礼仪

课程导读： 市场营销是现代商业中一个重要的学科，它是产品销售活动过程中为顾客提供的各种劳务的总称。比尔·盖茨说："在市场竞争条件下，企业竞争首先是员工素质的竞争。"营售服务工作人员仅仅掌握熟练的营售业务是不够的，还必须具有良好的礼仪修养和专业的服务技能，从而以得体、有礼、有节的形象展示在顾客面前，为其留下良好的第一印象，在激烈的市场竞争中展示出自己的强劲优势。

漫画小剧场：

名人名言

> 营销学不仅适用于产品与服务，也适用于组织与人，所有的组织不管是否进行货币交易，事实上都需要搞营销。——菲利普·科特勒

一、顾客服务礼仪

营销人员在服务顾客时，首先要注意自己的仪容仪表，从头到脚都要精心准备，给顾客留下良好的专业服务形象。此外，还要格外注重服务礼仪，以熟练且专业的营销技能服务于顾客。

（一）姿态礼仪规范

1. 站姿规范

营销人员的标准站姿是头部抬起，面部朝向正前方，双目平视，下颌微微内收，颈部

挺直；双肩放松，呼吸自然，腰部直挺；双臂自然下垂，放于身体两侧；两腿立正并拢，双膝与双脚脚跟靠紧；两脚呈V字形分开，两者之间相距约一个拳头的距离；女士双手交叉置于小腹前，男士双手相握于背后。

2. 行走规范

（1）抬头挺胸，双臂自然摆动，双眼平视前方，面带笑容，充满活力，带着自信向上的神态，步伐从容，步态平稳，步幅适中，步速均匀，走成直线。

（2）行走时严禁左顾右盼，四处张望，或盯住顾客上下打量。

（3）不得以任何借口奔跑、跳跃，确因工作需要必须超过顾客时，要礼貌道歉。

（4）尽量靠左侧行走，不走中间。

（5）与顾客同行应主动开门让行。

（6）引导顾客时，让顾客和上级在自己的右侧。

（7）上楼时顾客在前；下楼时顾客在后；三人同行时，中间为上宾。

3. 手姿规范

（1）在给顾客指引方向时，要把手臂伸直，手指自然并拢，手掌向上以肘关节为轴指向目标。眼睛要看着目标并兼顾对方能否看到指示的目标。严禁一个手指指点方向，摆手回答或用手做各种小动作。

（2）谈话时手势不宜过多，幅度不宜过大，否则会有画蛇添足之感。

（3）在递给顾客东西时，应用双手恭敬地奉上，绝不能漫不经心地一扔，并忌用手指或笔尖直接指向顾客。

（二）商品介绍礼仪

1. 迎客主动

营销员要眼观四面，耳听八方，面带微笑，时刻保持站立姿势，目光平视，精神饱满，留意顾客的动向，随时准备上前服务。一旦顾客走近商品，应主动迎上去微笑点头问候"您好，欢迎光临。"当顾客专注于某一件或某一些商品时，可问候"您有什么需要？"在顾客没有做出表示以前，不要轻易发问，从大多数顾客的购物心理来说，从产生购物动机到有成购物行为都有一个过程。一个称职的营销员应该从顾客的眼神中预测到其购物意图，进而有针对性地做好服务工作。

小贴士

导购员工作中的行为禁忌

1. 服务人员通常不要主动伸手和服务对象相握。
2. 不要双手抱头。很多人喜欢用单手或双手抱在脑后,这一体态的本意是放松,但在别人面前特别是给人服务的时候,就会给人一种目中无人的感觉。
3. 不要摆弄手指。反复摆弄自己的手指,要么活动关节,要么捻响,要么攥着拳头,要么手指动来动去,都会给人一种无聊的感觉。
4. 不要手插口袋。在工作中,通常不允许把一只手或双手插在口袋里。这样的做法会让人觉得你在工作上不尽力,忙里偷闲。
5. 当与别人谈话时不要双手交叉,身体晃动,一会倾向左边,一会倾向右边,或是摸头发、耳朵、鼻子,给人一种不耐烦的感觉。不要一边说话一边玩笔,也不要拿笔来回地按。

2. 服务热情

营销人员在为顾客介绍商品时要做到以下四点。

(1)要积极、主动、耐心、细致、周到地回答顾客的提问,声音轻柔,态度诚恳,做到"百问不厌,百挑不烦";介绍商品以诚为本,实事求是,绝不弄虚作假。

(2)顾客欲购买或挑选、观看某种商品时,营销员要及时为顾客拿取,并向顾客展示商品的功能,轻拿轻放,动作规范,一边展示,一边讲解。

(3)当顾客在挑选商品拿不定主意时,营销员要当好参谋,解答顾客的疑问,帮助顾客做出购物的判断。

(4)当顾客多、业务繁忙时,营销员更要注意礼貌,做到"接一顾二招呼三",也就是说,在接待先来的顾客同时,还要兼顾其他的顾客,留意他们中间的先后顺序及购物要求,分别给予不同的招呼,如"对不起,请稍等",或点头示意,以示尊重。

3. 礼貌送客

(1)顾客选择好商品后,营销员应提醒顾客有关商品的注意事项,并带领顾客前去收银台交款;对于那些没有挑到自己称心商品的顾客,也要礼貌对待。

(2)顾客购物离开柜台时,应致谢道别,目送顾客离去。

互动讨论

根据仪态标准,练习如何给顾客指引方向、引领路线。

二、营销交谈礼仪

营销人员要在服务顾客时要注意交谈礼仪，注重语言规范，同顾客交流时要口齿清晰、语音标准、语调柔和、语气正确、用词文雅。

（一）营销交谈礼仪规范

1. 主动开口

顾客上门时，要热情主动，交谈时要自信，以赢得顾客的信赖。面对咨询时，态度要热情，友善地回答顾客提出的各种问题。

2. 巧用手势

自信的表达与合理的手势相结合，表达的时候吐字要清晰，语调、语速要适中，要擅用"您好""请""欢迎光临""谢谢""对不起""再见"等礼貌用语。

3. 语言美

接近我们产品的每一位顾客都是我们的服务对象，要面带微笑，主动问好，展示良好的素养，忌说当地忌语。

（二）敬语与谦语

1. 招呼用语

招呼用语要求说好第一句话，落落大方，笑脸相迎，称谓亲切，使顾客有宾至如归之感。常用的招呼用语如下。

（1）欢迎光临！
（2）您好！
（3）有什么可以帮到您？
（4）几位先生（女士/小姐），你们想看些什么？
（5）这是刚到的新款，您可以看看。
（6）您要买点什么？
（7）请稍等一下，我马上就来。
（8）您需要些什么？我拿给您看。
（9）辛苦了。
（10）不买没关系，欢迎您随便参观。
（11）请您多提宝贵意见。
（12）您好，请多关照。

2. 介绍用语

介绍时要求热情、诚恳、实事求是，突出商品特点，抓住顾客心理，当好"参谋"。常用的介绍用语如下。

（1）您想看的是这个商品吗？

（2）请您看这个商品，比较适合您。

（3）这是新产品，它的特点/优点是……

（4）如果需要的话，我可以帮您参谋一下。

（5）这件相不中，您可以再看看那件。

（6）对不起，您要买的品种已经卖完了，这是新品种，您要看看吗？

（7）我给您拿几种看看好吗？

（8）您回去使用时，请先看一下说明书。

3. 收、找款用语

收、找款时要求吐字清晰，交付清楚，将找款送到顾客手中，不允许扔、摔、重放，一递一扔反映的是对顾客的尊重和不尊重。常用的收、找款用语如下。

（1）您这是××元钱。

（2）收您××元钱。

（3）这是找给您的××元钱，请收好。

（4）您买的东西共计××元钱，收您××元钱，找您××元钱，请点一下。

（5）您的钱正好。

（6）您的钱不对，请您重新清点一下。

4. 包装商品用语

包装商品时要提醒顾客应注意的事项，双手递交给顾客商品，不允许把商品扔给顾客不管，或者摆在柜台一堆，扔给对方一个塑料袋就完了。常用的包装商品用语如下。

（1）请稍等，我帮您包装好。

（2）这是您的东西，请拿好。

（3）东西都装好了，请您带好。

（4）这是易碎品，请您小心拿好，注意不要碰撞。

（5）请您清点件数，我给您包装好。

（6）好了，请您看一下。

（7）这东西我已经帮您捆绑结实了，请拿好。

5. 答询用语

答询时要求热情有礼，认真负责，耐心帮助顾客解决疑难问题。常用的答询用语如下。

（1）真不巧，您问的商品刚刚卖完，近期不会有，请您到其他商店看看。

（2）您问的这种商品很少有货，请您有空常来看看。

（3）这种货过两天会有，请您抽空来看看。

（4）对不起，这个问题我不太清楚，请稍等一下，我去问别的同事。

（5）这种可以吗？如不合适，我再给您拿别的。

（6）这种很好，很适合您用。

（7）您真有眼光，穿上一定很漂亮。

6. 道歉用语

道歉时要求态度诚恳，语言温和，争取得到顾客的谅解。常用的道歉用语如下。

（1）对不起，让您久等了。

（2）对不起，这是我的过错。

（3）对不起，刚才忙，没听见您叫我，您要买什么？

（4）对不起，我刚调到这个柜台，介绍得不够清楚，请见谅！

（5）对不起，刚才是我工作大意，弄错了价格。

（6）对不起，让您多跑了一趟。

（7）由于我们工作上的过失，给您带来了麻烦，非常抱歉。

（8）不好意思，我也不太清楚，我可以问问别的营业员，看他们能否解答，请稍候。

7. 调解用语

调解时要和气待客，站在顾客的角度想问题、看问题、处理问题，虚心听取顾客的意见，多检查、批评自己。常用的调解用语如下。

（1）实在对不起，刚才那位同志态度不好，给您添麻烦了，今后我们一定加强教育。

（2）我是××（自我介绍身份），您有什么意见请对我说好吗？

（3）先生（小姐/女士），真对不起，这位营业员是新来的，有服务不周之处，请原谅！您需要什么，我帮您选。

（4）没关系，您到商店来就是我们的客人，欢迎您仔细挑选。

（5）对不起，给您添麻烦了，您有什么要求，请告诉我，我帮您解决好。

（6）请原谅，耽误您时间了，谢谢！

8. 解释用语

解释时要委婉、细心，用语恰当，以理服人，使顾客心悦诚服。

（1）退、换货时的解释用语

顾客要求试用、退换一些不宜试用或退换的商品时，常用的解释用语如下。

① 对不起，按国家有关规定，已出售的商品若不属于质量问题，是不能退换的。

② 请原谅，这种衣服颜色浅，容易弄脏，不宜试穿，您可以比一比大小。

③ 对不起，这种商品直接接触人体（某个部位），容易传染疾病，按国家有关规定，是不能退换的，请您选好了再试用。

⑤ 实在对不起，您这件商品已经使用过了，又不属质量问题，实在不好给您退换。

⑥ 这双鞋已超过了包退包换的期限，按规定，我们只能为您维修，请原谅。

（2）收、找货款纠纷的解释用语

在收、找货款发生纠纷时，常用的解释用语如下。

① 您别着急，我们都回忆一下，我记得刚才收您的是×张×元面额的人民币，找您×元钱，请您再回忆一下。

② 非常抱歉，今天比较忙，双方都有疏忽的可能。请您将地址留下，我们结账时查一查，一定将结果通知您。

③对不起，请您稍等，我们需要核对一下账、货、款。

④先生（女士/小姐），实在对不起，由于我工作的疏忽，忘了收您的钱，请您回忆一下，麻烦您了。

⑤对不起，让您久等了，经过核实，我们没有少找给您钱，请原谅。

（3）安抚顾客的解释用语

接待繁忙而有顾客以不礼貌的言语或动作催促营业员时，常用的解释用语如下。

①请您别着急，我马上给您拿。

②您别着急，请按顺序来，很快就能买到。

（4）怠慢顾客时的解释用语

接待忙而又有顾客要求多挑选或迟迟不交款时，常用的解释用语如下。

①先生（小姐/女士）您先挑着，不合适我再给您换。

②您慢慢选，我过去接待一下那几位顾客就过来。

③对不起，今天人多，营业员少，拿太多商品出来一时照看不过来，先给您这件看看，不行我再给您换，好吗？

④先生（小姐/女士），请稍等，我马上就过来接待您。

（5）顾客发难时的解释用语

有顾客故意为难或辱骂营业员时，常用的解释用语如下。

①您这样说话就不太礼貌了，我们之间应互相尊重。

②工作上我有哪些做得不够好，欢迎您提出来，或者向我们领导反映，这样在商场里喧闹影响不好。

③请您能够理解和尊重我们的服务工作。

（6）不能售卖商品时的解释用语

遇到政策性问题时，或遇到商品刚售完时，常用的解释用语如下。

①请原谅，您的心情我们理解，但有政策规定，我们实在不能帮您解决。

②按国家有关规定，这种商品需要×才能购买，实在对不起。

③真对不起，这种商品刚刚售完，您若同意，我可再为您提供同类商品。

④对不起，这种商品很畅销，刚好卖完您可以下次再来。

9. 送客用语

送客时要谦逊有礼，和蔼亲切，使顾客感到愉快和满意，不允许不做声，当成交后，应说一声"谢谢"。送客时，常用语如下。

①谢谢，欢迎您下次再来，再见！

②这是您的零钱和东西，您还需要些什么吗？

③这是您的东西，请拿好。

④请拿好，慢走。

课程小结

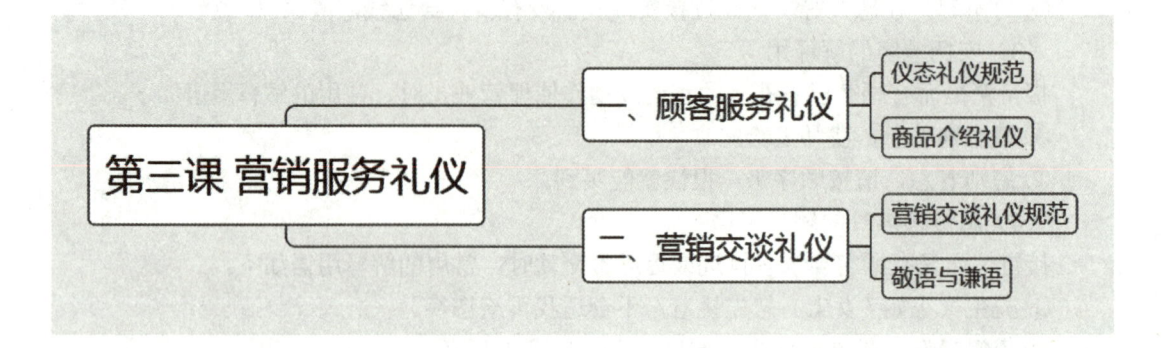

```
第三课 营销服务礼仪 ─┬─ 一、顾客服务礼仪 ─┬─ 仪态礼仪规范
                    │                  └─ 商品介绍礼仪
                    └─ 二、营销交谈礼仪 ─┬─ 营销交谈礼仪规范
                                       └─ 敬语与谦语
```

三、网络营销实践体验

实践体验名称	体验网络营销实践		课时数	2
班级		姓名	完成日期	
实践体验内容描述				
实践体验学习目标				
实践体验工作步骤				
实践体验材料准备				
实践体验资源链接				
实践体验过程记录				
实践体验成果分享				
小组评语				
教师点评				

第五单元
现代服务礼仪

第四课 导游服务礼仪

课程导读： 随着中国进入旅游大国的行列，出门旅游已是多数人节假日的首选，因此，导游行业也成为一个热门行业。导游是旅行社或景区为提高游客体验质量而安排的职业人员，负责引导游览，让游客充分感受到山水之美或受益于历史人文，并且在这个过程中给予游客食、宿、行等各方面的帮助，解决旅途中可能出现的问题。导游员是旅游从业人员中与游客接触最多、接触时间最长的人，在游客的心目中，导游员往往是一个地区、一个民族乃至一个国家的形象代表。因此，导游员在不断提高个人综合业务能力的同时，自觉加强礼仪修养的意义也固然重要。

漫画小剧场：

名人名言

读万卷书，行万里路。——（明）董其昌

案例

王贵平是中国国际旅行社总社日本二部的一名普通的导游。有一年，日本东京大学历史教授、研究中国历史的专家中村英明带学生来中国参观卢沟桥，由王贵平负责接待。在去卢沟桥的路上，王贵平看到了中村英明发给学生的资料，上面写着卢沟桥事件是撒谎、

礼仪与修养

编造、无中生有等等。中村英明非常气愤，当即拿着话筒予以反击，并迅速改变日程，让司机师傅把车开到了中国人民抗日战争纪念馆。但中村先生很顽固，坚持自己的观点，扬言要立即投诉王贵平随便改变日程。在王贵平的耐心劝说下，中村英明勉强下了车。王贵平一边带领大家参观，一边进行详细认真地讲解，不漏过每一幅照片、每一件沾满中国同胞血迹的实物。

讲解整整用了3个小时，王贵平的嗓子都哑了，最终用事实打动了中村先生和他的学生，参观结束出来后，中村先生和他的学生一齐跪在抗日英烈的塑像前忏悔道歉。虽然原定半个小时的日程整整延长到了3个小时，回到市内已经8点多了，也没有了购物的时间，但王贵平觉得很值得，因为他在精神上获得了丰收，大长了中国人的志气。

晚上，王贵平和中村先生在一起聊天，中村先生发自内心地说了这样的话："我来中国十几次了，研究中国史也有几十年了，第一次碰上你这样的导游，你改变了我30年所形成的对卢沟桥事件的看法，从你身上我理解了中国近20年为什么能持续高速发展，有志气的中国人一定会把中国建成一流的国家。"继而他又不解地问："你为什么不怕投诉，为什么那么做，那样对你本人无半点好处"。的确，中村先生对于王贵平来说是个大客户，但他认为，自己作为一个普通的中国人，必须要维护祖国的尊严。

不打不相识，后来王贵平和中村先生成了好朋友，中村先生连续三年率团来中国旅游。
（资料来源：2003年12月09日《北京晚报》）

想一想

你觉得王贵平擅自改变旅游路线的做法对吗？王贵平在这次导游活动中失去了什么，又得到了什么？

你知道吗？

古代也有"导游"

古代也有导游这个职业，不过和如今的导游还是有点区别的。古时候的导游分为编写旅游指导书籍和游览地区设专人从事导游两种。导游在唐宋时期已经盛行，游览胜地开设许多店铺，出现了"都门闭，夜更深，游人轿马尽绝，店门方闭"。店铺还有专事导游者，他们对游览区内历史地理、文化艺术、风土人情、民间风俗等了如指掌，介绍起来滔滔不绝。

互动讨论

如果在导游过程中遇到不听指挥私自行动的旅客该怎么做？

一、导游仪态规范礼仪

（一）仪容修饰规范

良好的卫生习惯和干净的仪容修饰不仅是导游个人文明素质的体现，也是导游职业礼仪的基本要求。导游在工作中，要具体做到以下三点。

（1）保持头发清洁，头发要梳理整齐、长短适宜，不搞奇形怪状的发型。

（2）保持牙齿清洁、口气清新，早晚刷牙，饭后漱口，带团时忌吃葱蒜等辛辣有异味的食物。随身携带口香糖，以备不时之需。

（3）保持面部清洁，女士略施淡妆，男士修剪鼻毛，不留胡须；保持手部清洁，不留长指甲，不涂有色指甲油。

（二）着装礼仪

导游着装的总体要求是朴素、整洁、大方、便于行走等。

（1）导游在带团时所穿的服装不可过于时尚、怪异或花哨，以免喧宾夺主，使游客产生不必要的反感。

（2）导游的衣裤应平整、挺拔，特别要注意衣领、衣袖的干净。

（3）袜子应常换洗，不得带有异味。

（4）男士不得穿无领衬衫、短裤和赤脚穿凉鞋参加外事接待活动。女士赤脚穿凉鞋时，趾甲应修剪整齐；穿裙装时，注意袜口不可露在裙边之外。

（5）在室内不可戴墨镜，如有眼疾非戴不可，应向他人说明原因。

（6）带团时，一般除订婚、结婚戒指外，不得佩戴其他首饰。

（三）姿态礼仪

导游工作中的规范仪态是优雅大方，既活泼又不失稳重，具体包括站姿、坐姿、走姿三个部分。

1. 站姿

导游的站姿应该自然稳重。站立时，身体直立，挺胸收腹，双肩微微向后舒展，双臂自然下垂，双脚张开与肩同宽。

2. 坐姿

导游坐姿的一般要求是端庄、稳重。即便是在行进的汽车上，导游也应注意保持规范的坐姿，双手可搭放在座位的扶手上或交叉放于腹前，也可以将左右手分别放于左右腿之上。双腿自然弯曲，男士两膝间距离以一拳为宜；女士应双膝并拢。坐时切忌前顾后仰、东倒西歪，也不能跷二郎腿或抖腿。

3. 走姿

导游在工作中要非常重视自己的行走姿态。带团时，导游要身体挺直、抬头含颌、收

腹挺胸，身体重心略向前倾；双肩放松，两臂前后自然摆动；步幅适中、均匀、步位平直。行进中要避免弓背、哈腰、斜肩、左右晃动、双手插兜、步伐滞重，更不得随意奔跑。

二、导游语言规范礼仪

导游人员素有"民间大使"和"形象窗"之称。他们的言行举止代表着个人、企业、民族和国家的形象。优质的旅游服务与导游人员规范的操作规程、礼貌的待客态度、完美的礼仪服务是分不开的。

（一）导游语言的一般性礼仪

导游语言的一般性礼仪要求有得体、礼貌、谦恭。

1. 得体

得体就是言语运用要妥当，有分寸，符合导游的角色身份，以真正体现对游客的尊重。在带团过程中，应多用敬语和服从语，以委婉、征询的句式与游客交流。

得体的另一方面是，导游在讲解时应充分考虑游客的文化背景、认知水平、兴趣爱好及职业特点等异同。因人、因地、因时而异，并据此有针对性地决定内容的取舍和表达方式，以提高游客的接受和理解能力。在接待外国游客和少数民族游客时，要尊重其宗教信仰与民族风俗，了解其习惯与文化。

2. 礼貌

礼貌方面，包括见到游客时的礼貌问候及致意，旅途过程中，要经常使用祝福语、服从语、委婉语等敬语。

3. 谦恭

谦恭可以表现在两个方面，一是进行自我介绍时，二是在与游客交往时。

在旅游团队中，由于游客个人素质不同，可能会出现一些违反规定的举动，甚至可能发生失礼或无理的行为。遇到这种情况，导游人员不应用尖酸刻薄的语言斥责游客，更不能用鄙视的态度对待他们。作为旅游从业人员，应站在对方的立场、观点上看待这个问题，用宽大的胸怀包容、体谅对方，必要时要冷静、耐心的解释。工作中要处处体现出对游客的关怀及尊重，以服务游客为宗旨。

（二）导游语言的注意事项

1. 欢迎词

刚接团时，导游面对的都是陌生的游客，为了给游客留下一个美好的第一印象，可以通过致欢迎词来拉近与游客之间的距离感。欢迎词的具体内容要因时、因地、因客人不同而异。欢迎词的基本内容应包括以下五个方面。

（1）问候客人，并代表单位表示热烈欢迎之意。

（2）介绍自己的姓名和职务；介绍参加接待人员的姓名和职务；介绍司机的姓名及其所驾车的牌号。

（3）表明自己工作的态度，表示自己会带领大家愉快地结束本次旅行并尽全力解决大家的问题。

（4）祝愿客人旅行愉快，并希望得到客人的合作和谅解。

（5）欢迎词内容应根据国籍、团体、时间、地点、成员身份不同而有所区别，要使客人感到真挚、亲切、热情，同时又符合自己的身份。

2. 讲解语言

讲解语言应注意以下三点。

（1）达意

要求导游人员所传递的信息不仅要准确，而且还要容易被游客理解。达意的导游语言，一是发音正确、清楚；二是遣词造句准确、简洁；三是表达有序，条理清晰。切忌空洞无物、言过其实，更不能无中生有、胡编乱造。

（2）流畅

要求导游人员的语言力求表达连贯、语速适中。若无特殊情况，言语中间不应有较长时间的停顿。

（3）得体

要求导游人员的语言运用要妥当、有分寸。得体的导游语言必须符合导游人员的角色身份，真正做到以对游客的尊重为前提。在带团过程中，应多用敬语、服从语，要以委婉礼貌的态度与游客交流。此外，还应避免游客的言谈忌讳。

3. 欢送词

欢送词的四个要素是富有感情、感谢合作、征求意见、期待重逢。与欢迎词相同的是，欢送词也要因时、因地、因客人不同而异。

（1）富有感情

当致欢送词时，不少游客都成为了朋友，所以富有感情是欢送词的第一要素，千万别给游客留下"人走茶凉"的感觉。欢送词的内容应当小结一下整个旅程，称颂旅行是成功的、有趣的、值得怀念的。

（2）表示谢意

不要让游客感到旅行成功只是导游人员努力的结果，导游工作中不尽如人意之处在所难免，要感谢游客的配合。

（3）欢迎批评

征求意见、欢迎批评往往会给游客留下非常好的印象，这样做可以表明导游人员的诚意和信心。要真诚地表示歉意。

（4）期待重逢

欢送词最后还应向各位游客送上祝福，期待有机会再次合作。这不仅是客套语，也是争取回头客的手段之一。

（三）带团时的一般性礼仪

导游带团过程中的一般性礼仪有守时守信、尊重游客、认真负责等。

1. 出发前礼仪

（1）出发前，导游人员应向游客进行自我介绍，并详细了解游客的身体情况，强调出发时间、所乘车次、集合地点，提醒游客贵重物品要随身携带。

（2）出发乘车时，为了能照顾游客上下车，导游人员应站在车门口，当游客全部就座后，要清点人数，确定无误后再示意司机开车。

2. 途中礼仪

（1）行驶过程中，导游人员应将当天的天气和所到景点向游客介绍清楚，并再次强调一下当天的活动安排和游览时应注意的问题。

（2）途中，导游人员可以为游客简单地介绍一些有关景点的情况，认真回答游客提出的问题。如果路途较远，导游人员还可以带游客做些小游戏，以缓解旅途中的疲劳。

3. 引导礼仪

（1）遵守时间是导游应遵循的最重要的礼仪规范。旅游者参观游览活动都有一定的行程安排，并有较强的时间约束，因此为了确保团队活动的顺利进行，导游必须尽早将每天的日程安排准确无误地告知每位游客，并且随时提醒。同时要合理安排时间提前到达集合点等候游客。导游还应该诚实守信，答应游客的事情要按时做到。

（2）在游览过程中，除了为游客介绍每个景点的情况，还要照顾好老、幼、病、残、孕以及抱小孩的游客，确保他们的安全。

（3）如果在游览时遇到强买强卖的小商贩，导游人员要提醒游客不要乱摸乱碰，以免招惹麻烦。进入大型购物商场时，导游人员应提醒游客小心上当受骗。导游人员不得私自向游客出售商品，更不能强迫游客购买商品。否则，就是十分失礼的行为，也是违反旅游职业道德的做法。导游应根据游客的要求，合理地安排购物时间。

4. 返程礼仪

（1）游览结束后，导游人员必须清点游客人数，一旦发现人员走失，必须按原路返回寻找走丢的游客。

（2）一天游览结束后，在返回酒店的途中，导游人员要将第二天的安排告诉游客。

（3）抵达酒店后，导游应将当天发生的事情主动汇报给领队，并与其协商解决问题的方法。

5. 送客礼仪

（1）旅游结束送客时，若游客离店时间确定在次日早上，导游人员可提前与酒店工作人员联系，请其提供相应服务。

（2）导游人员要提醒客人不要把贵重物品与行李一同托运，提醒游客付清住房、酒水等服务费用。导游人员还要与领队一起核对行李件数，检查是否符合托运标准。

（3）对于乘坐国际航班的旅游团，乘飞机前，导游人员必须认真核查每张机票的起飞时间，领取相关证件；对于乘火车的旅游团，导游人员需核实火车开车时间、车次、车厢及座位号。准备工作完成以后，导游人员应把相关证件亲自交到游客手中。

互动讨论

你知道怎样才能成为导游吗?

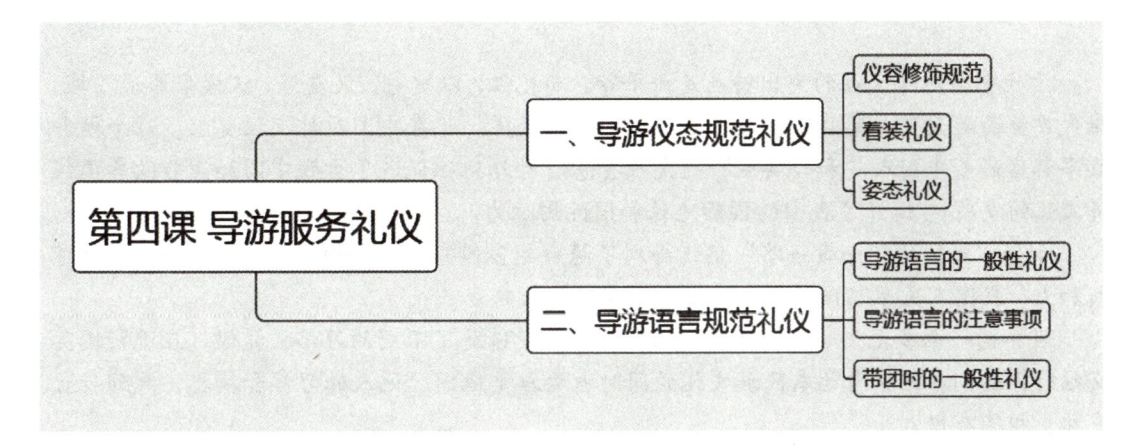

课程小结

```
第四课 导游服务礼仪
├── 一、导游仪态规范礼仪
│   ├── 仪容修饰规范
│   ├── 着装礼仪
│   └── 姿态礼仪
└── 二、导游语言规范礼仪
    ├── 导游语言的一般性礼仪
    ├── 导游语言的注意事项
    └── 带团时的一般性礼仪
```

三、模拟导游实践体验

实践体验名称	模拟导游实践体验		课时数	2
班级		姓名	完成日期	
实践体验内容描述				
实践体验学习目标				
实践体验工作步骤				
实践体验材料准备				
实践体验资源链接				
实践体验过程记录				
实践体验成果分享				
小组评语				
教师点评				

第六单元　国际交往礼仪

古代中国对外交往的突出特点是讲平等，尚礼仪，以贸易，促友好。汉代张骞通西域，唐代玄奘西游天竺，鉴真东渡日本，明代郑和下西洋……在中国对外交往史上，每个精彩故事都蕴藏着中国人"和合共生"的交往智慧。对外交往促进了古代中国和亚非欧各国经济文化的发展，提升了我国的国际地位和国际影响力。

如今，我国的"一带一路"倡议得到了越来越多国家的积极响应。随着对外开放的不断加大，我国人民参与国际交往的机会和需求越来越多。

世界是一个多元文明共同体，不同的文化背景造就了不同的习俗、礼仪。在进行国际交往时，我们在维护自己本民族文化的同时也要尊重他国、他人的习俗和禁忌，做到行止有礼，相待有仪。

漫画小剧场：

出海远行，学点国际交往礼仪吧！

名人名言

> 礼尚往来。往而不来，非礼也；来而不往，亦非礼也。——《礼记·曲礼上》

【学习目标】

1. **素养目标**：培养学生文明礼貌的礼仪意识和心中有祖国的国家意识。了解和尊重不同国家、地区或民族的风俗习惯，理解国际交往礼仪在现代社会中的重要作用。提高学生今后参与国际交往活动的交际水平，维护好国家形象，增进国际友谊。
2. **知识目标**：学会正确的国际交往礼仪方法。了解国际交往礼仪的基础知识，掌握亚洲、欧洲等主要国家的国际交往中各种场合的礼仪，熟知这些国家国际上通行的礼节。
3. **技能目标**：能正确说出亚洲、欧洲等主要国家的礼仪规范。能够正确使用国际惯例，懂得正确按照当代国际社会的文明礼仪规范行事，培养良好行为规范，做一个讲文明、懂礼仪的人。

第六单元 国家交往礼仪

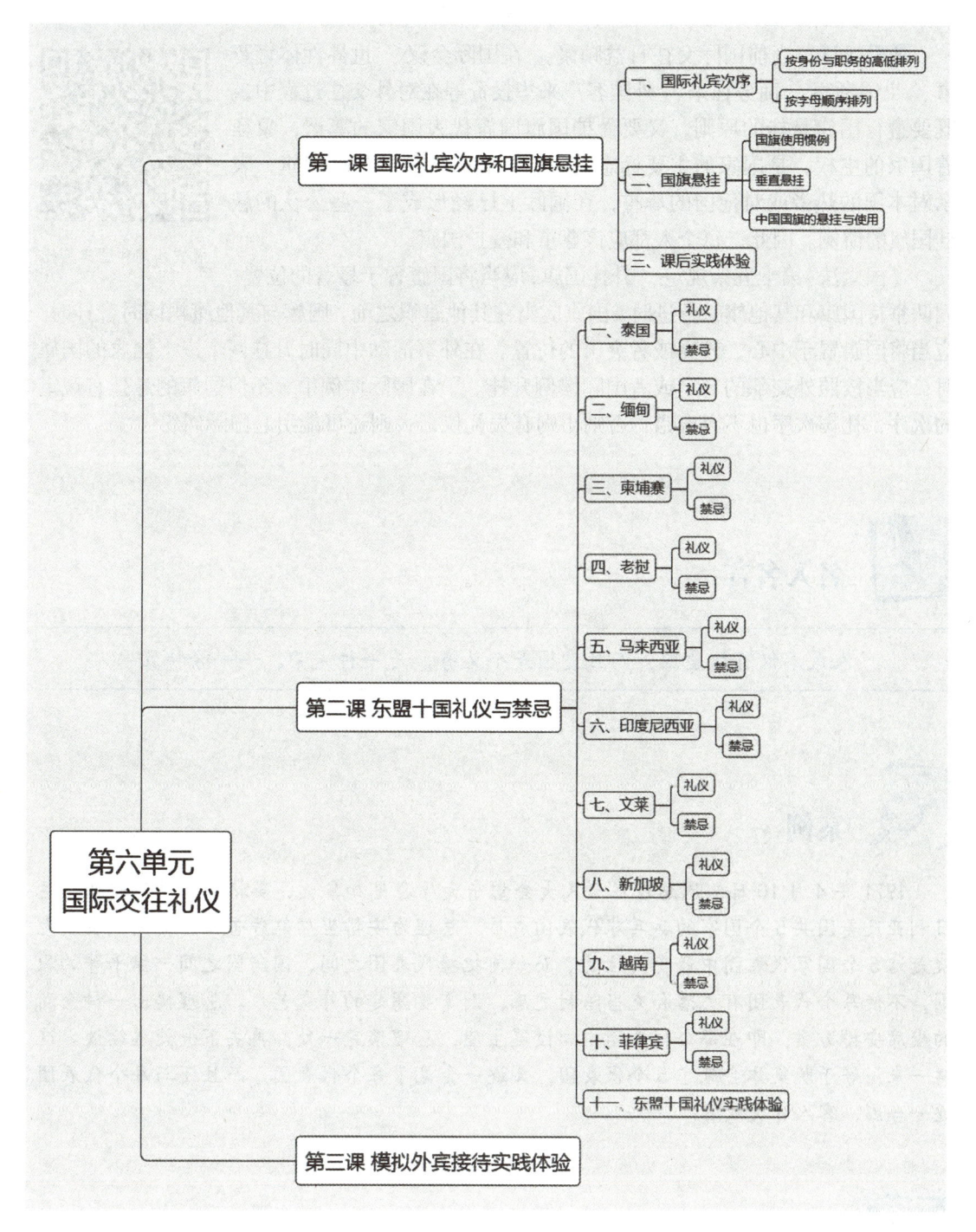

单元思维导图

- **第六单元 国际交往礼仪**
  - **第一课 国际礼宾次序和国旗悬挂**
    - 一、国际礼宾次序
      - 按身份与职务的高低排列
      - 按字母顺序排列
    - 二、国旗悬挂
      - 国旗使用惯例
      - 垂直悬挂
      - 中国国旗的悬挂与使用
    - 三、课后实践体验
  - **第二课 东盟十国礼仪与禁忌**
    - 一、泰国
      - 礼仪
      - 禁忌
    - 二、缅甸
      - 礼仪
      - 禁忌
    - 三、柬埔寨
      - 礼仪
      - 禁忌
    - 四、老挝
      - 礼仪
      - 禁忌
    - 五、马来西亚
      - 礼仪
      - 禁忌
    - 六、印度尼西亚
      - 礼仪
      - 禁忌
    - 七、文莱
      - 礼仪
      - 禁忌
    - 八、新加坡
      - 礼仪
      - 禁忌
    - 九、越南
      - 礼仪
      - 禁忌
    - 十、菲律宾
      - 礼仪
      - 禁忌
    - 十一、东盟十国礼仪实践体验
  - **第三课 模拟外宾接待实践体验**

礼仪与修养

第一课 国际礼宾次序和国旗悬挂

课程导读： 当前国际交往日益频繁。在国际会议、世界性体育赛事、出国考察、商务往来、外国客户来华投资等在对外交往过程中，既要遵行国旗悬挂的原则，又要爱护国旗国旗代表国家的尊严，象征着国家的主权，是国家的主要标志之一。人们往往通过悬挂国旗，表示对本国的热爱或对他国的尊重，在国际上已经形成了一些公认的悬挂国旗的惯例。因此，每个人都应该尊重和爱护国旗。

礼宾次序和国旗悬挂

《国旗法》第十五条规定："升挂国旗，应当将国旗置于显著的位置。列队举持国旗和其他旗帜行进时，国旗应当在其他旗帜之前。国旗与其他旗帜同时升挂时，应当将国旗置于中心、较高或者突出的位置。在外事活动中同时升挂两个以上国家的国旗时，应当按照外交部的规定或者国际惯例升挂。"在国际惯例中，不但国旗的悬挂有规定的次序，礼宾次序也不容出错，否则小则有失礼仪，大则还可能引起国际纠纷。

名人名言

> 人民不仅有权爱国，而且爱国是个义务，是一种光荣。——徐特立

案例

1971年4月10日，周总理在人民大会堂东大厅会见加拿大、英格兰、哥伦比亚、尼日利亚及美国共5个国家的乒乓球代表团成员。总理为安排坐席煞费苦心。美国代表团无疑是这5个国家代表团中最受关注的，而如何把握代表团之间、国与国之间一律平等的原则，不使每个代表团有失落和充当陪衬之感，则需要高超的外交艺术。总理提出一种全新的坐席安排方案，即在每个代表团中间设置主座，总理谈完一处，再去下一处继续谈。这样一来，等于既集体会见了5个代表团，又逐一会见了每个代表团，而且还与每个代表团逐一合影，客人皆大欢喜。

想一想

周恩来总理这样安排座次给我们带来了什么启示？

一、国际礼宾次序

国际礼宾次序是指在国际交往中，对出席活动的国家、团体、各国人士的位次按某些规则和惯例进行排列的先后次序。一般说来，礼宾次序体现了东道主对各国宾客所给予的礼遇；在一些国际性的集会上则表示各国主权平等的地位。礼宾次序安排不当或不符合国际惯例，则会引起不必要的争执与交涉，甚至影响国家关系。因此在组织涉外活动时，对礼宾次序应给予一定的重视。

对于礼宾次序的排列，尽管国际上已有一些惯例，但各国有各国的具体做法。有些排列顺序和做法已由国际法或国内法所肯定，如外交代表位次的排列，在维也纳外交关系公约中就有专门的规定。很多国家对本国各级官员的排列常用法律形式固定下来，如法国1907年7月16日公布的《关于位次排列的命令》中，明确规定了中央与地方的官方机构、团体和个人参加公共活动的排列顺序。下面就对外工作中礼宾次序的几种排列方法分别进行介绍。

（一）按身份与职务的高低排列

一般的官方活动，经常是按身份与职务的高低来安排礼宾次序，如按照国家元首、副元首、政府总理（首相）、副总理（副首相）、部长、副部长等顺序排列。各国提供的正式名单或正式通知是确定职务的依据。

由于各国的国家体制不同，部门之间的职务高低不尽一致，则要根据各国的规定，按相当的级别和官衔进行安排。在多边活动中，有时按其他方法排列。但无论按何种方法排列，都要考虑身份与职务的高低问题。

（二）按字母顺序排列

多边活动中的礼宾次序有时按照参加国国名字母的顺序进行排列，一般以英文字母顺序排列居多，少数情况也有按其他语种的字母顺序排列的，例如，在2022年以中国为东道主的北京冬奥会开幕式上，各参赛国代表团的入场顺序就是按照汉语拼音字母顺序进行排列的。

按字母顺序排列的方式多见于国际会议、体育比赛等。在国际会议上，公布与会者名单、悬挂与会国国旗、座席安排等均按各国国名的英文拼写字母的顺序排列。在联合国召开联合国大会时，各专门机构的会议和悬挂会员国旗等均按此法。联合国大会的席次也是按照英文字母顺序排列，但为了避免一些国家总是占据前排席位，因此每年抽签一次，决定本年度大会席位以哪一具体字母打头，以便让各国都有机会均等排在前列。

在国际体育比赛中，体育代表队名称的排列，开幕式出场的顺序一般也按国名字母顺序排列（东道国一般排在最后）。代表团观礼或召开理事会、委员会等，则按出席代表团的团长身份高低排列。

不过，在实际工作中遇到的情况往往是复杂的，如有的国家会不管以上种种惯例，把关系密切的国家排在最前列。所以礼宾次序的排列常常不能按照一种排列方法，而是几种

礼仪与修养

方法的交叉，并考虑其他的因素。例如，在某一多边国际活动中，对与会代表团礼宾次序的排列，首先是按正式代表团的规格，即代表团团长的身份高低来确定，这是最基本的；在同级代表团中则按派遣国通知代表团组成日期的先后来确定；对同级和同时收到通知的代表团则按国名的英文字母顺序排列。

在安排礼宾次序时所考虑的其他因素包括国家之间的关系、地区所在、活动的性质与内容、对活动的贡献大小，以及参加活动人的威望、资历等等。比如，常把同一国家集团的、同一地区的、同一宗教信仰的或关系特殊的国家的代表团排在一起；对同一级别的人员，常把威望高、资历深、年龄大者排在前面。有时还要考虑业务性质、相互关系、语言交流等因素。如在观礼、观看演出、比赛，特别是在大型宴请时，在考虑身份、职务的前提下，将业务性质对口的、语言相通的、宗教信仰一致的、风俗习惯相近的安排在一起。

总之，在具体工作中，要耐心、细致、反复考虑研究、设想多种方案，以避免因礼宾次序方面的问题引起一些不愉快。

互动讨论

你见过哪些涉及国际礼宾次序的活动？

知识链接

《周礼》中记载古代设有怀方氏一职，专门负责接待各邦国的诸侯、使臣和边远蛮夷小国的首领、使者，帮助他们办理向中央王朝的纳贡事务，并负责迎送来宾、发放各种通行证件、供给来宾日用物品、安排住宿、饮食等。

怀方氏可以说是中国最早负责外交事务的官员，相当于后来的礼宾司。据文献记载，我国古代外交礼仪包括一些固定的程序。首先是效劳，邦国诸侯、藩国首领及其使者到达京城边境的时候，中央政府要派官员去迎接，并且互赠礼品以示尊重。

知识拓展

中央人民政府外事办公室的职责

（1）贯彻执行国家对外方针政策、涉外法规，研究起草全市外事工作的规章制度和工作规则；负责处理或协助处理全市重大的涉外事务。

（2）审核全市因公出国、赴港澳团组和人员的报批事宜；承办全市县处级（含）以下人员因公临时出国、赴港澳事宜；承办邀请外国相应人员来访的有关事宜；审核全市副局级以上人员因公临时出国、赴港澳和邀请外国相当于我国现职正、副厅级人员来访的有关事宜；办理全市因公出国人员的护照、签证和应邀来访外国人士的签证、通知、函电以及其他领事业务。

（3）贯彻执行国家关于港澳工作的方针、政策，负责全市因公赴香港、澳门人员的审核工作。

（4）负责组织接待来我市访问的国宾、党宾和其他重要外宾；接待来我市进行公务活动的外国驻华外交人员；统筹安排市委、市人大、市政府和市政协领导人的外事活动。

（5）了解和检查全市因公出国团组和人员在国外活动情况；定期综合全市因公出国和邀请外国人来访情况，并向市委、市政府和省外办报告。

（6）综合归口管理外国文教专家、经济专家；协助有关部门对申请接待外国中学生的学校进行资格审核。

（7）负责外国记者来我市采访的管理工作，指导有关部门或单位安排外国记者采访活动；管理我市与外国友好城市、基层友好单位的友好交往工作；指导全市民间对外交往工作。

（8）向各部门提供国际形势、对外政策和重大国际问题的宣传材料与对外表态口径。

（9）协助我国驻外领事机构处理领事保护案件；审核外国对我市赠送、捐助事宜；受理有关部门报送的授予外国人荣誉市民称号和经济顾问的申请工作。

（10）负责对全市外事干部和涉外人员进行对外政策和外事纪律的教育。

（11）贯彻执行《涉外人员守则》，配合纪检、监察和保密部门检查外事纪律及保密制度的执行情况；向有关部门提出违反外事纪律问题的处理意见和建议。

（12）承办市委、市政府交办的其他事项。

二、国旗悬挂

根据《维也纳外交关系公约》，一个国家的外交代表如大使、代办（或临时代办），在其驻在国境内执行公务时，可以在交通工具上插挂本国国旗；大使馆、大使官邸及其他外交代表机构的办公地（包括总领馆、领事馆、办公室等）和总领事官邸等，可悬挂国旗。召开国际会议，应在会场悬挂各与会国国旗。有多国参加的展览会、体育赛事等国际性活动，一般会悬挂相关国家的国旗。正常情况下，在建筑物或在室外悬挂国旗随太阳而动，即日出升旗，日落降旗。

（一）国旗使用惯例

在国际交往中，形成了悬挂国旗的一些惯例，为各国家所公认。

（1）在建筑物上或在室外悬挂国旗，一般应日出升旗，日落降旗。若遇到需悬旗致哀的事，通常的做法是降半旗，即先升至杆顶，再下降至离杆顶相当于杆长1/3的地方。也有的国家不降半旗，而是在国旗上方挂黑纱致哀。

(2) 升降国旗时，要立正脱帽行注目礼，升国旗一定要升至杆顶。

　　(3) 悬挂双方国旗时，按国际惯例，以右为上，左为下。两国国旗并挂，以旗本身面向为准，右挂客方国旗，左挂本国国旗。

　　(4) 汽车上挂国旗，则以汽车行进方向为准，驾驶员左手为主方，右手为客方。所谓主客，不以活动举行所在国为依据，而以举办活动的主人为依据。

　　(5) 国旗不能倒挂。有些国家的国旗由于文字和图案的原因，也不能竖挂或反挂。有的国家明确规定，竖挂需另制旗，将图案转正。

　　(6) 各国国旗的图案、式样、颜色、比例均由本国宪法规定，不同国家的国旗如果比例不同，同样尺寸制作，两面旗帜放在一起，就会显得大小不一，因此，并排悬挂不同比例的国旗，应将其中一面略放大或缩小。

　　(7) 按通行的国际关系准则，当一个国家的元首或政府首脑在他国领土上访问时，其住所及交通工具上可以悬挂国旗，有的国家则挂元首旗，这是一种外交特权和国际礼节，按对等原则进行。换言之，东道国在接待来访的外国元首或政府首脑时，在隆重的欢迎仪式、会议场所、下榻的宾馆、乘坐的汽车上方悬挂对方（或双方）的国旗（或元首旗），这也是一种国际外交礼遇。

（二）垂直悬挂

　　在某些特殊场合下，国旗需要垂直悬挂，大部分国家对此无特殊要求，但也有少数国家有特别规定，例如，希腊（蓝底白十字必须位于左上方）、捷克（白色长条朝左）、菲律宾（蓝色长条朝左）、加拿大（枫叶顶端朝左侧、柄朝右侧）、美国（蓝底白星必须位于左上方）。

　　也有一些国家规定垂直悬挂的国旗须采用特殊式样，例如，斯洛伐克（白色长条位于左侧且国徽保持水平）、柬埔寨（蓝色长条收窄且国徽保持水平）、多米尼克（鹦鹉标志仍面向左侧）、沙特阿拉伯（文字与弯刀标志仍保持水平）、卢森堡（王冠位于左侧且仍保持水平）、黑山（国徽仍保持水平）。

互动讨论

　　什么时候、什么地方应该悬挂国旗？

（三）中国国旗的悬挂与使用

1. 国旗的尺寸与规格

　　（1）尺寸

　　1号旗：长288cm，高192cm。

　　2号旗：长240cm，高160cm。

3号旗：长192cm，高128cm。

4号旗：长144cm，高96cm。

5号旗：长96cm，高64cm。

（2）规格

大马路旁的单位用3号旗。

在街巷内的单位、楼院、商铺用4号旗。

道旗用4号旗或5号旗，根据实际情况而定，上端留白边。

插挂国旗的旗杆或竹竿长度可为2.5m，插挂旗杆的下端离人行道地面2m，呈60°角，旗杆下端要伸出砖柱，以保障人身安全。

国旗与其他旗帜同时升挂时，应当将国旗置于中心较高或突出的位置，不得低于其他旗帜。

2. 国旗的正确悬挂方法

（1）单独悬挂

单独悬挂国旗时，国旗的长边与短边尺寸必须严格按照3∶2的比例。

白色滚边仅应在国旗的上方。

国旗悬挂完成后，五颗星应在国旗画面中的右上方。

（2）对称悬挂

悬挂国旗的长边与短边尺寸必须严格按照3∶2的比例。

白色滚边仅应在国旗的上方。

国旗悬挂完成后，左侧国旗的五颗星应在国旗画面中的左上方，右侧国旗的五颗星应在国旗画面中的右上方，形成对称。

（3）横向悬挂

悬挂国旗的长边与短边尺寸必须严格按照3∶2的比例。

白色滚边应在国旗的右侧或左侧。

国旗悬挂完成后，五颗星应在国旗画面中的右上侧或左上侧。

3. 使用国旗的注意事项

在国旗的使用方式上，不得升挂或者使用破损、污损、褪色或者不符合规格的国旗；不得倒挂、倒插或者以其他有损国旗尊严的方式升挂、使用国旗；不得随意丢弃国旗。破损、污损、褪色或者不合规格的国旗应当按照国家有关规定收回、处置。大型群众性活动结束后，活动主办方应当收回或者妥善处置活动现场使用的国旗。如在公共场合故意以焚烧、毁损、涂划、玷污、践踏等方式侮辱国旗的，依法追究刑事责任；情节较轻的，由公安机关处以十五日以下拘留。

正确的悬挂方式解释如下。

（1）悬挂的国旗必须完好无瑕，不得破损、污浊、褪色或不合规格。

（2）国旗要置于显著位置，升至旗杆顶端。

（3）严禁倒挂国旗。

（4）悬挂国旗的位置要合适，严禁在不当位置悬挂国旗。

礼仪与修养

知识链接

五星红旗五颗星的含义

中华人民共和国国旗，旗面为红色，象征革命。国旗中的大五角星代表中国共产党，四颗小五角星分别代表工人、农民、小资产阶级和民族资产阶级四个阶级。四颗小星各有一尖正对着大星的中心点，其位置关系象征着中国共产党领导下的革命人民大团结。五星采用黄色是为了在红地上显出光明，也表示，中华民族为黄色人种。

小故事

绣红旗

新中国成立之初，被关押在重庆中美合作所的女共产党员江姐接到了地下党设法送来的一封信，信中说："中华人民共和国诞生了，北京天安门广场举行了隆重的开国大典，升起了第一面五星红旗！"看到这个消息，在敌人面前从未掉过一滴泪的江姐激动得热泪盈眶，立刻把喜讯报告给同牢房的战友。一位难友提议："我们也绣一面五星红旗庆祝胜利吧！"大家热烈响应。江姐拆开被子，掏出一面沾满烈士鲜血的红旗舒展开来，全牢房的难友一起飞针走线，在红旗上绣五星。五星红旗绣好了，大家肃立，向国旗敬礼。1949年11月27日，面临最后惨败的敌人在逃离重庆时，将中美合作所里的革命者全部杀害。

中华人民共和国第一面国旗的升起

中华人民共和国第一面国旗，由毛泽东主席于1949年10月1日在天安门广场上亲自升起。这面国旗旗面长460cm，宽338cm，是用5幅红绸子拼接轧制而成，黄星采用黄色缎子。它由永茂公司在西单一家缝纫社监制完成，1949年10月1日凌晨送交开国大典筹备处，现藏于中国国家博物馆。中华人民共和国第一面国旗象征着新中国的成立。

课程小结

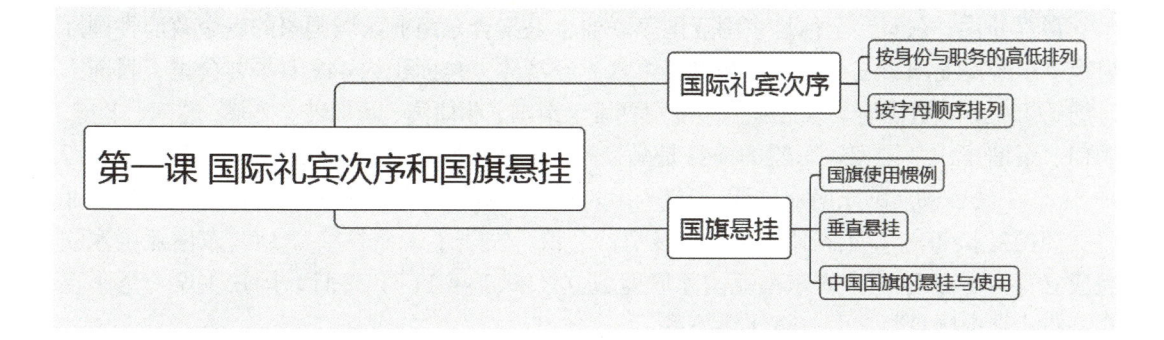

```
第一课 国际礼宾次序和国旗悬挂
├── 国际礼宾次序
│   ├── 按身份与职务的高低排列
│   └── 按字母顺序排列
└── 国旗悬挂
    ├── 国旗使用惯例
    ├── 垂直悬挂
    └── 中国国旗的悬挂与使用
```

三、课后实践体验

实践体验名称	国旗悬挂情况大搜集		课时数	2
班级		姓名	完成日期	
实践体验内容描述	利用周末到所住的城区附近、会展中心等地方去搜集国旗悬挂情况。			
实践体验学习目标	实地观察我国国旗悬挂的要求和标准,利用所学知识分析社会上有没有存在国旗悬挂错误的情况存在。			
实践体验工作步骤				
实践体验材料准备	1. 准备相机一台、笔记本一个。			
实践体验资源链接				
实践体验过程记录				
实践体验成果分享				
小组评语				
教师点评				

礼仪与修养

第二课 东盟十国礼仪与禁忌

课程导读： 东盟，全称是东南亚国家联盟，是集合东南亚区域国家的一个政府性国际组织。东盟是亚洲第三大经济体和世界第六大经济体。总面积约449万平方公里，目前人口约6.65亿，成员国有马来西亚、印度尼西亚、泰国、菲律宾、新加坡、文莱、越南、老挝、缅甸、柬埔寨十个国家。东盟的前身是马来亚（现马来西亚）、菲律宾和泰国于1961年7月31日在曼谷成立的东南亚联盟，1967年8月7-8日，印度尼西亚、泰国、新加坡、菲律宾四国外长和马来西亚副总理在曼谷举行会谈，发表了《曼谷宣言》（《东南亚国家联盟成立宣言》），正式宣告东南亚国家联盟成立。2021年11月22日，国家主席习近平正式宣布建立中国东盟全面战略伙伴关系。

案例

1960年4月，周恩来总理访问缅甸，时逢缅甸的泼水节，缅甸总理吴努便要求全体中国人员穿上缅甸民族服装参加泼水节，周总理马上表示同意。1961年1月份，周总理率领一个400多人的访问团再次缅甸，恰逢1月4日缅甸国庆节，缅甸领导人又提出要周总理穿缅甸民族服装出席国庆活动，周总理又同意了。第二天，也就是1月5日，吴努陪同周总理参观缅甸的古都曼德勒，希望周总理还能再穿一次缅甸的服装。为了曼德勒人民，周总理再次同意。在这次访问期间，吴努还提出要周总理和他一起为和尚们布施。作为一位社会主义国家的总理，周总理做这些很不便，但是，他经过考虑还是同意了。这在当地引起了很大反响，同时也表明周总理非常尊重他国的宗教信仰。

想一想

你知道周恩来总理逝世时联合国为什么会降半旗吗？你如何评价周总理？

东盟十国虽同属东南亚，但受地理、历史、文化、宗教等因素影响，这些国家礼仪的差异却是显而易见的。其中，位于中南半岛上的泰国、缅甸、柬埔寨、老挝四国，历史上深受印度文化影响，主要信奉小乘佛教，其礼仪受佛教影响较深。位于马来群岛上的马来西亚、印度尼西亚、文莱三国，主要信奉伊斯兰教，其礼仪体现出鲜明伊斯兰教礼仪特色。菲律宾处于相对独立的岛屿环境，因历史原因受西方文化影响较深，其礼仪具有西方特色。

越南礼仪有较深的西方文化与中国文化的烙印。新加坡是一个外来民族聚居的国家，礼仪习俗呈现出多元化的特点。

一、泰国

（一）礼仪

（1）泰国人在见面时喜行合十礼，做法是把双手提到胸前，双掌合并但不贴合。向同辈问好时，合掌后指尖不高过下巴；在对长辈行礼时，则需要低头让指尖轻触鼻尖；对尊贵的对象，如德高望重的长辈表示尊敬时，需把双掌抬高至额头；遇到僧侣或象征佛陀的佛像会下跪、合掌，并以额头触地膜拜。平民、官员在拜见国王和国王近亲的时候，行跪拜礼；国王拜见高僧的时候也要下跪；儿子出家为僧，父母也要跪拜在地。现在泰国政府官员、知识分子见面时行握手礼。无论地位多高的人，遇见僧人时都要行礼，而僧人则不必回礼。

泰国的礼仪与禁忌

（2）泰国人向上伸出小指表示和好；大拇指朝下表示失败；伸出弯曲的食指则表示死亡。

（3）泰国人喜欢红色、黄色，忌讳褐色；习惯用颜色表示星期，如红色是星期日，紫红色为星期六，淡蓝色为星期五，橙色是星期四，绿色为星期三，粉红色是星期二，黄色是星期一。

（4）现代社会中，泰国城市中的男子在正式社交场合通常穿深色的西装，打领带；妇女在正式社交场合穿民族服装，也可穿裙子；在日常生活中，可穿各种流行服装，但在公共场合忌穿短裤。

（5）人们到庙里烧香拜佛或参观访问时，必须穿着低调、衣冠整洁，进庙前得先脱鞋。

（6）和泰国人进行商务交往的最佳时间是11月到次年3月；与大公司打交道，需提前两个月约定。在商务活动中，接受邀请后，不可随意更改主意和时间。

（7）在泰国，接受服务后要适当付小费。

（8）泰国人非常喜爱象，任何人不得对大象加以伤害，否则被视为对佛的冒犯和不尊。白象被视为佛教圣物，佛的化身，它代表智慧、力量和忠诚，只允许王室饲养。

（9）泰国人食用的肉类都需切成小块，他们通常不食用大块的动物肉。

（二）禁忌

（1）社会生活中的一切都不得对佛祖不敬，更不能对佛祖说三道四。不可贸然进入正在举行宗教仪式或者宗教聚会的寺庙。不准用手摸佛像或把佛像装进衣服口袋里。女性禁止触碰僧侣，传递物品需由他人转交。

（2）在泰国不可抚摸别人的头部。

（3）脚被认为是低下的，忌把脚伸到别人跟前或把东西踢给别人；忌用脚踢门；就座时忌讳跷腿，把鞋底对着别人；妇女就座时双腿要靠拢。

（4）睡觉忌头朝西，因为日落西方象征死亡；忌用红笔签名，因为人死后是用红笔把姓氏写在棺材上的。

（5）在泰国，男女不可过于亲近。

（6）忌鹤和龟以及印有其形象的物品。

（7）忌非议皇室和佛教。

外交故事

约翰逊访问泰国

20 世纪 60 年代，美国总统约翰逊访问泰国。在会见泰国国王时，约翰逊竟无所顾忌地跷起了二郎腿，脚尖正对着国王，而这种姿势，在泰国人眼中是侮辱性的，因而引起泰国国王的不满。更为糟糕的是，约翰逊在告别时竟然用得克萨斯州的礼节紧紧拥抱了王后，这举动使泰国举国哗然。因为在泰国，除泰国国王外，任何人都不得触碰王后。约翰逊的举动产生了不小的影响，也成了涉外交往中的典型笑话。

二、缅甸

（一）礼仪

（1）缅甸盛行佛教，缅甸人家里基本上都供一个佛龛，每天要用鲜花供奉。缅甸男子一生中至少要当一次和尚，否则找工作和结婚都会受到影响。为了从事佛事活动，缅甸人可能把与约会改期。

（2）缅甸人无姓，只有名，通常要在名字前边加上一个冠词以表示身份。男子一般自称"貌"，意为"弟"；女子自认"玛丹意"，以示谦逊。对幼辈或少年人也称"貌"；对年纪较大的男性则称"吴"，意为"先生"；对平辈或男青年称"郭"，意为"大哥"；对年轻女性称"玛"，意为"姐妹"。

（3）缅甸人对乌鸦和牛敬若神明，喜欢用猫头鹰作图案的商品，尤其爱各种金首饰。

（4）在缅甸，男女老少都穿长裙，男裙在正面用结子束住，女裙则在侧面束住，都不需要任何腰带；平时都很少穿袜子，而是只穿薄的皮拖鞋。只有在非常正式的场合才会西装革履。

（5）缅甸主食是大米，副食主要是水产品。人们习惯一天吃两餐，日常以牛肉、鸡、鸭、鱼、虾、鸡蛋和各种蔬菜为主，口味清爽、酸甜，调味常用咖喱、辣椒油等，饭后喜欢饮用红茶和咖啡。

（二）禁忌

（1）在缅甸，凡是神圣的地方都不能穿鞋进入，更不可跨坐在石佛像上拍照。
（2）一般人不能坐在高过和尚的座位。
（3）忌吃猪肉、狗肉和动物内脏。
（4）忌用左手抓食饭菜。
（5）忌对东亚兰、柚木和红宝石有失敬的言行举止。
（6）缅甸人不喜欢在星期二谈生意，不喜欢在星期天互赠礼物，送礼不能送现金。

三、柬埔寨

（一）礼仪

（1）柬埔寨以佛教为国教，最常见的礼节是合十礼，即双手十指相合，置于胸前，稍微俯首。指尖的高度视对象而定，如女子向父母，孙儿向祖父母，学生向教师行礼，应将合十的掌尖举到眼眉的位置；政府官员的下级向上级行礼时，应举到口部；地位相等者行礼时，应举到鼻尖。对国王、王室成员、僧侣还行下蹲或跪拜礼。社交场合也流行握手礼，但男女之间仍以行合十礼为宜。

（2）柬埔寨人姓在前，名在后。贵族一般承继父姓，平民一般以父名为姓。柬埔寨人通常不称呼姓，只称呼名，并在名字前加一个冠词，以示性别、长幼、尊卑之别。如"召"意为孙儿；"宁"意为姑娘；"洛克"意为先生等。

（3）除和尚日常吃两餐外，柬埔寨人一般都一日三餐。进餐时，一般不用桌椅，而是脚向后席地跪坐。他们用餐不习惯使用筷子，而是用盘子、叉子、汤匙或用手抓饭。

（4）柬埔寨地处热带，传统服装是纱笼，比较高雅的传统服装是凤尾裙，男女皆宜。在各种重大的传统节日庆典上都经常穿用，结婚时新娘也时常以此服装为礼服。

（5）在柬埔寨的一些舞蹈中，经常用一些肢体语言表达特定的含义，如五指并拢伸直表示"胜利"；五指攥成拳头表示"不满"和"愤怒"；四指并拢伸直，拇指弯向掌心，表示"惊奇""忧伤"。

（6）在柬埔寨，有新年节、送水节、风筝节、斋僧节、雨季安居节等，其中送水节是柬埔寨最盛大而隆重的传统节日，为庆祝雨季结束、河水消退而设，在每年佛历十二月月圆时将庆祝三天。

（7）柬埔寨人喜欢用色彩斑斓的服饰来表示星期。星期一用嫩黄色，星期二用紫色，星期三用绿色，星期四用灰色或浅蓝色，星期五用红色，星期六用黑色，星期天用红色。

（二）禁忌

（1）有些柬埔寨人忌讳在星期一卖出东西，也忌讳别人借钱，但在这天买到东西则认为是吉利的。他们认为"星期六"是不吉利的日子，忌讳在这一天办事，特别是重要的事情。

（2）柬埔寨人认为孔雀是一种不吉利的鸟，不喜欢孔雀及其图案，但黄牛、水牛却如神灵一般受到保护，所以遇到牛时要躲开，更不能伤害它们。

（3）柬埔寨忌讳白色，不能穿白色裤子和纱笼。

（4）到寺庙和僧侣住所或者到当地人家中做客时，忌把鞋子带入门内。

（5）柬埔寨人认为头是人的神圣部位，不可随意触摸，忌讳把裤子悬挂在别人的头部上方。如果一家人共住一处寝室时，孩子们睡的地方不能高于父母的床铺。

（6）忌讳用左手递送物品。

四、老挝

（一）礼仪

（1）老挝人常用的会面礼节是合十礼，也有行握手礼的。男性一般不主动与异性握手。在对外交往中，老挝人多采用握手礼。

（2）与老挝人交往时，可以只呼其名而不称其姓。但要在其名前加上不同的冠词，以示尊敬或亲切，例如，意为"先生"的"探"，意为"大妈"的"把"，意为"大哥"的"艾"等。对于不知姓名的人，称老大爷为"耶泡"，称老大娘为"耶麦"，称大哥为"耶艾"，称大姐为"耶娥"，称弟弟、妹妹为"耶侬"。

（3）老挝人迎宾送客、婚嫁喜庆、逢年过节、出门远行最隆重的礼节便是"拴线"礼节，拴线者多是村中老者，老人一边念祝福之词，一边把用香水浸泡过的线拴在客人的两只手腕上，被拴线者在仪式过程中将一只手举到眉梢作为答礼。仪式结束时，客人要双手合十，并道一声"萨图"，意为"但愿如此"。

（4）老挝人的日常着装是男子上身穿无领对襟上衣，下身劳作时穿长裤，休闲时则穿纱笼。平日，他们还时常将一条水布盘在头上，或是系在腰上。女子一般上身穿无领上衣，下身则围以一条筒裙。同时，还讲究从右肩穿过左腋围上一条披肩，并在腰上系上饰有银制带花的腰带。

（5）喝坛酒是老挝人欢迎客人的传统礼节，客人不能拒绝主人的盛请。到老挝人家里做客应备礼品，礼品要包装美观，常用礼品有花篮、工艺品、烟酒等。在喜庆日子时，习惯送现金。

（6）在老挝洽谈商务，从事贸易活动的最佳时间是当年10月至第二年3月。

（7）老挝的佛教徒通常日进二斋，过午不食；不禁酒，不必食素；进餐惯用右手抓食。用筷子时一头夹饭，另一头夹菜。

（二）禁忌

（1）老挝人约会如果迟到，不要责怪他们不守时。如果你安排的会很重要，可以当面或者通过电话强调一下约会的重要性，并把约会时间适当放宽一些。

（2）客人进门应走前门，进屋要脱鞋，一般都席地而坐，男的盘膝，女的并膝把脚

侧放在一边，不能用脚替代手指向人或物。

（3）不用左手接触东西，不触摸他人的头。

（4）客人禁止进入主人内房参观。

（5）老挝人视白色为不吉利的颜色，家里不挂白色蚊帐，忌盖白色被子。

五、马来西亚

（一）礼仪

（1）马来西亚的马来人传统的见面礼节是摸手礼，即与他人相见时，一方将双手先伸向对方，另一方则伸出自己的双手轻轻摸一下对方伸过来的手，随后将自己的双手收回胸前稍举一下，同时身体前弯呈鞠躬状。

（2）马来西亚的华人和印度人同外人见面时多以握手作为见面礼节。

（3）马来人通常有名无姓，儿子以父名为姓，父亲以祖父的名为姓。

（4）马来西亚以伊斯兰教为国教，喜欢饮用椰子水、红茶、咖啡，有嚼槟榔果的习惯。马来人通常吃米饭，喜食牛肉，极爱吃咖喱牛肉饭和具有其民族风味的"沙爹"烤肉串。

（5）马来西亚的印度人不吃牛肉，但是吃羊肉、猪肉和家禽肉。

（6）马来西亚人喜欢用手抓食物，只有在十分正规的宴请中才可以用刀叉进餐。

（7）受伊斯兰教影响，马来人对绿色十分喜爱。马来西亚人的服饰偏好红色、橙色和其他一些鲜艳的颜色，忌黑色和黄色。

（8）到马来西亚人家里做客，进门前必须先脱鞋，并且摘下墨镜，否则被认为是对真主的亵渎。

（二）禁忌

（1）马来西亚的穆斯林不吃猪肉，不吃自死的动物及其血液；不使用一切猪制品；禁酒，宴请宾客以茶、咖啡或其他冷饮代替酒水。

（2）马来西亚人认为用一手握拳去打另一只半握的手的动作是十分下流的。

（3）忌双腿分开坐或跷二郎腿，或用脚去挪动物品；不能随意触摸他人的头与背部；禁用左手取物品。

（4）忌讳乌龟，禁食猪肉、狗肉。

六、印度尼西亚

（一）礼仪

（1）印尼人在社交场合与客人见面时，习惯以握手为礼；与熟人或朋友相遇，传统礼节是用右手按住胸口互相问好。

（2）多数中产阶层的印尼人有两个名字，而许多下层人民只有一个；富有者通常都

有很长的姓和名。在称呼人时,只能使用他们的第一个姓,不能用第二个。

(3)在印尼,当人们坐下来时,两腿不能交叉,如果非要这样坐,一定要把一条腿的膝盖放在另一条腿的膝盖上面。在巴厘岛,坐下时两腿要平放在地板上,如果把脚尖或鞋底对着别人,都被认为是对别人的侮辱。

(4)印尼人喜欢客人到他们的家中做客访问,而且在一天中任何一个时间去拜访他们都是受欢迎的。和别人谈话或进别人家里要摘下太阳镜。进入圣地特别是进入清真寺时一定要脱鞋。

(5)印尼人不喜欢外国人当众接吻。在印尼进行裸体太阳浴是非法的。

(6)印尼人在饮食习惯上以大米为主食,副食品主要有鱼、虾、牛肉等,但不爱吃海参。印尼人除在官方场合有时使用刀叉外,一般都习惯用右手抓饭;用餐时有边吃边喝凉水的习惯,也爱喝葡萄酒、矿泉水等,一般不喝烈性酒。被主人邀请到家里吃饭时,客人在开饭或喝酒之前要等候主人的邀请,吃饭时不要多说话,用餐完毕在盘子里留点食物。作为客人,不应对食物提出特别要求,不要提出要盐等东西。

(7)印尼人特别注重送名片。

(8)拜访印尼商人时要带上礼物,收下礼物即意味着承担了某种责任。一般印尼人喜欢水果、化妆品等礼物,青年人喜欢大学的T恤衫或带有大学标志的笔记本作为礼物。对别人送的礼品要欣然接受,但不要当面打开包装。

(9)印尼商人喜欢宴请,作为客人,在回国前应以同样的标准回报他人一次。

(10)印尼人在衣着上属于保守型,男性在办公时通常穿长裤、白衬衫并打领带;妇女在办公室穿裙子和有袖子的短外套,并避免色彩过于鲜艳。长袖蜡染衫在多数正式场合都可以穿。

(二)禁忌

(1)参观庙宇或清真寺时,不可穿过分短小和暴露的衣服。

(2)不可用左手传递物品,忌讳摸他人的头。

(3)伊斯兰教徒忌饮烈性酒,不吃猪肉,也不吃带骨带汁的菜和鱼肚。

(4)与印尼人交谈应避开政治、宗教等话题。

(5)印尼人忌讳老鼠和乌龟。

七、文莱

(一)礼仪

(1)文莱是穆斯林国家,文莱人按照《古兰经》的训诫,每天要礼拜5次,即破晓时的"晨礼",中午的"响礼",下午的"哺礼",日落时的"昏礼",入夜后的"宵礼"。每星期五必须回到教堂参加聚礼和祈祷。

(2)在斋月期间,文莱的成年穆斯林均须斋戒。

（3）文莱人见客时一般行握手礼，然后各自用右手扪胸示礼；年轻人对老人一般行鞠躬礼，方法是双手朝胸前作抱状，身体朝前弯腰鞠躬。

（4）文莱人重视社会、族群、人际关系的和谐，待人态度谦逊，说话极为和气，不采用过激行动；关注弱势群体；重视礼节和传统，循规蹈矩。

（5）文莱人在饮食上兼顾西餐和中餐，但相比起来更偏爱中餐。饮食嗜好上有如下特点：讲究菜肴香、酥、脆，注重量小质高；口味清淡，喜欢辣味；主食以米饭为主；副食喜欢牛肉、羊肉、鸡肉、鸡内脏、蛋类等；蔬菜爱吃黄瓜、西红柿、菜花、茄子、土豆等。

（6）文莱的马来族人有食用佬叶（咳哩佬）的习惯，一般常与蜂蜜和食用石灰混在一起嚼着吃，并用以招待宾朋好友。

（二）禁忌

（1）左手被文莱人认为是不洁的，用餐或接送物品时均用右手。只有必须使用左手时方能使用左手，但这时一定会很有礼貌地说一声"对不起"。

（2）文莱的穆斯林禁酒、禁食猪肉、不吃自死的动物肉及其血液。

（3）参观清真寺或到文莱人家里做客时，进门前要脱鞋表示尊重。

（4）不要从正在做祷告的教徒面前走过，非穆斯林不能踩清真寺内做祷告用的地毯。

（5）在正式场合下，不要跷二郎腿或两腿交叉而坐。

（6）文莱人不愿与异性握手，除非他（她）们先伸出手来，不然不会主动与异性握手。

（7）不要用手去摸他人的头部。

八、新加坡

（一）礼仪

（1）新加坡人最常见的打招呼方式是握手，对东方人则可以鞠躬。

（2）到新加坡从事商务活动的最佳月份是3月到10月，应避开圣诞节及华人的春节。商界人士见面时要交换名片，名片可以用英文印刷。新加坡人提倡生活俭朴，宴请对方不要讲排场，尤其是在商务活动中的答谢宴会不宜超过主人宴请的规格。

（3）到新加坡人家里吃饭，可带一束鲜花或一盒巧克力作为礼物。

（4）新加坡人主食多是米饭，有时也吃包子等，但不喜食馒头。饮茶是当地人的普遍爱好，常以茶待客。新加坡的马来人用餐一般用手抓取食物，有餐前洗手的习惯，进餐时必须使用右手。

（5）新加坡的马来族男子喜戴叫"宋谷"的无边帽，上身穿一种无领、袖子宽大的衣服，下身穿长及脚踝的纱笼；女子上衣宽大如袍，下穿纱笼。华人妇女多爱穿旗袍。

（6）在新加坡，进清真寺和一些人家里要脱鞋。

（7）新加坡的华人喜欢红色、绿色、蓝色，喜欢红双喜、大象、蝙蝠等图案。

（二）禁忌

（1）与新加坡的印度人或马来人吃饭时不可用左手。

（2）在新加坡禁止付小费。

（3）黑色、紫色、白色、黄色为不吉利色，忌数字4、7、8、13、37和69。

（4）交谈时避免谈论政治和宗教。

（5）在商业上不可使用如来佛的形态和侧面像，不可使用宗教词句和宗教象征性标志。

九、越南

（一）礼仪

（1）越南人见面时要点头致意或行握手礼。信仰佛教的人们一般行合十礼，双手不宜过高，如果过头则被认为是拜鬼。一些少数民族见面也行抱拳作揖礼。

（2）越南人姓在前名在后，多数是单姓双字名，少数是单姓单字名。在交往中通常根据对方的辈分或身份来称呼，以表示亲热或尊重，如对父辈的人就称"大伯""大娘""叔叔""阿姨"。越南人问候不分早晚，也不分"你好""再见"，通常都用"召"来表示。

（3）越南人主食以大米为主，配以白水焯过的蔬菜，爱吃竹笋、鱼、虾、鲍鱼、海参、鱼翅、瘦肉、鸡和狗肉，爱喝中国茶和咖啡。当地的大糯米粽子独具特色。越南人口味清淡，调味品主要有盐、豆酱，喜食鲜鱼加工成的"鱼露"。吃槟榔是越南悠久的传统习俗。

（4）由于越南平均气温全年皆在20℃以上，故上班人士衣着以轻便舒适为主。

（5）在农村，京族男女常穿褐色、黑色或白色的短袖无领对襟上衣，下穿黑色、褐色宽腿长裤。平时在家多赤脚或穿木屐。在喜庆场合，妇女多穿淡黄、淡绿或粉红色的窄袖旗袍，黑色或白色的丝绸宽脚长裤。在城市，男子多穿制服或西服，妇女穿花色窄袖旗袍。

（二）禁忌

（1）越南人在年初、月初忌说会带来坏运气的词，如猴、死等。

（2）越南人忌讳年初打扫屋子。

（3）越南生意人忌讳吃烧焦的饭，怕生意"黄"了；喝酒不能把酒杯倒扣过来，怕"倒运"。

（4）越南人在喜庆活动中忌穿白色、蓝靛色衣服。

（5）越南人忌讳三个人合影，据说中间的人将遭遇不吉利。

（6）越南人忌讳摸别人的头部。

（7）越南南部高棉人忌用左手行礼、递送物品。

十、菲律宾

（一）礼仪

（1）菲律宾人的上流阶层，对西方国家尤其是美国的生活方式推崇备至，倡导女士优先。他们常用握手礼节向交往对象表示敬意。

（2）绝大多数菲律宾人喜欢别人赞美自己的家庭。

（3）与菲律宾人进行的商务活动不宜安排在圣诞节、复活节及中国农历新年（春节）前后，最佳时间为1-3月、10-11月。与商界人士进行商务洽谈时，宜穿式样保守的正式西装，并需预约时间。菲律宾的时间观念不是很强，但作为客人不宜迟到。

（4）在菲律宾人心目中，茉莉花是幸福、美好的象征，在迎接尊贵的客人时常把茉莉花串成美丽的花环，挂在客人的脖子上，以示对客人的热烈欢迎。

（5）到菲律宾人家中做客时，应备上一份礼物，过后应寄上简短的感谢信，以示对主人的感激之情。

（6）菲律宾人喜欢清淡的食物，大多数人以大米为主食，少部分人以玉米为主食。副食有肉类、海鲜及蔬菜，多爱用咖喱粉调味；中上层人士爱吃西餐。菲律宾人特别喜欢喝啤酒，许多地方的人以手抓饭，餐前要洗手。

（7）菲律宾的内库利特人，素有黥刺的习俗。内库利特小孩长到十二、十三岁时，无论男女都要举行黥刺仪式。他们认为黥刺花纹可以令男子更加勇猛、女子更加俏丽。

（二）禁忌

（1）菲律宾人忌讳数字13，忌谈政治、宗教、当地情况等有关问题。

（2）伊斯兰教徒忌食猪肉，忌用左手取食或传递物品。

互动讨论

你有接触过外国人吗？他们有什么习俗和礼仪是和我们不一样的？

礼仪与修养

课程小结

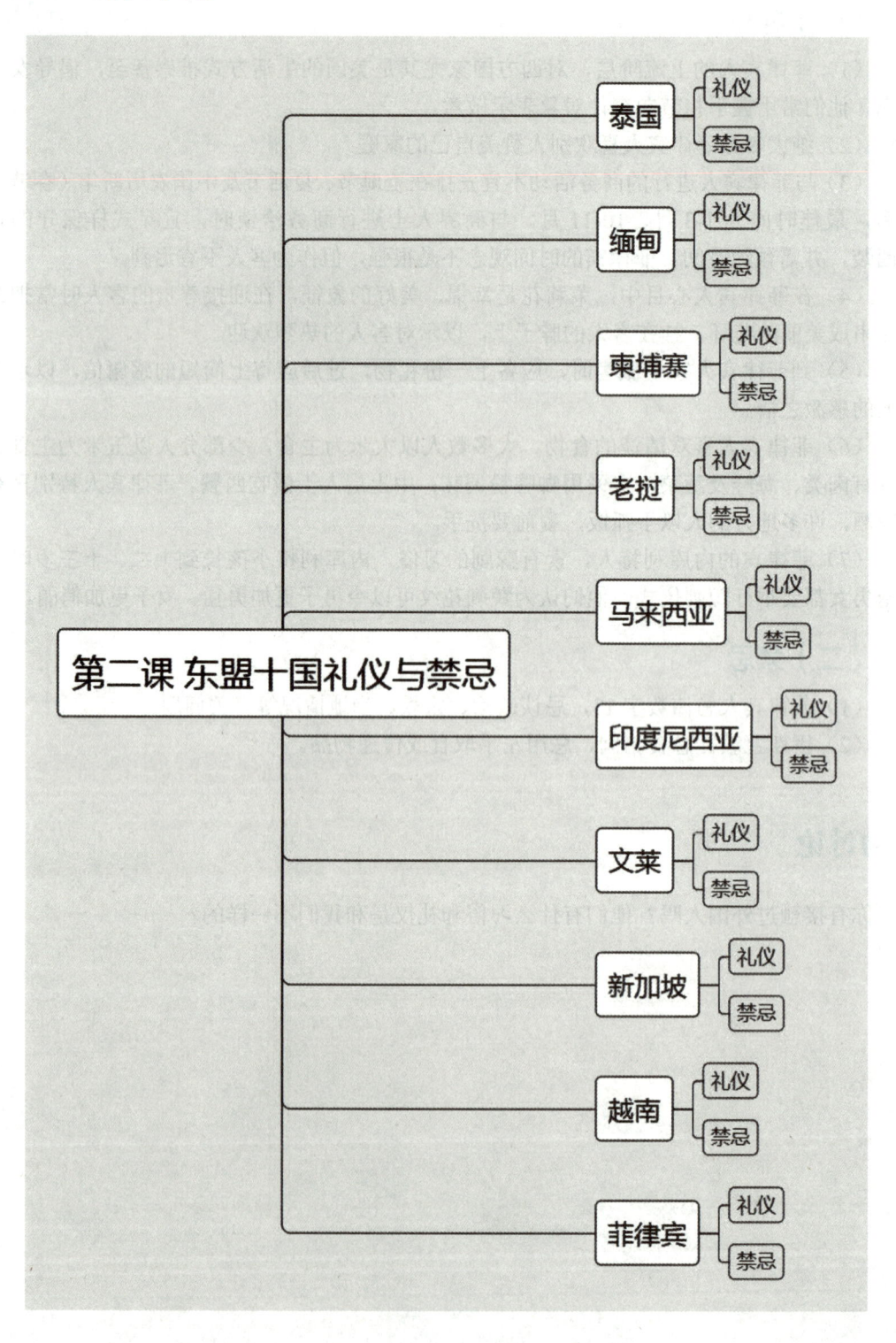

```
                                    ┌─ 泰国 ─┬─ 礼仪
                                    │        └─ 禁忌
                                    ├─ 缅甸 ─┬─ 礼仪
                                    │        └─ 禁忌
                                    ├─ 柬埔寨 ┬─ 礼仪
                                    │        └─ 禁忌
                                    ├─ 老挝 ─┬─ 礼仪
                                    │        └─ 禁忌
                                    ├─ 马来西亚 ┬─ 礼仪
                                    │          └─ 禁忌
  第二课 东盟十国礼仪与禁忌 ────────┤
                                    ├─ 印度尼西亚 ┬─ 礼仪
                                    │            └─ 禁忌
                                    ├─ 文莱 ─┬─ 礼仪
                                    │        └─ 禁忌
                                    ├─ 新加坡 ┬─ 礼仪
                                    │        └─ 禁忌
                                    ├─ 越南 ─┬─ 礼仪
                                    │        └─ 禁忌
                                    └─ 菲律宾 ┬─ 礼仪
                                             └─ 禁忌
```

十一、东盟十国礼仪实践体验

实践体验名称	东盟十国礼仪实践体验		课时数	2
班级		姓名	完成日期	
实践体验内容描述	查阅资料，收集东南亚各国风俗礼仪资料，与同学交流。			
实践体验学习目标				
实践体验工作步骤				
实践体验材料准备				
实践体验资源链接				
实践体验过程记录				
实践体验成果分享				
小组评语				
教师点评				

第三课 模拟外宾接待实践体验

模拟外宾接待实践体验				
实践体验名称	"中泰贸易合作洽谈会"活动模拟体验		课时数	2
班级		姓名	完成日期	
实践体验内容描述	拟定一份"中泰贸易合作洽谈会"活动接待方案，其中包括： 1. 为"中泰贸易合作洽谈会"活动开幕式制作一份两国国旗悬挂示意图。 2. 制作一份签字仪式摆放图。 3. 合作签字仪式制作一份站位排序图。 4. 安排一次宴请。			
实践体验学习目标	1. 根据所学习的礼宾次序和国旗悬挂的相关知识，进行基本的模拟实战练习。 2. 团队合作，头脑风暴，加强团队的协作能力。			
实践体验工作步骤	1. 上相关官方网站查询泰国的国旗图片。 2. 小组根据所学知识，进行基本讨论，制定出相关内容。 3. 按照要求，使用电脑进行示意图和站位图的制作。 4. 查询泰国的饮食习惯和禁忌，制作一份宴请的菜单。			
实践体验材料准备	笔记本电脑4台。			
实践体验资源链接				
实践体验过程记录				
实践体验成果分享				
小组评语				
教师点评				

参考文献

[1] 刘青. 中国礼仪文化 [M]. 北京：时事出版社，2009.

[2] 金正昆. 现代礼仪 [M]. 北京：北京大学出版社，2005.

[3] 李欣，徐世群，张文彬. 办公室工作实用全书 [M]. 北京：中国国际广播出版社，1992（08）.

[4] 杨金波. 政务礼仪 [M]. 北京：中华工商联合出版社，2021（05）.

[5] 杨淑英. 推行文明礼仪教育 切实提高学生素质 [J]. 教育探索，2010（1）.

[6] 马莹、黄菊良. 中职生礼仪教育初探 [J]. 航海教育研究，2007，（1）：99.

[7] 刘心. 中国古代的拜访礼 [J]. 现代交际，2000（12）：7.

[8] 徐书. 亚洲一些国家的礼仪 [J]. 中国外资，1995，（2）：43-45.

[9] 亚洲一些国家的礼仪（三）新加坡人的礼貌 [J]. 中国外资，1995，（3）：26.

[10] 殷雅萍. 礼宾次序的学问 [J]. 刊授党校，2009（02）01.

反侵权盗版声明

电子工业出版社依法对本作品享有专有出版权。任何未经权利人书面许可，复制、销售或通过信息网络传播本作品的行为；歪曲、篡改、剽窃本作品的行为，均违反《中华人民共和国著作权法》，其行为人应承担相应的民事责任和行政责任，构成犯罪的，将被依法追究刑事责任。

为了维护市场秩序，保护权利人的合法权益，我社将依法查处和打击侵权盗版的单位和个人。欢迎社会各界人士积极举报侵权盗版行为，本社将奖励举报有功人员，并保证举报人的信息不被泄露。

举报电话：（010）88254396；（010）88258888

传　　真：（010）88254397

E-mail: dbqq@phei.com.cn

通信地址：北京市万寿路南口金家村 288 号华信大厦
　　　　　电子工业出版社总编办公室

邮　　编：100036